教育部人文社会科学研究青年基金研究成果

我国高质量发展的评价及应用研究

杨青龙　著

中国财经出版传媒集团
中国财政经济出版社

图书在版编目（CIP）数据

我国高质量发展的评价及应用研究 / 杨青龙著. --北京：中国财政经济出版社，2023.5

ISBN 978-7-5223-1899-8

Ⅰ.①我… Ⅱ.①杨… Ⅲ.①中国经济-经济发展-研究 Ⅳ.①F124

中国国家版本馆 CIP 数据核字（2023）第 020212 号

责任编辑：温彦君　　责任校对：张　凡

封面设计：智点创意　　责任印制：党　辉

我国高质量发展的评价及应用研究

WOGUO GAOZHILIANG FAZHAN DE PINGJIA JI YINGYONG YANJIU

中国财政经济出版社 出版

URL：http：//www.cfeph.cn

E-mail：cfeph@cfeph.cn

社址：北京市海淀区阜成路甲 28 号　邮政编码：100142

营销中心电话：010-88191522

天猫网店：中国财政经济出版社旗舰店

网址：https：//zgczjjcbs.tmall.com

北京财经印刷厂印刷　各地新华书店经销

成品尺寸：170mm×240mm　16 开　15 印张　190 000 字

2023 年 5 月第 1 版　2023 年 5 月北京第 1 次印刷

定价：68.00 元

ISBN 978-7-5223-1899-8

（图书出现印装问题，本社负责调换，电话：010-88190548）

本社质量投诉电话：010-88190744

打击盗版举报热线：010-88191661　QQ：2242791300

前言

Preface

党的十九大报告指出，中国经济已由高速增长阶段转向高质量发展阶段。在深入贯彻落实习近平新时代中国特色社会主义经济思想，聚焦高质量发展战略部署的同时，迫切需要建立能够体现和反映高质量发展要求的指标体系，建立与高质量发展相适应的统计体系和绩效评价体系，为制定经济政策、实施宏观调控提供数据支撑。在此背景下，本书围绕高质量发展的内涵与外延界定高质量发展，聚焦中国高质量发展评价体系的构建，并对中国30个省份的高质量发展水平进行测度（我国香港特区、澳门特区、台湾省及西藏自治区因数据获取原因，本书研究中未涉及），通过时空探索发现中国省域高质量发展水平的变化进程，以期为提升高质量发展水平提供建议。全书共九章，大体上分为五个部分：

第一部分包括第一章和第二章，第一章分别从政策背景和理论背景方面对"高质量发展"的提出进行了介绍；第二章则从高质量发展的内涵与评价出发对国内外研究现状进行综述并对空间计量模型在高质量发展上的运用作了介绍。

第二部分包括第三章和第四章，主要对高质量发展的内涵、高质量评价体系的构建和我国高质量发展水平的测度进行了研究。其中，第三章详细界定了高质量发展的内涵，并围绕高质量发展评价指标体系的构建作了阐述；第四章从权重计算方法出发，重点讲述了本书所采用的纵横向拉开档次法，并对中国30个省份2005—2018年的高质量发展水平进行了测度。

第三部分包括第五章至第七章，主要对高质量发展的省际差异以及差异的变化进行了系统的分析。其中，第五章主要采用传统描述性统计分析对高质量发展的省际差异进行了时空探索分析；第六章在划分八大经济区域基础上主要采用基尼系数及其分解方法对高质量发展差异的来源与差异的演变进行了分析；第七章主要采用空间计量模型对高质量发展的平稳性进行了收敛性分析，包含σ收敛、β收敛和俱乐部收敛。

第四部分为本书第八章的内容，主要对高质量发展的协调性进行了研究，首先，应用耦合度协调模型探索高质量系统的均衡发展以及区域的均衡发展；其次，利用指数分解方法探讨了高质量发展提升的新路径。

第五部分为本书第九章的内容，主要阐述了本书的研究结论，并对未来的发展提出了相关建议。

另外，本书附有两份专题研究报告，作为对高质量发展外延课题的补充，其中，专题研究一主要探讨城市高质量发展中的经济韧性；专题研究二主要探讨服务业和制造业耦合发展与经济高质量发展之间的关系。专题研究报告主要由刘万萍博士撰写，在此深表感谢。

本书的出版得到了教育部人文社会科学研究青年基金（19YJC910008）、国家社会科学基金（20BTJ039）和中南财经政法大学中央高校基本科研业务费（2722021AJ009）的资助。

在本书编写过程中，得到了中南财经政法大学统计与数学学院研究生在数据收集及数据处理方面的帮助，在此表示感谢。感谢中国财政经济出版社的编辑，大到全书框架，小到文字推敲，都给予了极大的帮助。

由于作者水平有限，书中难免存在错误，衷心希望广大读者批评指正。

目录

Contents

第一章　高质量发展背景及进程

一、高质量发展的提出

（一）高质量发展的政策背景

2017 年，党的十九大报告指出，中国经济已由高速发展阶段转向高质量发展阶段，“高质量发展”这一概念首次被提出。目前我国经济持续发展，众多高新技术已处于世界前列，取得了举世瞩目的成就，标志着我国已处于一个新的历史起点上。因此，高质量发展是党中央国务院面对我国百年未有之大变局，审时度势，做出的重大战略部署。推动高质量发展是当前和今后我国确定发展思路、制定经济政策、实施宏观调控的根本要求，是适应我国社会矛盾变化和全面建成小康社会、全面建设社会主义现代化国家的必然要求。

习近平总书记在 2021 年全国两会上明确指出：“高质量发展不只是一个经济要求，而是对经济社会发展方方面面的总要求；不是只对经济发达地区的要求，而是所有地区发展都必须贯彻的要求；不是一时一事的要求，而是必须长期坚持的要求。”以高质量发展为主题是新时代的新任务，高质量发展是能够满足人民日益增长的美好生活需要的发展，是体现新发展理念的发展，是创新成为第一动力、协调成为内生特点、绿色成为普遍形态、开放成为必由之路、共享成为根本目的的发展。推动高质量发展，要求贯彻落实新发展理念，坚持稳中求进工作总基调，把发展质量问题摆在更为突出的位置上，着力提高发展质量和效益。

1. 供给侧结构性改革

我国经济在上一轮高速增长过程中，结构性矛盾累积，经济体系中的不稳定与失衡问题凸显。首先是房地产与实体经济之间的失衡。过多社会资本选择流入高利润的房地产领域，而不愿意进入回报周期较长的实体领域，恶化了实体经济的投资环境。其次是金融与实体经济之间的失衡。过量资本蜂拥进入金融领域，导致金融体系内部自我循环、自我膨胀，产生了较大的泡沫，为金融风险埋下隐患，同时导致金融为实体经济服务的效果不到位等问题。最后是实体经济内部间的失衡。表现在高技术、高质量的产品供给不足，而一般性的生产能力严重过剩，导致供需错位。因此，深化供给侧结构性改革是推动我国经济高质量发展的必然要求。

高质量发展时期，我们需从供给侧进行结构性改革，完善社会供需关系，更好地服务实体经济，进一步提升人民生活质量。若不能提供充分的优质资产供民众和社会选择，资产不匹配的情况会进一步加剧，导致资产价格不断上升，造成更加剧烈的结构性失衡。新时代背景下，通过建设大城市群落的战略，平抑城市化中的住宅需求，从供给侧出发抑制房地产泡沫，促使资源更好地流向实体经济；通过注册制改革与新退市制度，推进要素市场化配置改革，确立竞争政策的基础地位，进一步落实新退市制度下的企业退出，完善注册制改革下的优质企业成长，让更多的战略性新兴产业企业进入资本市场，给投资者更大的选择，改善投资市场的供给平衡；通过发展更多的合格机构投资者，丰富资本市场理财产品和工具的多样性，满足民众的理财需要，纠正实体经济内部的结构性失衡。建立公平竞争政策与公平竞争环境，加速新动能企业的进入和竞争失败企业的退出，使资源能够按市场供求信号进行顺畅流动。

面对经济发展过程中的供给侧结构性失衡，2017 年中央经济工作会议提出：要通过要素市场化配置改革这个龙头，重点在破、立、降三个方面下功夫，建立在市场配置资源基础上的结构性政策要走到前台，更好地发挥政府的调节作用。所谓破，即要破除无效供给，把处置僵尸企业作为重要抓手，推动化解严重的过剩产能；所谓立，即要大力培育经济增长的新业态、新技术、新模式、新动能，发挥现代金融、科技创新、人力资源对实体经济振兴的作用，推动传统产业优化升级，推动形成世界级先进制造企业，大力培育新动能，强化科技创新，推动互联网、大数据、人工智能和实体经济深度融合，在中高端消费、创新引领、绿色低碳、共享经济、现代供应链等领域培育新增长点，真正实现产业升级；所谓降，即要以提升实体经济企业竞争力为目标，降低企业的各种制度性交易成本，如减税降费，深化金融、电力、石油、天然气、铁路等垄断部门行业改革，降低融资、用能、物流成本。

2. 创新驱动发展战略

科技自立自强是国家发展的重要战略支撑，但我国目前仍面临许多关键核心技术上的“卡脖子”问题。第一类是“从 0 到 1”的原始创新不足。过去“模仿、引进和消化吸收”的追赶路径的创新模式，导致我国很多关键领域和产业创新发展受限。第二类是“从 90 到 100”的高质量制造技术不足。我国企业高质量制造能力不足，导致产品多集中于世界中低端市场，缺乏高端市场竞争力。第三类是创新体系内资源要素流动性不足。创新主体之间创新成果的流动和转化受一定体制机制的阻碍，并且区域之间创新差异明显，东西部两极化趋势有待扭转。[①] 因此，提升科技创新能力，以创新驱动发展，重点攻坚关键领域“卡脖子”难题亟待解决。

---

① 柳卸林，魏江，陈劲，余江．实施创新驱动发展战略 加快推动我国现代化建设——研究阐释党的十九届五中全会精神笔谈［J］．经济管理，2021，43（01）：5－17.

在过去的三次工业革命中，人类社会得到了空前发展，如今第四次工业革命正在拉开帷幕，其标志是工业4.0时代的到来，这为我国提供了新的发展机遇。创新驱动经济高质量发展的核心在于坚持市场导向，充分发挥市场在资源配置中的决定性作用；创新驱动高质量发展的关键在于凭借创新要素，将经济发展动力由传统发展要素向技术、制度、人才等创新要素转变，最终通过市场的作用，实现高质量发展的目标。创新驱动发展战略是我国的一项中长期重大发展战略，是技术创新、产业创新、制度创新、知识创新、生态创新等各项创新活动的综合协同。

我国正处于创新驱动发展战略“三步走”的第二步阶段，计划到2030年跻身创新型国家前列，发展驱动力实现根本转换，经济社会发展水平和国际竞争力大幅提升，为建成经济强国和共同富裕社会奠定坚实基础。早在党的十八大，我国就明确提出实施创新驱动发展战略，肯定了科技创新在国家发展中的重要地位。继党的十八大后，党的十八届五中全会把创新作为五大发展理念之首，提出“创新是引领发展的第一动力”。党的十九大报告继续提出“创新是引领发展的第一动力，是建设现代化经济体系的战略支撑”。在最新的“十四五”规划纲要中，我国再次提出要“坚持创新驱动发展”。创新驱动发展战略的核心要义是以创新驱动经济发展，依靠技术创新、制度创新等在激烈的国际竞争中抢占发展先机，为我国经济高质量发展提供持续动力，提升我国经济对外部环境不确定性的适应能力。创新驱动发展战略的深入实施对转变我国经济增长模式、提升产业结构、优化资源配置、保障供应链安全稳定、推动整体高质量发展具有重要意义。

3. 现代化经济体系

党的十九大报告中首次提出了“现代化经济体系”这一概念，并指出“建设现代化经济体系是跨越关口的迫切要求和我国发展的战略目标。”建设现代化经济体系，是我国发展进入新时代、社会主要矛盾发生历史性变化后的重大战略任务。根据党的十九大报告精神，现代化经济体系是贯彻新发展理念，以现代产业体系和社会主义体制为基础的经济体系，是以自主创新和科技进步为驱动力、资源配置效率更高的经济体系，是数量与质量相协调、相适应的经济体系。

“现代化经济体系”被概括为两个部分，一是“经济体系”；二是“现代化”。经济体系由社会经济活动中各个环节与各个方面的活动相互作用，彼此间形成内在联系，并由它们联合构成一个有机整体，这个有机整体即是经济体系。现代化则是从比较的角度出发，指人类社会的重大变革，导致传统农业社会向现代工业社会的大转变。现代化经济体系的核心价值是促进经济高质量发展，根据既有文献，现代化经济体系主要包括以下内容：

一是现代化的创新体系，依靠创新驱动，以现代科技为第一生产力。创新是一个民族的灵魂，也是经济可持续、高质量增长的核心动力，是建设现代化经济体系的战略支撑。二是现代化的市场体系，注重市场在资源配置中的决定性作用，与此同时，也要重视政府作用的发挥，并不是西方国家的市场经济体制，才是现代的市场经济，要警惕市场化进程中“市场万能论”的错误思想，注重中央政府在宏观调控中的作用和地方政府在引导扶持方面的作用，弥补“市场失灵”问题。三是现代化的供给体系，要把提高供给体系质量作为建设和完善现代化经济体系的主攻方向。在人口红利逐渐削弱、环境规制愈发严格的现实背景下，我国需要通过结构转型升级、强化实体经济来推动高质量发展的新阶段。四是现代化的开放体系，要深度加入全球分工体系，实现中国经济与世界经济的互联互通、良性循环。发展更高层次的开放型经济，才能够在成为多边经济体制捍卫者的同时，壮大我国的经济实力和综合国力。现代化的开放体系是全方位立体化的经济对外开放体系，不仅积极出口，还要扩大进口；不仅放宽市场准入积极吸引外资，也积极鼓励中国企业

"走出去"；不仅注重同发达国家的合作，也积极沿着"一带一路"使发展中国家共享中国发展的成果。

4. 新发展格局

党的十九届五中全会提出："加快构建以国内大循环为主体、国内国际双循环相互促进的新发展格局"。构建新发展格局，将有力提升我国经济发展水平，推动实现高质量发展。构建新发展格局，是中国共产党在科学分析当前国际国内经济形势的基础上，遵循大国经济发展规律作出的战略选择，要实现高质量发展，必须要构建新发展格局。要把实施扩大内需战略与深化供给侧结构性改革有机结合起来，持续增强经济循环动力，努力形成需求引领供给创新、供给创造提升需求的更高水平动态平衡。

要从"国际经济大循环"变为国内国际"双循环"。2001 年加入世贸组织后，我国加快融入全球经济体系，市场空间迅速拓展，对外贸易和外商投资快速增长。但与亚洲金融危机前相比，我国对国际市场的依赖度进一步提高，同时，我国经济与世界经济的互动关系增强，也增大了受国际市场波动冲击的风险。因此，高质量发展时期，我们要以国内大循环为主体，并不是要形成封闭的单循环，而是开放的国内国际双循环。在全球化背景下，各国经济活动都不可能完全封闭起来运行，国内循环与国际循环相互依存、不可分割。我国早已深度融入经济全球化和国际分工体系，国内大循环离不开国际产业链、供应链的协同配合，产业技术进步同样离不开参与国际合作和竞争，封闭起来只会拉大与国际先进水平的差距。构建新发展格局既要从需求端着手，坚持扩大内需战略基点，更多依托国内市场，形成国民经济良性循环，更要从供给端发力，坚持供给侧结构性改革的战略方向，提升供给体系对国内需求的适配性，使供给结构更好适应需求结构特别是消费结构的变化。

以畅通国民经济循环为主构建新发展格局。构建新发展格局，核心是“循环”，打通生产、分配、流通、消费的堵点和梗阻；关键在“改革”，促进生产要素自由流动和资源优化配置，提高国民经济循环效率，增强经济发展的内生动力。生产环节重在畅通创新链、产业链和供应链。保障关键核心技术自主供给，是生产环节畅通运行的重要条件。过去在技术追赶阶段，我国技术进步的主要路径是引进、消化、吸收、再创新，通过技术授权和转让、合作合资、反向工程等多种方式，学习和掌握国外先进技术，并对其进行适应性改造。过去的技术创新以终端产品的集成创新为主，为保障技术自主供给需，要增强自主创新能力，提升原始创新能力。努力在关键核心技术领域实现自主可控，推动科技创新在畅通循环中发挥关键作用，能更好地助力高质量发展。

（二）高质量发展的理论背景

1. 政治经济学视角

马克思在《资本论》对生产的讨论中，将扩大再生产分为外延扩大再生产和内涵扩大再生产，其中，单一通过增加生产要素进行的再生产叫作外延扩大再生产，而通过提高生产效率和生产质量来实现的再生产称为内涵扩大再生产。相较于外延扩大再生产，内涵扩大再生产更重视技术与科技创新对经济发展质量的作用。因此，高质量发展必然是内涵化发展，也一定是创新驱动的发展。创新是提高产业竞争力的关键，也是高质量发展的动力源泉，经济发展的关键因素以创新和技术作为驱动的生产力提升全社会全要素生产率，将带动更加高质量的经济增长。

同时，马克思在《资本论》第三卷的地租理论①中讨论了粗放型经济发展方式和集约型经济发展方式。经济学上，所谓集约化经济，指的资

① 马克思．资本论（第3卷）［M］．北京：人民出版社，2004：756.

本集中在同一地区，而不是分散在若干相毗邻的地区。粗放型经济发展方式主要通过增加投入来促进经济增长，侧重于“量”变；而集约型经济发展方式通过技术、精细化操作经营等实现低投入高产出来促进经济发展，更侧重于经济发展的“质”变。高质量发展一定是效益导向的，在高质量发展中，不能再延续以往形成的低成本劳动力，资源能源消耗粗放型增长的方式，而是应该切实把发展的立足点转移到提高质量和效益上，因此，高质量发展要以质量为依托，提升技术研发和转化的效率，倡导成本的节约与生产效率的提高，从而达到高质量发展。

2. 市场经济视角

基于市场经济的商品二重性角度，由高速增长向高质量转变，是经济运行的目标和动力机制将重点从增加以货币单位计算的产品总量向更加注重产品和经济活动的使用价值及其质量合意性转变。当然，这也绝不是说转向高质量发展阶段，交换价值就不重要了。以交换价值所体现的市场经济的工具理性机制仍然具有重要意义，还将发挥重要作用。收入、利润、财富、GDP 等仍然是重要指标，关系到经济是否或能否有效运行并取得进步。但是，进入高质量发展新时代，对满足人民日益增长的美好生活需要的使用价值面即供给侧的关注，将变得尤为重要，受到更多关注。

在市场经济层面，效率变革的重点在于激发要素活力，提升要素禀赋，以最小化的投入带来最大化的产出。鼓励市场竞争，完善市场机制，增加竞争的广度和深度，促进企业的优胜劣汰，提升对外开放的广度和深度，积极参与全球竞争，落实市场化经济改革。通过国际国内两个市场配置资源，提升技术研发和转化的效率，积极学习国外先进经验，将引进来和走出去结合起来，提升我国在全球价值链中的竞争优势。因此，高质量发展要完善市场经济，提高市场运转效率，要坚持开放，完善对外开放战略布局，拓宽经济发展交流平台。

3. 经济可持续发展视角

广义上，可持续发展被定义为“以政府为主体，建立人类经济发展与自然环境协调发展的制度安排和政策机制，通过对当代人行为的激励与约束，降低经济发展成本，实现代内公平与代际公平的结合，实现经济发展成本的最小化。既满足当代人的需要，又不对后代人满足其需要的能力构成过大的危害，既满足一个国家和地区发展的需要，又不对其他国家和地区的发展构成过于严重的威胁。”① 从可持续发展理论出发，我国高质量发展要坚持公平、持续、协调的基本原则，强调在满足当代人需要的同时不损害后代人满足其自身需要的能力，以实现生态保护和自然资源可持续利用的经济发展。

实现经济可持续发展，要摆脱以往发展过程中那种高能耗、高污染的经济发展方式，推进绿色化发展方式，实现生态保护、自然资源合理利用与经济高质量发展的有机统一。经济可持续发展的目标是恢复经济增长，改善增长质量，满足人类基本需要，确保稳定的人口水平。从可持续发展层面，我国经济发展中应推出并遵循可持续发展的产业政策，建立生态经济体系，改进社会发展模式，实现经济增长方式从粗放向集约的转变，并转变消费方式，实现资源的合理利用，建立可持续发展的宏观经济体系。因此，高质量发展一定是绿色的，只有经济发展和生态环境之间达到平衡，才可以保障高质量经济发展的可持续性。

4. 经济外部性视角

外部性理论最早由马歇尔和庇古提出，指一个经济主体的行为会对另一个经济主体的行为产生影响。外部性可能是正的，也可能是负的。一方直接把利益转让给其他方时，可产生正外部性（positive externality）。相反，若一方将成本转化给其他方时，产生了负外部性（negative exter-

① 任保平．可持续发展经济学基本理论问题研究的述评［J］．中国人口·资源与环境，2004（05）：23－28.

nality)。在传统的私人经济理论模型中，当一个经济主体实施某一行为（如在自家花园内种花）的时候，会对另一个经济主体（邻居）产生正向的外部性（享受到花香）；但当一个经济主体实施一项行为（业主在自家门口随地倾倒垃圾）的时候，会对另一个经济主体产生负向的外部性（臭味的传播和影响美观等）。

生态环境对经济发展同时存在着正的外部性和负的外部性，两方面的外部性表现都比较突出。此外，生态环境破坏所带来的影响不仅是经济发展本身，还会影响到社会各个方面，乃至人类的可持续发展。所以，从生态负外部性角度上看，高质量发展必须倡导绿色，构建绿色发展制度体系，着力解决突出环境问题。

二、高质量发展进程

随着我国所处社会发展阶段的不断变化，针对发展质量的战略也在随之不断演变。邓小平同志在1992年南方谈话中提到“不是鼓励不切实际的高速度，还是要扎扎实实，讲求效益，稳步协调地发展”，他同时指出“进行现代化建设，最重要的是要解决速度、效益与质量的问题”，这正是高质量发展的关键所在。1995年，中国共产党第十四届中央委员会第五次全体会议提出了两个总体意义上的根本转变，一是经济体制从传统的计划经济向社会主义市场经济转变；二是经济增长方式由粗放型向集约型转变。并且提出“必须把社会全面发展放在重要战略地位，实现经济与社会相互协调和可持续发展”。其中，经济增长方式由原来只注意“量”的粗放型向注重“质”的集约型的转变和人与自然的可持续发展，已经显现出“高质量发展”的思想。2003年8月底胡锦涛在江西考察时，结合对完善社会主义市场经济体制等问题的思考，提出要“树立协调发展、全面发展、可持续发展的科学发展观”。党的十六届三中全会审议通过了《中共中央关于完善社会主义市场经济体制若干问题的决定》，第一次正式提出了“科学发展观”的命题。该决定提出，要“坚持统筹兼顾，协调好改革进程中的各种利益关系。坚持以人为本，树立全面、协调、可持续的发展观，促进经济社会和人的全面发展”。此时，已然涵盖高质量发展中的协调概念。2017 年，党的十九大报告指出，中国的经济发展已从高速增长阶段转向高质量发展阶段，经济高质量发展已成为中国制定政策与社会发展的核心基本点。而创新是引领发展的第一动力，现阶段我国需建立以创新为主导、以市场为导向的经济高质量发展模式。高质量发展概念越来越明晰，以高质量发展为核心是当前和今后我国确定发展思路、制定经济政策、实施宏观调控的根本要求，是适应我国社会矛盾变化和全面建成小康社会、全面建设社会主义现代化国家的必然要求。

（一）可持续发展

可持续发展是指既满足当代人的需求，又不损害后代人需求的能力的发展。换句话说，就是指经济、社会、资源和环境保护协调发展，它们是一个密不可分的系统，既要达到发展经济的目的，又要保护好人类赖以生存的大气、淡水、海洋、土地和森林等自然资源和环境，使子孙后代能够永续发展和安居乐业。

1995 年 9 月，中共十四届五中全会正式将可持续发展战略写入《中共中央关于制定国民经济和社会发展“九五”计划和 2010 年远景目标的建议》，提出“必须把社会全面发展放在重要战略地位，实现经济与社会相互协调和可持续发展”。这是在党的文件中第一次使用“可持续发展”的概念。江泽民在会上发表《正确处理社会主义现代化建设中的若干重大关系》的讲话，强调“在现代化建设中，必须把实现可持续发展作为一个重大战略”。1996 年第八届全国人民代表大会第四次会议批准了《中华人民共和国国民经济和社会发展“九五”计划和2010年远景目标纲要》，将可持续发展作为一条重要的指导方针和战略目标上升为国家意志。1997年中共十五大进一步明确将可持续发展战略作为我国经济发展的战略之一。实施可持续发展战略，体现了中国政府和人民对“我们生存的家园”的深切关怀，是一项惠及子孙后代的战略性举措，是中华民族对于全球未来的积极贡献。

我国可持续发展的基本观念包括：

第一，要把转变经济发展方式和对经济结构进行战略性调整作为推进经济可持续发展的重大决策。不仅要调整需求结构，而且要把国民经济增长更多地建立在扩大内需的基础上；不仅要调整产业结构，我们要更好、更快地发展现代制造业以及第三产业，更重要的是要调整要素投入结构，使整个国民经济增长不能永远依赖物质要素的投入，而是要转向依靠科技进步、劳动者的素质提高和管理的创新。

第二，要把建立资源节约型和环境友好型社会作为推进可持续发展的重要着力点。我们要深入贯彻节约资源和环境保护这个基本国策，在全社会的各个系统都要推进有利于资源节约和环境保护的生产方式、生活方式和消费模式，促进经济社会发展与人口、资源和环境相协调。

第三，要把保障和改善民生作为可持续发展的核心要求。可持续发展有一个非常重要的内涵叫代内平等，它实际上讲的是人的平等和人的基本权利。可持续发展的所有问题，核心是人的全面发展，所以要围绕以民生为重点来加强社会建设，来推进公平、正义和平等。

第四，要把科技创新作为推进可持续发展的不竭动力，实际上，很多不可持续问题的根本解决要靠科技的突破和科技的创新。

第五，要把深化体制改革与扩大对外开放和合作作为推进可持续发展的基本保障，要建立有利于资源节约和环境保护的体制和机制，特别是要深化资源要素价格改革，建立生态补偿机制，强化节能减排责任制，保障人人享有良好环境的权利。①

（二）科学发展观与社会主义和谐社会

2013年胡锦涛在江西考察时，结合对完善社会主义市场经济体制等问题的思考，首次提出要“树立协调发展、全面发展、可持续发展的科学发展观”。2004年中共十六届四中全会通过《中共中央关于加强党的执政能力建设的决定》，强调要坚持以人为本、全面协调可持续的科学发展观，更好地推动经济社会发展。

科学发展观是以人为本，全面、协调、可持续的发展观，坚持以人为本，就是要以实现人的全面发展为目标，从人民群众的根本利益出发谋发展、促发展，不断满足人民群众日益增长的物质文化需要，切实保障人民群众的经济、政治和文化权益，让发展的成果惠及全体人民。全面发展，就是要以经济建设为中心，全面推进经济、政治、文化建设，实现经济发展和社会全面进步。协调发展，就是要统筹城乡发展、统筹区域发展、统筹经济社会发展、统筹人与自然和谐发展、统筹国内发展和对外开放，推进生产力和生产关系、经济基础和上层建筑相协调，推进经济、政治、文化建设的各个环节、各个方面相协调。可持续发展，就是要促进人与自然的和谐，实现经济发展和人口、资源、环境相协调，坚持走生产发展、生活富裕、生态良好的文明发展道路，保证一代接一代地永续发展。

社会主义和谐社会于2004年首次提出，作为社会发展战略目标，指的是一种和睦、融洽并且各阶层齐心协力的社会状态。2004年中共十六届四中全会正式提出了“构建社会主义和谐社会”的概念。2006年10月，中共十六届六中全会审议通过了《中共中央关于构建社会主义和谐

① 中国政府网 http：//www. gov. cn/wszb/zhibo514/content_ 2150594. htm。

社会若干重大问题的决定》。

社会主义和谐社会基本特征为民主法治、公平正义、诚信友爱、充满活力、安定有序、人与自然和谐相处，主要任务为切实保持经济持续快速协调健康发展；切实发展社会主义民主；切实落实依法治国的基本方略；切实加强思想道德建设；切实维护和实现社会公平和正义；切实增强全社会的创造活力；切实加强社会建设和管理；切实处理好新形势下的人民内部矛盾；切实加强生态环境建设和治理工作；切实做好保持社会稳定的工作。

科学发展和社会和谐是内在统一的。在贯彻落实科学发展观的过程中，中共中央又提出了构建社会主义和谐社会的重要任务。2006 年 10 月，中共十六届六中全会通过了《中共中央关于构建社会主义和谐社会若干重大问题的决定》，明确指出：社会和谐是中国特色社会主义的本质属性，是国家富强、民族振兴、人民幸福的重要保证。要以科学发展观统领经济社会发展全局，并将其作为推进社会主义现代化建设必须长期坚持的重要指导思想。

（三）高质量发展

中国 GDP 增速从 2012 年起开始回落，2012 年、2013 年、2014 年 GDP 增速分别为 7.7%、7.7%、7.4%，是经济增长阶段的根本性转换。中国告别过去 30 多年平均 10% 左右的高速增长，从高速增长转为中高速增长，进入经济新常态。基本特征为经济结构开始调整，产业转型升级，发展从要素驱动、投资驱动转向创新驱动。为了适应经济新常态，2015 年中共十八届五中全会上，提出了创新、协调、绿色、开放、共享的五大发展理念，创新发展注重的是解决发展动力问题，协调发展注重的是解决发展不平衡问题，绿色发展注重的是解决人与自然和谐问题，开放发展注重的是解决发展内外联动问题，共享发展注重的是解决社会公平正义问题，新发展理念已有高质量发展的面貌。2017 年 10 月，习近平在党的十九大报告中指出，我国经济已由高速增长阶段转向高质量发展阶段，正处在转变发展方式、优化经济结构、转换增长动力的攻关期。经济从高速增长进入高质量发展，是划时代的变化。在高速增长阶段的基本特征是以数量快速扩张为主，主要解决的是短缺问题，而高质量发展阶段则强调的是质量和效益，是解决发展弊端的问题。

同时，中国特色社会主义进入新时代，我国社会主要矛盾已经转变，我国社会主要矛盾已经转化为人民日益增长的美好生活需要和不平衡不充分的发展之间的矛盾。为满足人民对美好生活的需要，我国发展转型迫在眉睫。改善质量供给，提升经济发展质量水平无疑是解决好发展不平衡不充分问题的重要抓手。而进行供给侧结构性改革提升经济质量必须要依靠高质量的发展，从经济建设、文化建设、法治建设、生态环境建设等多个方面着手。所以，高质量发展是产业结构升级的必经之路，也是保护绿水青山的现实需要，坚持高质量发展，势在必行。

第二章　高质量发展及其空间计量研究现状

2017 年，中国共产党第十九次全国代表大会首次提出，中国由高速增长阶段转向高质量发展阶段。推动高质量发展是党的十九大以来确定发展思路、制定经济政策、实施宏观调控的根本要求，必须深刻认识和理解高质量发展的重要性与必要性，推动我国朝着高质量发展的方向稳步迈进。本书旨在研究我国高质量发展现状，测度中国各省份的高质量发展差异，进而为国家制定相关政策提供数据支撑。

如何测度高质量发展水平？中国各省份之间的高质量发展水平有何差异？造成差异的原因是什么？中国各省份之间的高质量发展水平存在协调增长和收敛的情况吗？在对这些问题进行研究之前，本章梳理了高质量发展与空间计量应用研究现状相关参考文献，以了解目前的研究现状。

本章从高质量发展的内涵、高质量发展的评价方法、高质量发展差异的影响因素三个方面梳理了高质量发展相关文献；从空间计量在经济领域的应用和空间计量在高质量发展领域的应用两个方面梳理了空间计量应用相关文献。在梳理文献的基础上，本章还总结了文献中所用方法的优缺点并试图在其基础上提出新的研究思路。

一、高质量发展相关研究

（一）高质量发展的内涵

我们可以从供给体系，微观、中观、宏观和五大发展理念等角度对高质量发展概念进行全方位的理解。

1. 基于供给体系角度理解高质量发展

供给体系是指在某一特定时期，生产者在一定的体制范围内，凭借一定的土地、劳动力、资本、技术、资金、创新等生产要素为社会需求提供一定数量的商品或劳务形成的整体活动。习近平总书记在党的十九大报告中阐述深化供给侧结构性改革时强调："建设现代化经济体系，必须把发展经济的着力点放在实体经济上，把提高供给体系质量作为主攻方向，显著增强我国经济质量优势。"经济发展的同时，供给体系质量偏低、结构性产能过剩、资源配置率偏低、产业结构不够科学、有效供给受限等问题也随之而来。目前，我国经济正由追求高速发展向高质量发展转变，经济结构由单一向多极转变，产业层次由单级向多级转变，产品由低级向高级转变，经济从要素投入驱动向创新驱动转变。

周振华（2018）从生产函数质变的角度对高质量发展的内涵进行了阐释，认为高质量发展与要素投入、要素供给、产出供给有关。除了生产函数质变外，高质量发展还受流通、消费和分配的影响和制约，各个环节都至关重要。杨伟民（2018）认为高质量内涵的理解视角是供给侧结构性改革与校正要素扭曲配置，因为高质量发展关键是将生产要素按照市场机制配置到最有效率的部门、区域和企业，以此提高全社会生产效率。胡蓉（2019）强调高质量发展的根本在于解决"好不好"的问题，它意味着供给、需求、配置、投入产出、收入分配和经济循环六个方面的高质量。王蕴（2019）指出高质量发展的核心要义供给体系质量、投入产出效率和发展稳定性都要较以往“更高”，而且尤其强调该发展状态的动态性和导向性。马茹等（2019）提出高质量发展是具有优质高效供给体系的发展，是以高质量需求为主要内生动力的发展等。国家发展改革委经济研究所课题组（2019）从供给体系的角度理解分析高质量发展内涵，强调经济高质量发展是以高效率、高效益的生产方式，为全社会持续而公平提供高质量产出的经济发展，认为供给体系的质量高、效率高和稳定性高是经济高质量发展的根本特征，只有同时具备这些特征，彼此间不相冲突，才是经济高质量发展。

2. 基于微观、中观、宏观理解高质量发展

王一鸣（2018）认为应从微观层面的产品和服务质量以及市场作用、中观层面的产业结构和区域经济效益以及收入分配结构的动态平衡、宏观层面的国民经济整体质量和区域均衡三个角度来衡量经济发展质量。

从微观上看，高质量发展就是创造一个能够最大限度激发市场主体活力和激励相容的营商环境，使市场真正在资源配置中发挥决定性作用，微观层面上经济的高质量主要体现在产品的高质量。冯莉等（2018）认为，要实现实体经济的发展，必须对经济结构进行相应的调整，转变经济发展目标，提高产品质量的同时争取提升产品所含的智力含金量，不断提高产品创新，实现从单纯的生产到创新的转变，让创新推动经济高质量发展。从中观上看，高质量发展就是要保持产业结构、地区结构和收入分配结构一直不断优化且处于一个动态平衡状态。李香菊等（2019）将高质量发展定义为提高投入产出效率、优化资源配置增长动能、提升经济结构的协调性，通过优化产业结构促使城乡协调发展。从宏观上看，高质量发展是指经济增长稳定，区域城乡发展均衡，以创新为动力，实现绿色发展，让经济发展成果更多更公平惠及全体人民；其表现为增长的稳定性、发展的均衡性、环境的可持续性、发展的科学性；且高质量发展至少具有以下特征：一是不存在重大结构性失衡；二是产业技术前

沿边界能够持续向前推进；三是由于资源在行业、地区之间的错配而带来的效率损失尽可能低。安淑新（2018）认为经济高质量发展宏观层面是实现经济充分、高效、平衡、生态为基础的发展。王永昌（2019）从宏观经济层面维度提炼了中国经济高质量发展的基本内涵及其趋向为："发展的中高速趋向、发展的优质化趋向、发展的科技化趋向、发展的金融化趋向、发展的美好生活趋向、发展的包容化趋向、发展的绿色生态趋向、发展的全球化趋向"。总之，高质量发展的最终目标是推动我国经济发展方式的转变，建立现代化经济体系，为实现"两个一百年"奋斗目标、实现中华民族伟大复兴的中国梦构筑雄厚的发展基础。

3. 基于五大发展理念理解高质量发展

2015 年，党的十八届五中全会提出了五大发展理念，五大发展层层递进，由"创新"动力入手，最终落脚到全民"共享"发展成果，体现了"发展为了人民、发展依靠人民、发展成果由人民共享"的价值取向，深刻揭示了社会主义经济发展的规律。可以说，高质量发展是五大发展理念的进一步阐述，深入理解"创新、协调、绿色、开放、共享"是理解高质量发展理论内涵的前提。同时，我国经济正经历从高速增长阶段向高质量发展阶段转变的关键期，新发展理念是助推中国高质量发展的理论指南和根本遵循，高质量发展应以"创新、协调、绿色、开放、共享"五位一体的新发展理念为引领。胡志强等（2019）认为，五大发展理念对经济增长的贡献与区域经济发展程度有关，发展状况好的地域对经济增长的贡献大，发展状况差的地域整体处于缓慢推进协调发展状态。王永昌等（2019）以五大发展理念为视角，认为高质量发展是一种可持续发展，这种发展能够在生产要素投入少、资源配置效率高、资源环境成本低、经济社会效益好的条件下满足人民日益增长的美好生活需要。陈再齐等（2019）认为，经济高质量是一种能够保持经济中高速增长、实现创新驱动发展、以人民为中心的绿色发展。逄锦聚（2019）指出，高质量发展是满足人民美好生活需要的、共享的发展，是创新和效率提高的发展，是国民经济比例、结构协调和经济发展方式优化的发展，是绿色的发展、人与自然和谐相处的发展。侯黄萍（2020）认为，高质量发展是通过五大发展理念来满足人民对美好生活的需求，具体来说，就是让创新成为发展的第一动力、协调成为内生特点、绿色成为普遍形态、开放成为必由之路、共享成为发展的根本目的。

基于五大发展理念衡量经济高质量发展研究中，詹新宇和崔培培（2016）对绿色、共享两大发展理念进行了重点分析，发现绿色、共享的理念在促进经济发展向更高质量发展进程中起着相当重要的作用，而创新、协调、开放这三个理念在促进地区经济发展进程中的贡献作用却有地域差异。王军和李萍（2017）认为创新对经济增长的贡献最大，开放是重要推动力，绿色发展理念短期不利于经济发展但长期是有利的。李俊玲（2017）在对区域发展进行研究时，得出了创新、开放对经济增长的贡献最大，协调、绿色、共享方面的贡献略低的结论。史丹和李鹏（2019）更多地侧重于与国际发展状况作比较，突出开放理念在推动我国经济发展进程中的重要作用，与国际发展现状相比，我国第二产业发展时间较长，对环境和资源的消耗大，忽略了对绿色生态的关注，导致绿色生态理念在促进我国经济发展进程中的作用不明显，开放稳定方面的贡献也相对较低。

（二）高质量发展的评价方法

我国经济已由高速增长阶段转向高质量发展阶段。对于高质量发展情况的评价，可以从不同的角度观察和认识。建立健全高质量发展评价体系并对高质量发展状况进行度量和评价，能为我国经济实现高质量发展提供有效制度支撑。

目前，国内对指标体系的构建研究大致可分为两种路径，即采用单一指标和构建多维度指标体系测算高发展质量水平。魏蓉蓉（2019）从金融资源有效配置的角度，采用单一指标，即全要素生产率（TFP）衡量经济发展的质量水平，根据TFP指标体系构建空间杜宾模型，探究金融资源配置与经济高质量发展之间的作用机理。诸多学者还从多个维度构建基于“五大发展理念”的评价指标体系，如丁涛等（2018）以五大发展理念作为5个一级指标，设立12个二级指标，依据江苏省13个省辖市相关数据得出创新方面的4个二级指标，并将创新作为关键指标，衡量与协调、绿色、开放、共享之间的关联程度。华坚等（2019）在探究科技创新与经济高质量发展的耦合机理时，以五大发展理念作为目标层，构建13个一级指标和29个二级指标作为经济高质量发展指标体系，在科技创新能力上采用6个正项二级指标分别从研发投入、人才储备、科技成果等5个方面进行衡量。陈晓雪等（2019）将评价指标体系概括为“6—34”层次结构，6代表创新、协调、绿色、开放、共享、有效6项一级指标，其中，共享这一指标下通过人均GDP、人均财政收入等二级指标进行测算，然后对各项指标进行无量纲化处理，最终通过综合指数法进行经济高质量发展水平的综合性评价。徐银良和王慧艳（2020）以省份数据为基础，深入理解五大发展理念之间各指标关系对经济高质量发展的重要意义，指出该指标的创建与优化和地区经济高质量发展呈正相关关系。另外，冯梅等（2019）在研究一次能源的消费结构时不直接使用GDP测算经济质量水平，因为高质量注重的是质量的提升而不是数量的增加，所以设立了质量指标、效率指标、动力指标、社会资源利用指标，具体包括城镇居民人均可支配收入、全要素生产率、三产比等。

但对于高质量发展情况的评价，不能仅从经济方面度量，因为高质量发展不仅追求经济的高速发展，更追求发展的高质量性，要求绿色发展、创新发展、协调发展、可持续发展等；质量发展评价体系必须更加注重反映发展的质量、结构和效益，更加注重反映人民日益增长的美好生活需求。综合来看，我们可以从经济建设、创新水平、生态环境、社会建设、政府治理等方面来考核。

衡量经济建设和发展质量可以得到经济整体发展情况，反映高质量发展直观成效；同时，从经济发展的结构、规模、效益、稳定性等方面考察经济状况，可以很好地反映经济的协调性、可持续性等，从而可以度量高质量发展的程度。

高质量发展以改革创新为根本途径，以提高发展质量和效益为中心，积极引导和推动各种创新要素向产品和服务的供给端流动和集聚；创新是高质量发展的动力，因此在衡量高质量发展水平时，对于创新水平的衡量是必不可少的，可以从科技投入和科技产出两方面去度量创新发展的程度，间接反映高质量发展的强劲情况。王军和李萍（2017）认为创新对经济增长的贡献最大，开放是重要推动力，绿色发展理念短期不利于经济发展但长期是有利的。

在高质量发展过程中，不仅要求经济得到较好的发展，而且要求在发展过程中坚持可持续发展的理念，实现绿色发展，在保护生态环境的前提下发展经济。因此，应该从生态环境方面去度量高质量发展水平，可以从生态建设与保护程度、能源消耗情况以及废弃物排放情况等方面去度量生态环境保护程度，从而确定在高质量发展过程中，绿色发展的程度。

同时，在高质量发展的过程中，也不能忽略社会建设。高质量发展成果全民共享，全民共享是高质量发展的根本目的。因此，只有社会建设较好才是真正高水平的高质量发展。从协调发展、社会安定、生活质量、社会消费等方面可以较好地衡量人民的生活水平、生活保障以及发展情况，反映高质量发展最终成果及高质量发展的水平。

另外，在高质量发展评价中，对于政府治理的考察也是必不可少的。地方政府是否坚决贯彻落实党中央关于高质量发展的决策部署，是否存在调门高、落实差等现象，也是影响高质量发展的重要因素。因此要注重考查地方各级党委是否切实承担起贯彻落实党中央决策部署、推动本地区经济社会发展的政治责任。从宏观调控、行政效率等方面度量政府治理情况，为高质量发展的评价提供依据。

（三）高质量发展差异的影响因素

我国幅员辽阔，各地区在经济发展程度、资源能源禀赋、产业结构、技术创新、制度政策以及面临的环境压力等诸多方面均存在很大的差异，所以各地区高质量发展水平的差异也会比较大。高赢（2019）基于八大综合经济区域，运用面板数据模型分别就经济发展水平、要素禀赋结构、碳强度、交通状况、城镇化发展、对外开放度、能源消费结构、产业结构、技术水平、环境政策等因素对地区绿色发展绩效的影响作用进行考察，结果表明，各因素对地区绿色发展差异有着不同程度的影响。赵儒煜等（2020）探究了2008—2017年全国及四大区域高质量发展的空间差异，发现东部地区高质量发展主要依靠城市化的推进程度；中部地区高质量发展主要影响因素为政府干预程度和外资利用水平；西部地区高质量发展主要依赖于城市化进程的不断深入、消费水平以及科技发展水平；而东北地区严重依赖于经济增长所带来的经济规模的扩大。李华等（2021）使用U－SE－SBM－DEA模型和全局参比ML指数探究了30个省、市包容性绿色全要素生产率水平对高质量发展水平的影响，并从区域和结构双重视角全面考察其差异形成的原因。

二、空间计量应用研究

（一）空间计量在经济领域的应用

目前，空间计量得到突飞猛进的发展，空间数据的空间效应、空间相关性和空间异质性在各领域得到广泛的应用，空间计量主要应用于空间聚集、空间溢出和收敛性等方面。仲深等（2018）通过构建面板数据的固定效应模型和空间计量模型，运用中国30个地区的面板数据，对我国金融集聚对区域经济增长的影响进行实证研究，结果表明，金融集聚与区域经济增长之间呈现高度正相关的关系，在空间上存在显著的空间溢出效应。初春等（2018）利用空间杜宾模型采用2002—2015年的空间面板数据，对我国31个省份的金融集聚与区域经济增长的空间相关性进行研究，结果表明，金融集聚和地区经济增长之间具有显著的空间依赖性，且呈现非均匀分布的特征。秦放鸣等（2020）利用中国2003—2017年省级面板数据，运用动态空间面板模型和面板平滑转换模型分析了OFDI逆向技术溢出、金融集聚对区域创新的影响机理。

国内外学者在空间溢出领域进行了大量的研究。知识溢出作用来源于经济增长，知识溢出的路径与科技发展关系密切。安源等（2013）采用生产函数模型对创新区域绩效进行实证，表明广东省地级市存在创新集聚态势，但是未对周边邻近地区产生空间溢出效应。徐德英等（2015）以地理邻近、技术邻近和交互邻近三种空间权重矩阵，分析考察不同的邻近特征对高新技术产业的省级溢出效应，表明高新技术产业省级溢出效应明显，且在不同的模型下溢出系数存在差异。李东坤等（2016）采用空间杜宾模型，从产业结构合理化和产业结构高度化两个层面考察中国省际OFDI对产业结构升级的空间溢出效应，结果表明，本地OFDI的发展不仅可以提升本地产业结构合理化水平，还将通过空间溢出显著推进周边尤其是邻接省份产业结构合理化水平的提升，且这种溢出效应在东部地区更为显著并随时间的推进日益增强。陶金国等（2020）选择空间杜宾模型就战略性新兴产业集聚对区域经济增长质量的空间溢出效应展开实证分析，结果表明，中国区域经济增长质量及战略性新兴产业集聚水平各自存在空间正相关性，并体现出高高集聚和低低集聚的态势。

在经济增长收敛方面，孙向伟（2017）以中国339个地市为分析单元，对五大区进行分析，在新古典经济增长模型的基础上，采用动态空间杜宾面板数据模型，考察中国区域经济增长收敛特征，结果表明，五大区在经济增长收敛上的表现是一致的，即都存在经济收敛情况，收敛的速度从大到小依次为：东部地区、西南地区、中部地区、东北地区和西北地区。刘帅（2019）分别采用变异系数、面板数据模型和空间计量模型检验了σ收敛、β收敛和俱乐部收敛机制，来测度中国经济增长质量，揭示中国经济增长质量的地区差异和收敛机制。王晓玲等（2020）利用三种类型空间权重矩阵建立杜宾空间面板模型，进行长三角一体化经济空间收敛性检验及其影响因素分析，结果显示，长三角一体化城市经济增长具有显著的正向空间溢出效应，且存在明显的σ收敛、绝对β收敛和条件β收敛，其中，在条件β收敛中，物质资本、人力资本、市场化对长三角一体化收敛性有显著推动作用。

（二）空间计量在高质量发展领域的应用

中国经济已由高速增长阶段转向高质量发展阶段。党的十九大报告中提出的“建立健全绿色低碳循环发展的经济体系”为新时代下高质量发展指明了方向，同时也提出了一个极为重要的时代课题，引发众多学者利用空间计量模型对高质量发展进行深入探究。程广斌等（2020）运用空间面板模型和门限面板模型研究了2000—2017年我国30个省份全要素生产率与区域经济高质量发展的非线性空间关系，结果表明，经济高质量发展存在空间失衡，全要素生产率能显著促进经济高质量发展且促进力度呈倒“U”形。张明龙（2020）利用空间杜宾模型，就市场化进程中绿色投资对经济高质量发展的影响进行实证检验，结果表明，样本期间内我国整体经济高质量发展呈现逐年上升趋势，但各地区差异较大。石华平等（2020）构建了7个维度的高质量发展综合评价指标体系，利用熵值法权重赋值测算中国省际高质量发展综合评价指数，同时基于动态面板模型和空间杜宾模型实证分析了环境规制对高质量发展的影响及空间溢出效应。韩峰等（2020）利用空间杜宾模型检验了国家审计对城市经济发展质量的影响及其空间效应，结果表明，国家审计能显著提升本地区经济发展质量，但对周边地区产生了负向空间外溢效应。

本章小结

本章在梳理高质量发展及其空间计量应用相关文献的基础上，阐述了相关领域的研究现状。

在高质量发展的内涵方面，大多数学者是从供给体系，微观、中观、宏观和五大发展理念等角度阐述高质量发展的内涵。基于供给体系理解高质量发展，相关学者阐述了供给侧结构性改革的重要性，提出应从要素投入驱动向创新驱动转变。基于微观、中观、宏观理解高质量发展，相关学者认为，从微观上看，经济的高质量主要体现在产品的高质量；从中观上看，高质量发展就是要保持产业结构、地区结构和收入分配结构一直不断优化且处于一个动态平衡状态；从宏观上看，高质量发展是指经济增长稳定，区域、城乡发展均衡，以创新为动力，实现绿色发展、生态发展，让经济发展成果更多更公平惠及全体人民。基于五大发展理念理解高质量发展，相关学者认为高质量发展是五大发展理念的进一步阐述，深入理解“创新、协调、绿色、开放、共享”是理解高质量发展理论内涵的前提。

在高质量发展的评价方面，国内研究多采用单一指标或构建多维度指标体系测算高发展质量水平。对高质量发展水平的评价不应局限于采用单一指标去涵盖高质量发展全貌，而应从经济建设、创新水平、生态环境、社会建设、政府治理等方面采用多维度多指标进行综合评价。

在高质量发展差异的影响因素方面，大多数学者从经济发展程度、资源能源禀赋、产业结构、技术创新、制度政策以及面临的环境压力方面对我国各地区的高质量发展的影响因素进行探究。

关于空间计量在高质量发展领域的应用，国内外学者将空间计量应用于空间集聚、空间溢出和经济增长收敛等方面的研究较多，比如环境规制对高质量发展的空间溢出效应。

第三章　高质量发展评价指标体系的构建

上一章介绍了高质量发展的内涵、评价方法与影响因素。本章在明确高质量发展内涵的基础上，对高质量发展评价指标体系进行构建。高质量发展的影响因素繁多，因此在构建高质量发展评价指标体系时应当注重系统性、全面性、综合性。本章在五大新发展理念的基础之上，将高质量发展的层面进一步拓宽，充分考虑科学性、客观性、综合性和层次性以及可操作性等原则，从经济建设、创新水平、生态环境、社会建设、政府治理五个维度分别选取 18 项、7 项、11 项、22 项、5 项二级指标构建高质量发展评价指标体系。

一、高质量发展评价指标的设计

（一）高质量发展的特征

在高质量发展阶段，我们不是单纯地追求经济发展的高速度，而是要追求效率更高、供给更有效、结构更高端、更绿色可持续以及更和谐的增长，甚至可以放弃部分对经济增长速度的追求，而达到更高质量的发展。我国的高质量发展有以下基本特征：

（1）高质量发展是高效率增长。高效率增长是指以较少的投入获得最大的收益，而低效率增长则是指以较大的投入却只获得了较少的收益，高质量发展是指高效率增长。决定高效率增长的重要因素是技术创新和制度创新，技术创新可以使各种要素投入最大限度地发挥作用，即以较少的投入实现收益最大化；制度创新可以有效调动各种要素的积极性，使各种要素最大限度地发挥作用，实现以较少的消耗获得更大的利益；为此，进行技术、制度创新可以使各种要素投入最大限度地发挥作用并有效调动各种要素的积极性，推进高质量发展。

（2）高质量发展是有效供给性增长。有效供给性增长是指经济运行过程实现了供求关系的平衡，而无效供给性增长是指市场关系失衡，产能严重过剩，库存积压很大，高质量发展是指有效供给性增长。供给方没有风险意识，盲目扩张，盲目负债以及经营者对过剩产能及库存没有风险约束，在短期利益驱使下盲目扩张都是无效供给性增长形成的重要原因。要实现高质量发展，就要去杠杆，降低整个社会的杠杆率以及推进制度改革，实现有效的利益与风险约束。

（3）高质量发展是中高端结构增长。经济增长可分为中低端结构增长与中高端结构增长。我国过去较长时期实际上是一种中低端结构增长，这主要是由当时我国的生产力发展水平所决定的。高质量发展指的是中高端结构增长。中高端结构增长与中低端结构增长的最大区别在于支柱型产业的不同，中低端结构的支柱型产业包括传统制造业、建筑业及房地产业等。中高端结构的支柱型产业主要有战略性新兴产业、服务业、现代制造业。为实现高质量发展，需要大力发展这些产业，使这些产业逐渐成为我国的支柱型产业。

（4）高质量发展是绿色增长。高质量发展与以高污染与高资源消耗为基础的高速增长是相对立的，高质量发展强调节能环保，强调可持续发展，是一种绿色增长。而绿色增长要求在发展过程中维持好自然生态环境，不能以破坏环境为代价，并从各个方面着手加大对自然生态的修复，包括各种河流自然生态带、山脉自然生态带等；且必须利用技术处理好“三废”；走技术化、产业化、企业化道路，推动高质量的绿色发展。

（5）高质量发展是可持续增长。可持续发展不同于盲目扩张与粗放方式下的发展，粗放发展方式虽然也可以实现经济高速增长，但往往不可持续，甚至会引发经济危机。因此，盲目扩张与粗放方式的高速增长是不可取的；高质量发展一定是可持续增长。可持续增长要求在经济增长战略上克服盲目扩张的倾向，盲目扩张必然会促使个人、企业及政府盲目加杠杆，而过度加杠杆必将导致金融风险的形成甚至爆发金融危机。在高质量发展过程中，要防止杠杆率过高，随时要去杠杆，越是经济处于顺周期时，就越要注重去杠杆。同时，可持续性发展要求认真考虑各种经济资源及社会资源的承受能力，不能过于追求经济增长的速度。要做到高质量发展，就要遵守客观规律，坚守科学发展观，量力而行，保证经济平稳、可持续地发展。

（6）高质量发展是和谐增长。和谐增长的最终目的是造福于人民，提高各个阶层人民的福祉，即在经济增长中每个社会阶层的福祉都能随着经济增长而增长。虽然各个社会阶层的福祉增长水平有所不同，但必须都有相应的增长。因此，在高质量发展过程中要实行良好的税收制度与社会保障制度，实现初次分配强调效率、再分配更加注重公平的有效社会财富调节机制；同时，建立完善的基本保障制度从而更加公平地进行财富调节。

总之，高质量发展是经济增长速度与质量的协调，是短期利益与长期利益的平衡，是不可逆转的趋势。我国需要从高效率、有效供给、中高端结构、绿色环保、可持续以及和谐增长几个方面去推动高质量发展的实现。

（二）高质量发展评价指标体系构建思路

关于高质量发展评价指标体系的构建，之前已有相当的文献进行研究。具体可分为三类：第一类是在经济增长质量指数的基础之上，添加了经济发展的社会成果和经济发展的生态成果等方面，通过完善经济增长质量指数来构建高质量发展评价指标体系（师博和任保平，2018；徐瑞慧，2018；徐盈之和童皓月，2019；师博和张冰瑶）。这样构建的高质量发展评价指标体系事实上与经济增长质量评价指标体系没有区别，更多适用于经济“增长质量”而不适用于“发展质量”，因此用这样的指标体系来衡量高质量发展是不符合其内涵和外延的。第二类是在新发展理念（创新、协调、绿色、开放、共享等）的基础之上构建高质量发展评价指标体系（夏春玉，2018；徐志向和丁任重，2019；李子联和王爱民，2019；方大春和马为彪，2019；李梦欣和任保平，2019）。从新发展理念出发所构造的高质量评价指标体系虽然在一定程度上包含了高质量发展的某些方面的要求，但该指标体系过于广泛，其中还包括了不属于高质量发展的要求，因此，如果采用这样的指标体系，可能会导致高质量发展的水平测定不够准确，与实际的高质量发展水平不符。第三类是在高质量发展内涵和外延的基础之上，构建高质量发展评价指标体系（魏敏和李书昊，2018；李金昌等，2019；张军扩等，2019）。针对高质量发展的各个方面选取比较科学且与高质量发展含义相符的指标，这样构建的指标体系在理论上用来衡量高质量发展是合适的。但是，往往这种贴切的指标具有不可操作性，其数据收集不准确，因此用这样的指标构造的高质量发展评价指标体系也是不符合实际的。

在全面建成小康社会、实现第一个百年奋斗目标之后，我国将乘势而上开启全面建设社会主义现代化国家新征程、向第二个百年奋斗目标进军。“十四五”时期将是我们奋斗的第一个五年。在《中华人民共和国国民经济和社会发展第十四个五年规划和2035年远景目标纲要》中提出了在新的发展时期，对于发展的态度，我们要继续坚定不移地贯彻创新、协调、绿色、开放、共享的五大新发展理念，坚持稳中求进工作总基调，以推动高质量发展为主题。因此在本书中我们所构建的高质量发展评价指标体系与之前所构建的高质量发展评价指标体系不同，我们继承了五大新发展理念并坚持以人为本，高质量发展的目的就是要满足人民日益增长的美好生活需要。我们将高质量发展的层面进一步拓宽，分别从经济建设、创新水平、生态环境、社会建设、政府治理五个方面选取指标来构建高质量发展评价指标体系，涉及的方面多且符合高质量内涵，用这样的指标体系来衡量高质量发展是十分合适的。

二、高质量发展评价指标体系的构建原则及指标选取

（一）高质量发展评价指标体系的构建原则

对我国省域高质量发展水平进行综合评价，前提和关键是要选择合理的变量构建具有科学性、全面性的综合评价指标体系。在指标体系的构建过程中，应当充分考虑科学性和客观性、综合性、层次性以及可操作性等原则。

1. 科学性和客观性

在我国高质量发展综合评价指标体系的构建过程中，从指标的选取、计算各指标权重到最终建立完整的综合评价指标体系，都应建立在对我国高质量发展现状、发展潜力以及相关发展政策进行深入分析的基础上，只有这样，才能客观地、合理地对我国高质量发展进行科学评价。

此外，科学性在一定程度上也保证了构建综合评价指标体系的客观性，即在构建高质量发展综合评价指标体系的过程中，不能仅仅依靠主观判断，而应充分考虑实际情况，如权重的计算不能单纯通过主观臆断进行赋权，而要选用合理、客观的方法予以确定。

2. 综合性

我国高质量发展具有涉及范围广、复杂度高的特点，并且不同省份之间存在着较大的差异，因此在构建评价指标体系的过程中，必须遵循

综合性原则，即所选取的变量能够充分反映我国高质量发展水平，全方位、多角度完成对高质量发展评价指标体系的构建。此外，指标的选取要充分涵盖不同角度不同领域的高质量发展特点。

3. 层次性

我国高质量发展综合评价指标体系是一个复杂的、多层次的指标体系，尤其是在近几年，在我国经济转型的过程中，诸多因素都在影响着我国加快实现高质量发展。因此在构建高质量发展综合评价指标体系的过程中，所选取的指标都应根据自身内涵，按照一定的层次关系构建成一个相互关联的整体。同时，指标体系不仅能够从时间角度进行对比，即指标体系能够分析某一地区高质量发展水平随时间的变化趋势，而且能够从空间角度进行对比，即在同一时刻可对比不同地区高质量发展的水平。

4. 可操作性

可操作性是构建评价指标体系所必须考虑的一个原则。可操作性要求在构建评价指标体系的过程中，应当充分考虑数据的可获得性以及可处理性。在选取指标的过程中，尽管有些指标可以充分反映当前高质量发展的特点，但若其数据无法获取或无法运用相关方法进行转换时，也应考虑其替代变量，从而保证所构建评价指标体系的科学性和客观性。

（二）高质量发展评价指标选取

若要对我国高质量发展水平进行综合评价，首先需明白高质量发展水平评价属于多层次、多因素的复杂交叉问题，高质量发展受到不同方面各种因素的影响和制约，只有在构建指标体系时充分考虑这些影响因素，才能对我国高质量发展水平进行科学、合理的评价。

在充分考虑我国高质量发展现状以及国家相关政策的基础上，依据科学性、客观性、综合性、层次性以及可操作性等原则，从以下五个方面，全面构建我国高质量发展综合评价指标体系。

1. 经济建设维度

从经济建设角度看，涉及经济结构、经济规模、经济效益、经济开发、经济稳定、金融市场建设六个方面，共18个二级指标。实现中国经济向高质量方向转变，需要加快经济结构优化升级，推动产业结构朝着更合理、更高级、更多元的方向前进；注重经济规模的合理增长；重视高质量发展中经济效益问题，提高资源配置效率，提高资源要素的利用率和投入产出比，实现资源配置高效化；构建经济开放体系，注重高水平双向开放，实现更高层次的内外联动，缓和经济转型中劳动力供求矛盾，形成全方位高水平开放优势，提高经济发展的稳定性；保持经济稳定增长，避免经济剧烈波动，提高经济高质量发展的稳定性，使得经济在合理区间运行；加大金融市场建设，推动金融稳定发展以实现经济高质量发展。

（1）经济结构方面，本书选取4项评价指标，分别为服务业占GDP比重、非国有经济投资比重、非国有经济产出比重和资本要素市场化程度。其中，非国有经济投资比重定义为非国有经济固定资产投资比重；非国有经济产出比重定义为非国有企业工业产值与工业总产值的比值；资本要素市场化程度定义为金融业增加值与GDP的比值。

（2）经济规模方面，本书选取2项评价指标，分别为人均GDP和GDP增长率。人均GDP能全面反映高质量发展经济背景；GDP增长率能反映经济总量的自身增长能力。

（3）经济效益方面，本书选取1项评价指标，为全要素生产率。

（4）经济开放方面，本书选取3项评价指标，分别为外贸依存度、外资依存度和旅游开放度。外贸依存度定义为进出口总额与GDP的比值；外资依存度定义为实际利用FDI与GDP的比值；旅游开放度定义为国际旅游收入与GDP的比值。

（5）经济稳定方面，本书选取4项评价指标，分别为经济波动率、失业率、通货膨胀率和生产者价格指数。其中，经济波动率定义为 GDP 增长率的方差。

（6）金融市场建设方面，本书选取 4 项评价指标，分别为金融机构数量比重、金融生产占比、金融市场融资程度和金融资产投资结构。其中，金融机构数量比重定义为金融机构法人单位数与全部法人单位数的比值；金融生产占比定义为金融生产总值与国内生产总值的比值；金融市场融资程度定义为直接融资规模与社会融资规模的比值；金融资产投资结构定义为金融资产投资总量与固定资产投资总量的比值。

2. 创新水平维度

从创新水平角度看，涉及科技投入和科技产出两方面，共 7 个二级指标。以创新驱动高质量发展，加快转换经济增长动力，推动科技创新和发展，增加研发费用投入比重，提高科技创新产出的数量与质量，大力发展新兴产业，促进新科技、新行业、新产品的发展，不断提升经济的创新能力和国际竞争力，使得创新产生的新动能可以在长期推动经济持续发展，成为高质量发展的动力源泉。

（1）科技投入方面，本书选取 3 项评价指标，分别为研发经费投入强度、研发人员投入强度和科技支出率。其中，研发经费投入强度定义为 R&D 支出与 GDP 的比值；研发人员投入强度定义为从事研究开发的从业人员数与全部从业人员数的比值；科技支出率定义为科技支出与财政收入的比值。

（2）科技产出方面，本书选取 4 项评价指标，分别为人均专利占有量、创新产品增利率、高新技术成果产业化和高技术产品出口份额比。人均专利占有量定义为国内三种专利授权数与总人口数的比值；创新产品增利率定义为创新产品销售收入与主营业务收入的比值；高新技术成果产业化用高新技术产业主营业务收入来衡量；高技术产品出口份额比定义为高技术产品出口额与技术市场成交额的比值。

3. 生态环境维度

从生态环境角度看，涉及生态建设与保护、废弃物排放和能源消耗三个方面，共 11 个二级指标。人与自然的关系是人类社会最基本的关系，过去高能耗、高污染的发展方式已经不适应可持续发展的要求，要重视生态文明建设，加快构建生态文明体系，建立健全以产业生态化和生态产业化为主体的生态经济体系，减少三废污染物的排放，加大环境污染的治理力度，提高对生态环境的保护力度，提高人民的生态环保意识和生态文明素质，提升高质量发展的可持续性。

（1）生态建设与保护方面，本书选取 6 项评价指标，分别为建成区绿化覆盖率、森林覆盖率、城市生活垃圾处理率、环境治理投资率、空气质量指数和资源循环利用。其中，环境治理投资率定义为环境治理投资与 GDP 的比值；资源循环利用用固体废物综合利用率来衡量。

（2）废弃物排放方面，本书选取 3 项评价指标，分别为单位 GDP 工业废水排放、单位 GDP 工业废气排放、单位 GDP 工业固体废物排放。

（3）能源消耗方面，本书选取 2 项评价指标，分别为单位产出能耗和人均能源消耗量。

4. 社会建设维度

从社会建设角度看，涉及人力资本、协调发展、社会保障、社会安定、生活质量和社会消费六个方面，共 22 个二级指标。社会主要矛盾的转化使得发展不平衡不充分的问题成为当前制约人民美好生活需要的主要因素，主要体现为城乡发展不平衡、区域发展不平衡和收入分配不平衡，这些不平衡问题严重阻碍了中国高质量发展。缩小城乡收入和消费差距，促进城乡协调发展。加大社会保障投入，尤其是养老保障、医疗保障、教育保障等方面，减少社会不安状况，提高人民生活的安全感。不断提高产品与服务的质量，满足消费者多元化、高标准的消费需求，推动产品向优质化方向发展，提升消费者服务满意度保证人民生活质量。

社会的稳定建设，能促进社会和谐，保障人民安居乐业，增进民生福祉，是实现高质量发展的重要保证。

（1）人力资本方面，本书选取 2 项评价指标，分别为劳动力质量和普通高等院校毕业人数。其中，劳动力质量定义为普通本专科毕业人数与人数总数的比值。

（2）协调发展方面，本书选取 3 项评价指标，分别为城乡居民收入比、城乡居民消费比和城镇化率。

（3）社会保障方面，本书选取 6 项评价指标，分别为养老保险参保率、医疗保险覆盖率、社会保障投入率、地方财政教育支出、医疗支出占 GDP 比重和区域医疗卫生发展水平。其中，社会保障投入率定义为社会保障支出与财政支出的比值；区域医疗卫生发展水平用区域内每万人卫生事业机构病床床位数来衡量。

（4）社会安定方面，本书选取 3 项评价指标，分别为社会不安定指数、每万人拥有人民律师数和财政支出中公共安全支出比重。其中，社会不安定指数用失业率加 CPI 来衡量。

（5）生活质量方面，本书选取 4 项评价指标，分别为互联网覆盖率，人均可支配收入，铁路网、公路网密度和产品质量优等品率。

（6）社会消费方面，本书选取 4 项评价指标，分别为人均社会消费品零售额、居民食品消费支出比重、旅游类居民消费价格指数和居民文教娱乐服务支出率。其中，居民文教娱乐服务支出率定义为居民文教娱乐服务支出与家庭消费支出的比重。

5. 政府治理维度

从政府治理角度看，涉及行政效率和宏观调控两个方面，共 5 个二级指标。政府是推动高质量发展的重要参与者，其政策建议的决定将影响高质量发展，政府机关单位的行政效率是政府高效运作的基本保障。同时，加大地方政府对各种经济风险的防范，能有效推动地方经济的高质量发展。

（1）行政效率方面，本书选取2项评价指标，分别为公职人员数和非税收入占一般公共预算比重。

（2）宏观调控方面，本书选取3项评价指标，分别为规模以上企业资产负债率、区域负债总水平和区域货币风险防范指数。其中，区域负债总水平定义为区域内各企业的流动资产与流动负债的比值；区域货币风险防范指数定义为区域内各币种（含本币）的存款总额与各项本外币贷款总额的比值。

根据所选取的指标以及构建指标体系应当遵循的原则，可构建高质量发展综合评价指标体系，如表3－1所示。

表3－1　　高质量发展综合评价指标体系

准则层指标	一级指标	二级指标	指标序号	指标属性
经济建设	经济结构	服务业占GDP比重	1	正
		非国有经济投资比重	2	正
		非国有经济产出比重	3	正
		资本要素市场化程度	4	正
	经济规模	人均GDP	5	正
		GDP增长率	6	正
	经济效益	全要素生产率	7	正
	经济开放	外贸依存度	8	正
		外资依存度	9	正
		旅游开放度	10	正
	经济稳定	经济波动率	11	负
		失业率	12	负
		通货膨胀率	13	负
		生产者价格指数	14	负
	金融市场建设	金融机构数量比重	15	正
		金融生产占比	16	正
		金融市场融资程度	17	正
		金融资产投资结构	18	正

续表

准则层指标	一级指标	二级指标	指标序号	指标属性
创新水平	科技投入	研发经费投入强度	19	正
		研发人员投入强度	20	正
		科技支出率	21	正
	科技产出	人均专利占有量	22	正
		创新产品增利率	23	正
		高新技术成果产业化	24	正
		高技术出口产品份额比	25	正
生态环境	生态建设与保护	建成区绿化覆盖率	26	正
		森林覆盖率	27	正
		城市生活垃圾处理率	28	正
		环境治理投资率	29	正
		空气质量指数	30	负
		资源循环利用	31	正
	废弃物排放	单位 GDP 工业废水排放	32	负
		单位 GDP 工业废气排放	33	负
		单位 GDP 工业固体废物排放	34	负
	能源消耗	单位产出能耗	35	负
		人均能源消耗量	36	正
社会建设	人力资本	劳动力质量	37	正
		普通高等院校毕业人数	38	正
	协调发展	城乡居民收入比	39	负
		城乡居民消费比	40	负
		城镇化率	41	正
	社会保障	养老保险参保率	42	正
		医疗保险覆盖率	43	正
		社会保障投入率	44	正
		地方财政教育支出	45	正
		医疗支出占 GDP 比重	46	正
		区域医疗卫生发展水平	47	正

续表

准则层指标	一级指标	二级指标	指标序号	指标属性
社会建设	社会安定	社会不安定指数	48	负
		每万人拥有人民律师数	49	正
		财政支出中公共安全支出比重	50	正
	生活质量	互联网覆盖率	51	正
		人均可支配收入	52	正
		铁路网、公路网密度	53	正
		产品质量优等品率	54	正
	社会消费	人均社会消费品零售额	55	正
		居民食品消费支出比重	56	负
		旅游类居民消费价格指数	57	负
		居民文教娱乐服务支出率	58	正
政府治理	行政效率	公职人员数	59	正
		非税收入占一般公共预算比重	60	正
	宏观调控	规模以上企业资产负债率	61	负
		区域负债总水平	62	正
		区域货币风险防范指数	63	正

三、高质量发展评价指标的描述性分析

本书基于经济建设、创新水平、生态环境、社会建设和政府治理五个维度构建高质量发展评价指标体系，并对指标体系设计的思想、内涵以及指标选取原则、指标选取原因进行了详细的阐述。下面将收集五个维度中相关指标不同省份不同年份的数据，对各个省份高质量发展指标的趋势做一个准确的描述，以此展现各指标在不同年份与省份之间的差异。

（一）经济建设维度

经济建设维度我们选取了经济结构、经济规模、经济效益、经济开

发、经济稳定、金融市场建设六个方面，各选取一个具有代表性的二级指标进行分析，分别为服务业占 GDP 比重、人均 GDP、全要素生产率、外贸依存度、失业率和金融机构数量比重。

由图 3－1 可知，从 2005 年到 2019 年，我国十省份服务业占 GDP 的比重总体呈现增长态势，并于 2019 年达到了最高值。尽管部分省份在 2006—2009 年比重出现了小幅波动，但在 2014 年到 2015 年，大部分省份实现了服务业占 GDP 比重一个大幅度的提升。这说明从 2005 年到 2019 年我国经济产业结构不断优化，以服务业为代表的第三产业持续发展，因此其作为衡量我国经济高质量发展的指标是合适的。

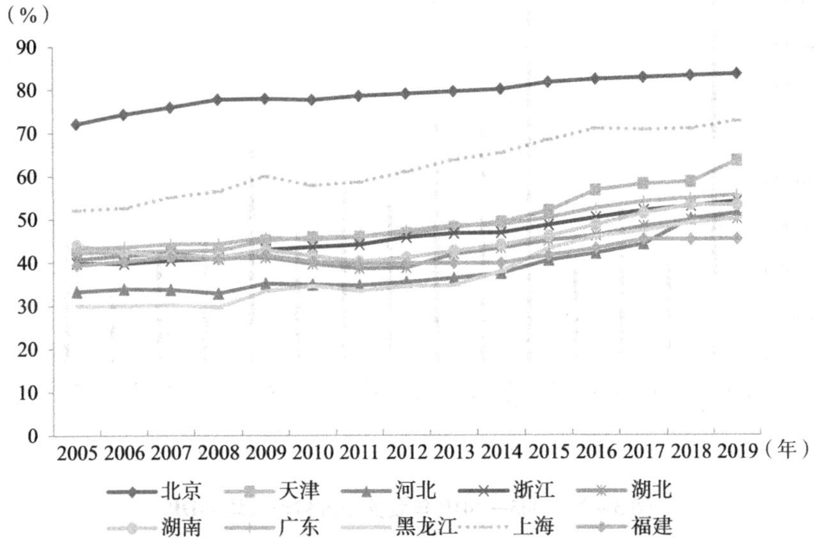

图 3－1　2005—2019 年我国十省份服务业占 GDP 比重趋势图

同样地，不同省份服务业占 GDP 的比重也存在发展不平衡的现象。在我们研究的十省份中，北京市服务业占 GDP 的比重位居首位，上海市服务业占 GDP 的比重紧随其后，而位于最末尾的福建省，其 2019 年服务业占 GDP 的比重与北京市的差距达到 50% 左右。这说明我国服务业占 GDP 的比重在全国范围来说是极其不平衡的，所以我们一方面要提高服务业占 GDP 的比重，另一方面也要注意实现全面均衡的发展，尽量缩小各个省份之间的差距，实现全国范围的高质量发展。

由图 3-2 可知，从 2005 年到 2019 年，全国人均 GDP 总体呈增长态势，逐年增高，并于 2019 年达到了最高值。并且在这十五年间，每年人均 GDP 增长率保持在一个稳定的水准，增幅大致一致，这说明我国经济增长呈现较平稳态势，经济的稳定增长从一定程度上说明我国经济高质量发展稳步进行。

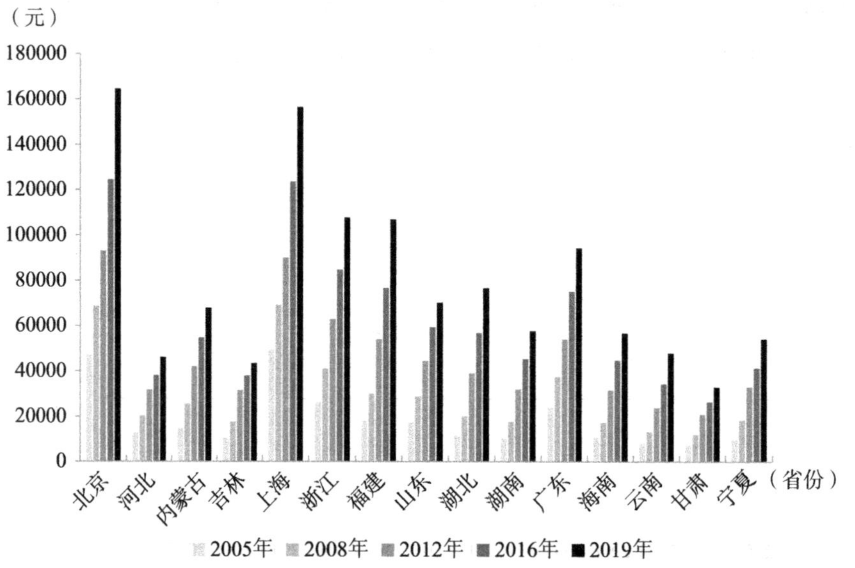

图 3-2　2005—2019 年我国十五省份人均 GDP

同样地，我们从图 3-2 中可以看出，北京和上海两个城市人均 GDP 远远超过其他省份，浙江、福建、广东三个省份紧随其后，保持在较高的水准。河北、吉林、云南、宁夏、甘肃五个省份的人均 GDP 相较于其他省份低于平均值。其中，甘肃省人均 GDP 最低，2019 年仅为 32994.56 元，相较于北京市 2019 年的人均 GDP 164563 元，北京市人均 GDP 大约是甘肃省的五倍，这表明我国各地人均 GDP 虽然总体呈现不断增长的态势，但是人均 GDP 水平存在地域性的发展不均。高质量发展要求的是全面的发展，因此要求我们在稳步推动经济发展的同时，要注重地区发展的平衡。

在本书中只选取了 2008 年、2012 年、2016 年作为代表年份对各省份的全要素生产率进行分析。从图 3－3 中可以看出，从 2008 年到 2016 年，总体来说全国全要素生产率呈现波动的态势，不存在明显的趋势。

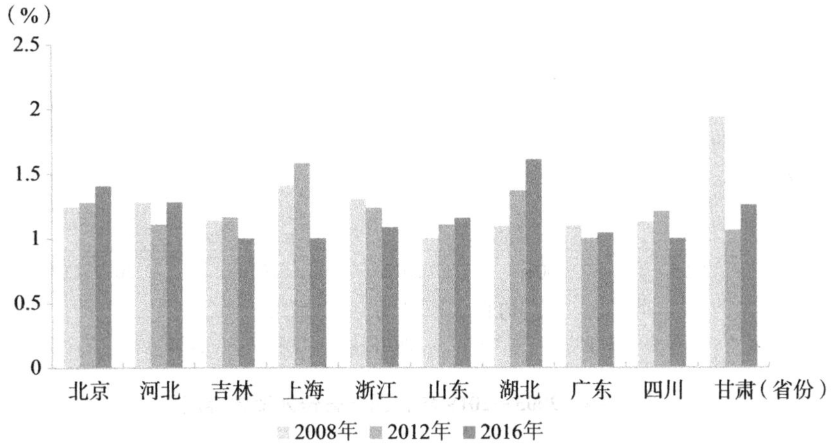

图 3－3　2008 年、2012 年、2016 年十省份全要素生产率

同样地，2016 年湖北省的全要素生产率遥遥领先于大部分省份，吉林、四川、上海等省、市全要素生产率低于平均水平。

由图 3－4 可知，从 2005 年到 2019 年，全国外贸依存度总体呈现先逐步增长态势，并基本于 2008—2012 年达到最大值。从 2012 年以后全国外贸依存度呈现逐步走低的态势，绝大多数省份于 2019 年到达最低值。北京、上海、广东三个省份相比全国来看，其外贸依存度一直处于较高的位置。浙江、山东紧随其后，保持在较高的水准。四川、湖北、河北、青海、甘肃五个省份的外贸依存度相较于其他省份低于平均值。其中，甘肃省的外贸依存度最低，2019 年为 18.52419，相较于北京 2019 年外贸依存度1174.935相差几十倍之多，这表明我国不同地区经济发展模式存在极大的差异，一般来说发达地区对外贸依存度较大，西北内陆地区对外贸依存度较小，因此我们需要继续调整全国产业布局，缩小不同地区之间外贸依存度的差距。

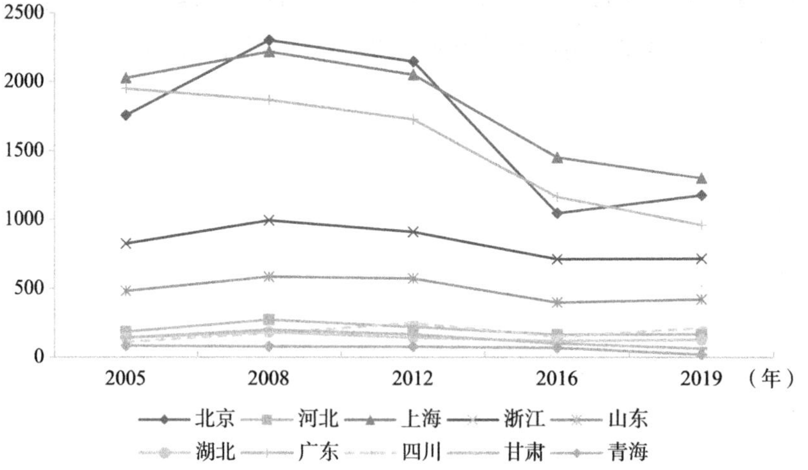

图3－4　2005—2019年我国十省份外贸依存度

由图3－5中可以看出，从2005年到2019年，全国各省份失业率总体呈现逐步降低态势，大部分省份于2005—2012年出现大幅度的下降，2011—2016年基本持平，2019年达到最低值。但辽宁的失业率在2019年出现反弹，高于之前的水平。北京、广东两个省、市相比全国来看失业率一直处于较低的位置。浙江紧随其后，保持在较低的水平。辽宁、四川、宁夏三个省份的失业率相较于其他省、市高于平均值。特别地，辽宁在2005年的失业率显著地高于其他省份，但于2008年回落到平均水准上下。上海市作为我国经济最为发达的地区之一，其失业率一直处于较高水平，说明经济水平较高的地方不一定人民的生活幸福感一定高，也不一定意味着社会高质量的发展。因此，我们要统筹发展的方方面面，做到真正地造福人民群众。

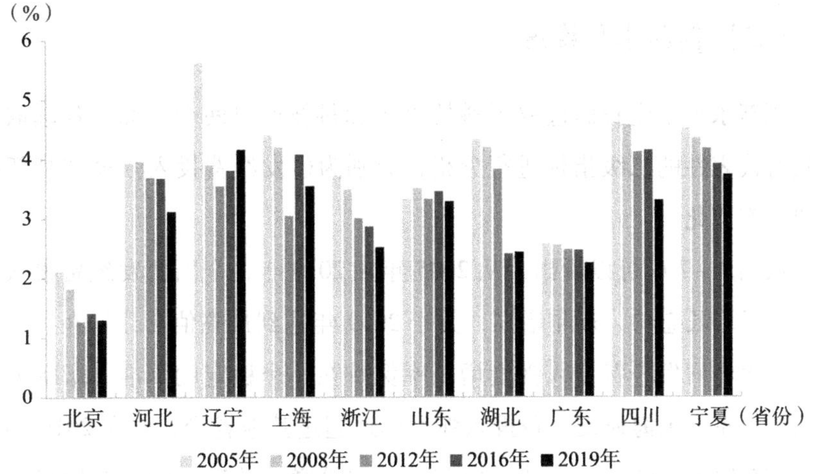

图 3-5 2005—2019 年我国十省份失业率

由图 3-6 可知，从 2005 年到 2019 年，全国各地金融机构数量比重没有呈现明显增长或下降的趋势。2019 年大部分省份的金融机构数量比重维持在 0.005 左右，上海市金融机构数量比重达到峰值 0.018802，显著高于其他省市。在 2005 年统计的初始阶段出现反常情况，江西、安徽、福建的金融机构数量比重位于全国各省份的前列，分别为 0.063581、0.047434、0.029935。

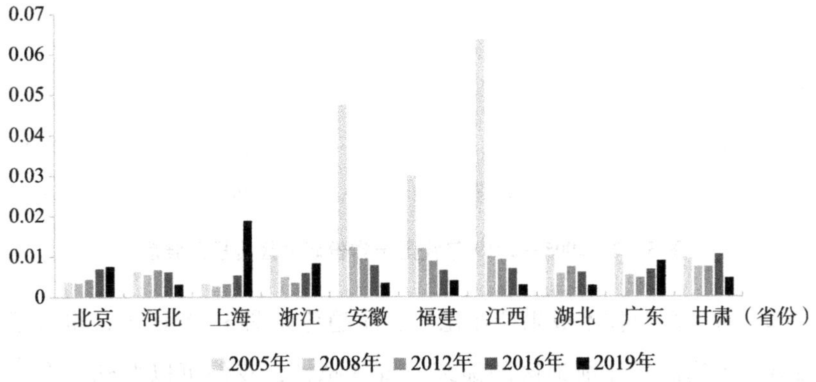

图 3-6 2005—2019 年我国十省份金融机构数量比重

（二）创新水平维度

创新水平维度我们选取了科技投入和科技产出两个方面。各选取一个具有代表性的二级指标进行分析，分别为研发经费投入强度和高新技术成果产业化。

从图 3-7 中可以看出，从 2005 年到 2019 年，全国研发经费投入强度总体呈增长态势，逐年增高，并于 2019 年达到最高值。并且在这十五年间，每年研发经费投入强度增长率保持在一个稳定的水准，增幅大致一致。北京、上海研发经费投入强度远远超过其他省份，并在 2019 年达到 0.035 以上。江苏、福建、山东三个省份紧随其后，保持在较高的水准，2019 年在 0.025 左右。西藏、云南、贵州、甘肃四个省份的研发经费投入强度相较于其他省份低于平均值，2019 年均位于 0.015 以下。数据表明我国创新水平整体不断提高，说明高质量发展在全国范围内正稳步地推进，但仍需要努力去缩小区域之间的差距。

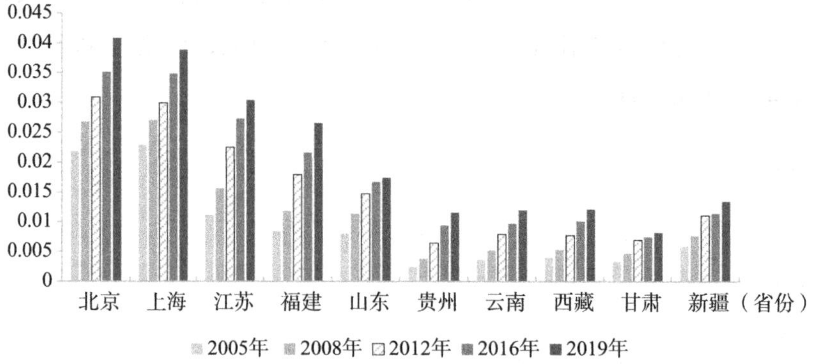

图 3-7　2005—2019 年我国十省份研发经费投入强度

部分省份高新技术成果产业化的变化趋势如图 3-8 所示，得益于地处粤港澳大湾区和江浙地区的地理位置优越性，我们可以看到广东省和江苏省的高新技术成果产业化增长幅度最大，与调查初期相比，增长幅度达到了4.5倍至5倍。而其他省、市的高新技术成果产业化变化幅度不大，这14年间几乎呈现持平状态，对于北京市和上海市，高新技术成果产业化上升幅度不大的原因可能是因为北京市和上海市的占地面积较小，地理资源上已无太大提升空间，同时北京市和上海市的高新技术底蕴较好，在2005年左右就已初具规模。而对于其他省份，如山东省、湖南省、内蒙古自治区等，14年间的高新技术成果产业化水平基本维持在750000以下，高新技术成果产业化提升趋势不明显的原因可能是这些省份的创新成果产业化能力不足，这些地区的产业创新化将是未来推动我国高新技术产业更上一层楼的关键。

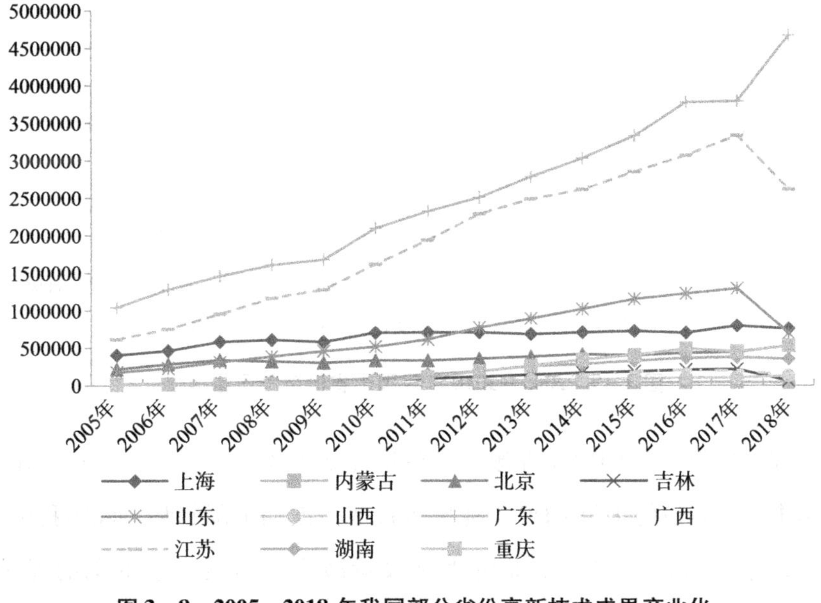

图3－8　2005—2018年我国部分省份高新技术成果产业化

（三）生态环境维度

生态环境维度我们选取了生态建设与保护、废弃物排放、能源消耗三个方面。各选取一个具有代表性的二级指标进行分析，分别为空气质量指数、单位 GDP 工业废水排放和人均能源消耗量。

由图 3 - 9 可知，我国各省份空气质量指数在 2018 年之前普遍下降，2018 年大部分省份都出现较高的增长，其中，河南省空气质量指数达到峰值，也是所有省份中的最大值，一年中的空气优良天数达到 61 天。天津市虽然近些年来空气质量指数有所下降，但是平均值位居全国前列。除此之外，西藏、青海、新疆三省份空气质量指数在 2018 年之前均较低，但在 2018 年突然暴涨，说明这三地从 2018 年开始注重生态环境保护，大力整治空气污染。

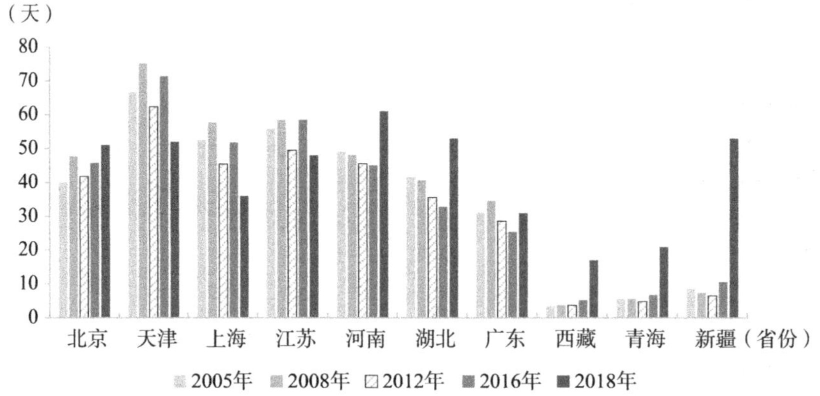

图 3 - 9　2005—2018 年我国十省份空气质量指数

部分省份单位 GDP 工业废水排放情况如图 3 - 10 所示。比较明显的是图中所示省份的单位 GDP 工业废水排放呈波动下降趋势，说明我国工业制造水平逐渐提高，工业废水排放量减少，加强了水资源的保护。2011 年图中所有省份的单位 GDP 工业废水排放突然升高，可能与国家 2011 年修改废水排放标准有关，随后各省份的单位 GDP 工业废水排放逐渐下降。单位 GDP 工业废水排放与当地经济发展息息相关，比如宁夏单位 GDP 工业废水排放在统计时间内一直较高，与之相反的是北京较低，可能是由于北京作为政治中心，重工业较少。总之，进入高质量发展阶段，大力进行工业技术创新，减少工业废水的排放是发展的重要目标。

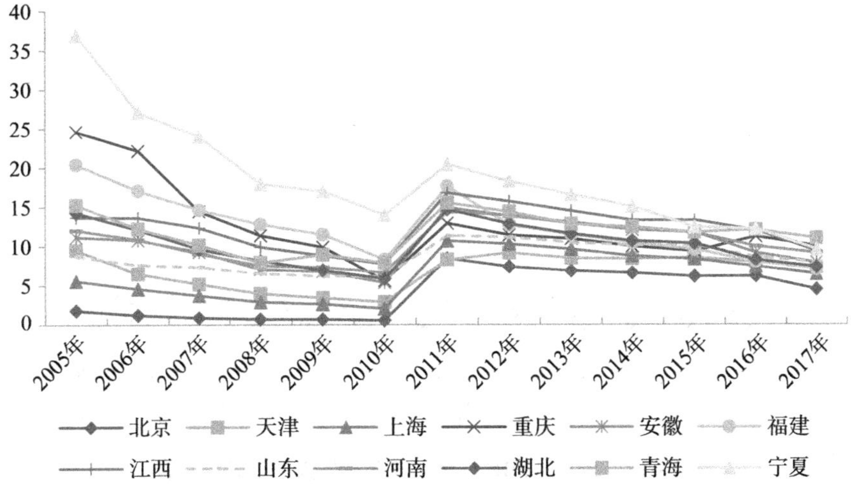

图 3－10　2005—2017 年我国部分省份单位 GDP 工业废水排放

部分省份的人均能源消耗量变化情况如图 3－11 所示，从图中可以看出，从 2015 年到 2018 年，全国各省份的人均能源消耗量大幅度降低，2018 年全国各省份的人均能源消耗量均降至 2 左右，说明我国在生产技术、能源消耗方面取得了长足进步，在不降低产能的情况下大幅减少了能源消耗，这些成就离不开我国对生态可持续发展和经济高质量发展的重视。具体来看，边远地区省份人均能源消耗量的降低幅度最大，云南省、青海省及贵州省在调查初期（2005 年）的人均能源消耗量还高达 12 及以上，利用 14 年的时间就能够降至 2 以下，说明边远地区省份的生产技术得到了大幅提升。同时，发达地区省份，如山东省、广东省、江苏省、北京市及天津市，在调查初期（2005 年）的人均能源消耗量就已经达到 6 以下，说明这些地区的生产基础较好，可持续发展理念较强。

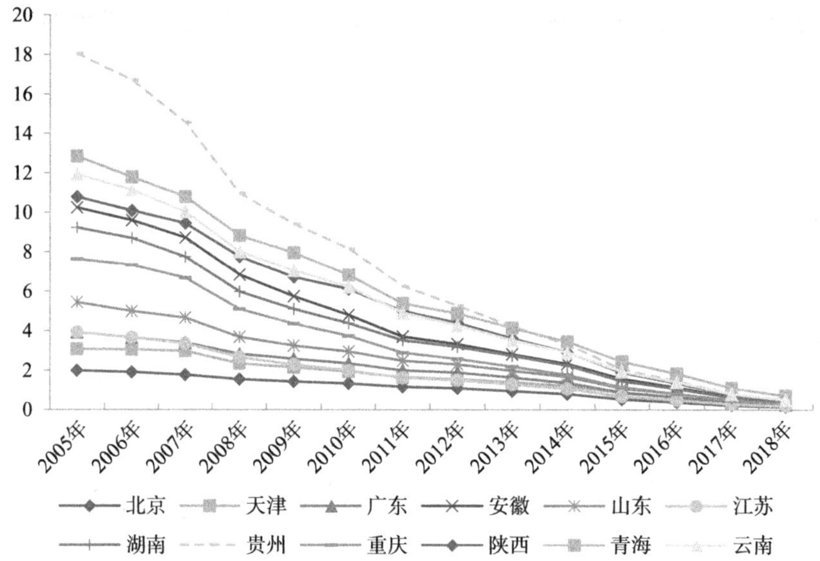

图3-11　2005—2018年我国部分省份人均能源消耗量

(四) 社会建设维度

社会建设维度我们选取了人力资本、协调发展、社会保障、社会安定、生活质量、社会消费六个方面，各选取一个具有代表性的二级指标进行分析，分别为普通高等院校毕业人数、城乡居民收入比、医疗保险覆盖率、社会不安定指数、互联网覆盖率、居民食品消费支出比重。

由图3-12可知，从2005年到2019年，我国各省份普通高等院校毕业人数总体呈现增长态势，逐年增高，并于2019年达到最高值。并且在这十五年间，北京、上海两地普通高等院校毕业人数保持一个稳定水平，说明当地教育水平基础好，起点高；山东、河南、广东三省普通高等院校毕业人数从2005年开始不断增加，并逐渐处于全国领先水平，一方面说明其教育水平不断提高，另一方面是因为人口基数大。西藏、青海、宁夏三省份虽然普通高等院校毕业人数也逐年增加，但是受限于人口基数和教育水平，其普通高等院校毕业人数远远低于全国平均水平。

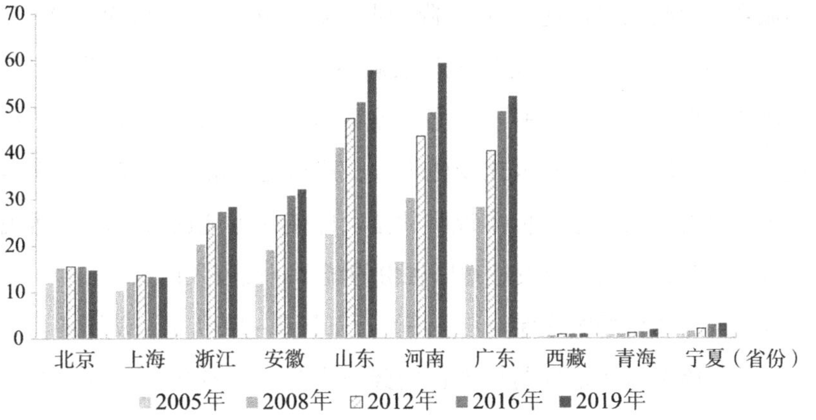

图 3－12　2005—2019 年我国十省份普通高等院校毕业人数

部分省份城乡居民收入比变动情况如图 3－13 所示，从图中可以看出，各省份的变动情况大致分为两组，以广西、西藏、云南、甘肃、贵州五省份为代表的偏远地区省份为一组；以上海、北京、浙江、天津、辽宁、黑龙江为代表的经济发达地区（东北地区）为一组。偏远地区省

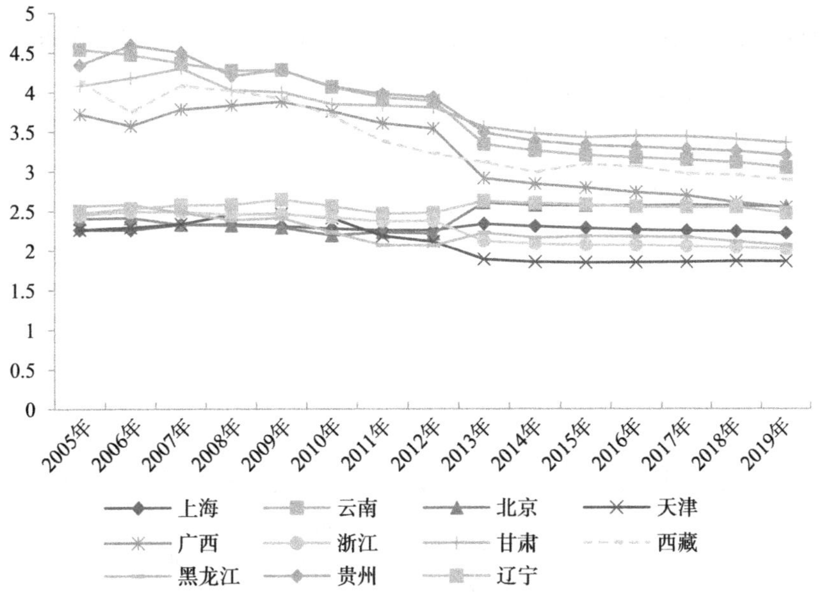

图 3－13　2005—2019 年我国部分省份城乡居民收入比

份的城乡居民收入比在这15年间降幅明显，由4.0—4.5降至3.0—3.5，说明偏远地区省份城乡居民收入差距减小，贫富差异现象有所减轻，同时说明我国西部大开发、脱贫攻坚战略取得一定成效。而发达省份和东北地区省份的城乡居民收入比变化不大，甚至北京市在2012—2013年还出现了明显的扩大现象。值得说明的是，即使偏远地区省份城乡居民收入比有所下降，但仍不及发达地区省份的城乡居民收入比水平。

我国部分省份的医疗保险覆盖率情况如图3－14所示。从图中可以看出，医疗保险覆盖率情况与该省份的经济发达程度有比较强的关联，以上海市、北京市、浙江省、广东省、重庆市以及山东省为代表的发达省份的医疗保险覆盖率基本在2014年之前就达到了比较高的水平（0.8分以上），而上海市早在2005年就达到了0.8分水平的医疗保险覆盖率。边远地区，如新疆维吾尔自治区、西藏自治区、云南省、贵州省等，医疗保险覆盖率在2010年左右还远低于全国平均水平，在2015年以后得到大幅度提升，于2019年基本达到了与发达地区同等的医疗保险覆盖率水平，说明我国在最近十年大力推行的医疗体系改革、全面发展政策在医疗保险覆盖率层面取得了良好成效。

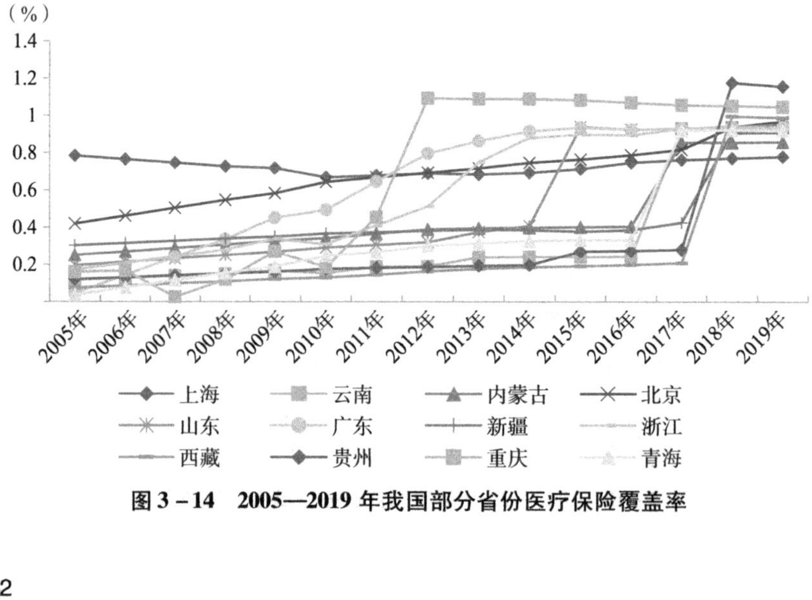

图3－14　2005—2019年我国部分省份医疗保险覆盖率

由图 3－15 可知，全国各地社会不安定指数从 2005 年到 2019 年总体呈现先上升后下降的趋势，2016 年至 2019 年趋于稳定。尽管部分省份 2006—2009 年社会不安定指数出现了小幅度的下降，但在 2010 年以后，大部分省份的社会不安定指数又进一步提升。从图 3－15 中可以看出，四川、湖北、辽宁、山东四个省份的社会不安定指数相较于其他省、市较高，2019 年基本位于 50 左右。西藏、青海、宁夏三个省份的社会不安定指数相较于其他省份低于平均值，除了部分年份，均维持在 10 以下。

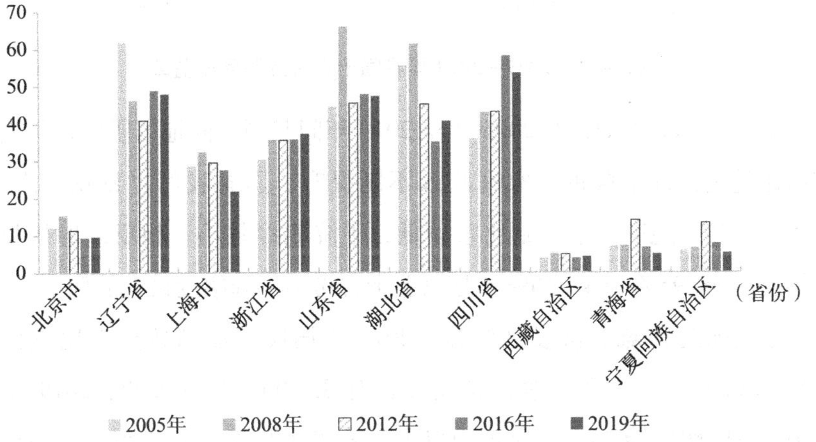

图 3－15　2005—2019 年我国十省份社会不安定指数

从图 3－16 中可以看出，从 2005 年到 2018 年，全国互联网覆盖率总体呈现增长态势，逐年增加，并于 2018 年达到了最高值。北京、上海、福建、广东四个省、市互联网覆盖率增幅大于其他省、市，2019 年其互联网覆盖率分别为 81.08%、77.82%、77.91%、80.94%，而河南、四川、贵州、云南四个省份的互联网覆盖率相较于其他省份低于平均值，2019 年分别为 48.90%、49.93%、50.45%、46.65%，这说明我国经济发达地区和西部、中部内陆地区之间互联网覆盖率仍然存在较大差距。

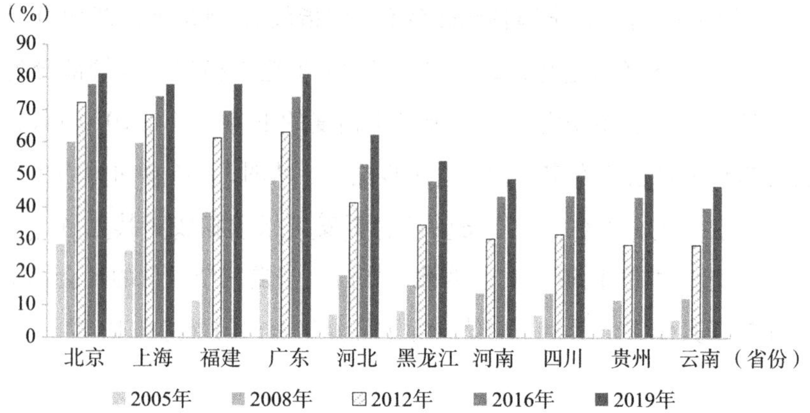

图 3－16　2005—2019 年我国十省份互联网覆盖率

由图 3－17 可知，在 2005 年至 2019 年间我国不同地区居民食品消费支出比重是持续下降的，家庭收入不断提升。同时我们也发现，广东、上海、浙江等地区由于起始比重较低，下降幅度较小。相反，贵州与西藏幅度达 38.95% 和 47.16%，是以上十省份中下降幅度最大的两个地区，但由于贵州与西藏经济发展缓慢，2019 年居民食品消费支出比重仍为 0.27 与 0.37。北京居民食品消费支出比重 2005 年为 0.29，2019 年为 0.20，下降幅度为 33%，比重为以上十省份中最低，下降幅度也表现优

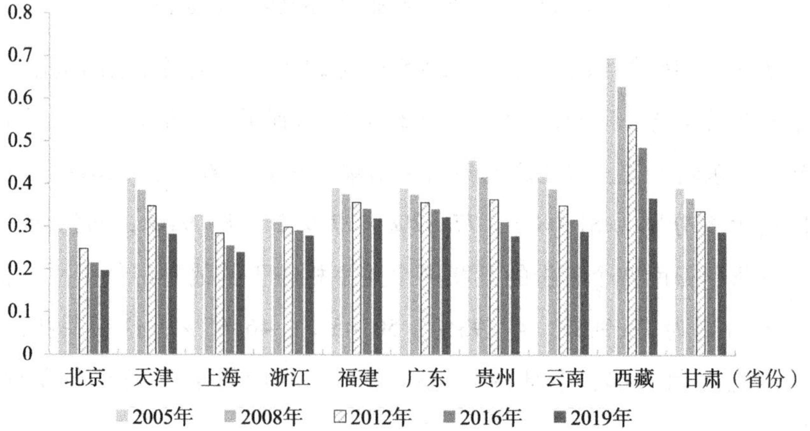

图 3－17　2005—2019 年我国部分省份居民食品消费支出比重

异。这说明虽然随着经济的发展，我国居民食品消费支出比重不断下降，但仍是一种不均衡的局面。要推动高质量发展，就需要提升我国除食品外的居民消费水平，不断缩小区域之间的差距。

（五）政府治理维度

政府治理维度我们选取了行政效率和宏观调控两个方面，各选取一个具有代表性的二级指标进行分析，分别为公职人员数和区域货币风险防范指数。

部分省份的数据可视化结果如图3－18所示，从图中可以看出，全国各省份公职人员数目的变化情况在这14年间基本一致，呈现缓慢的上升趋势。面积大，下属市、县、村较多的人口大省（如山东、广东、河南），其公职人员数目也较多，而面积较小的直辖市（如北京）或地广人稀的边远地区（如西藏自治区、内蒙古自治区），由于人口容量和经济发展水平的限制，其公职人员的需求数目也较小。总体来看，各省份的公职人员数量与其实际情况相符合，并且缓慢的上升趋势也说明公职人员

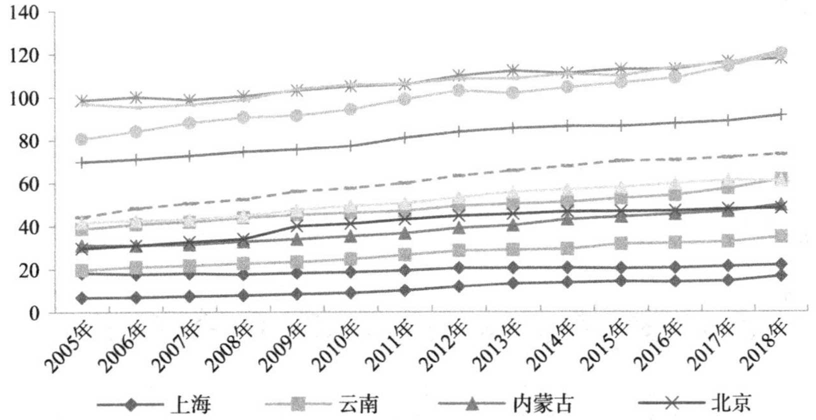

图3－18　2005—2018年我国部分省份公职人员数

的需求正在扩大，符合我国经济发展、社会进步带来的公职人员需求提升的现状。公职人员数目的合理上升有利于提升政府部门的行政效率，更好地贴合人民群众的办事需求。

部分省份的区域货币风险防范指数变化情况如图 3 - 19 所示。近年来，我国大力推行人民币国际化和数字货币，货币安全问题的重要性与日俱增。通过区域货币风险防范指数，可以知悉一个地区的货币风险大小，从而及时发现宏观经济层面的问题。从图中我们可以明显看到，区域货币风险的防范能力与地区经济发展水平大致呈正比关系，北京、上海的区域货币风险防范指数达到了 2 以上，几乎是全国平均水平的两倍以上；而广东、浙江、天津等经济发达地区的区域货币风险防范指数紧随其后，达到1. 0 及以上；以湖北、辽宁、陕西为代表的东北地区省份及中部地区省份的风险防范指数在 0. 6—1. 0 之间；以西藏、云南为代表的边远地区的区域货币风险防范指数最低，仅有不到0. 6 的水平。值得一提的是，从整体来看，几乎所有省份的区域货币风险防范指数均呈现随时间上升的趋势，说明我国的货币风险防范工作取得了良好的成效。

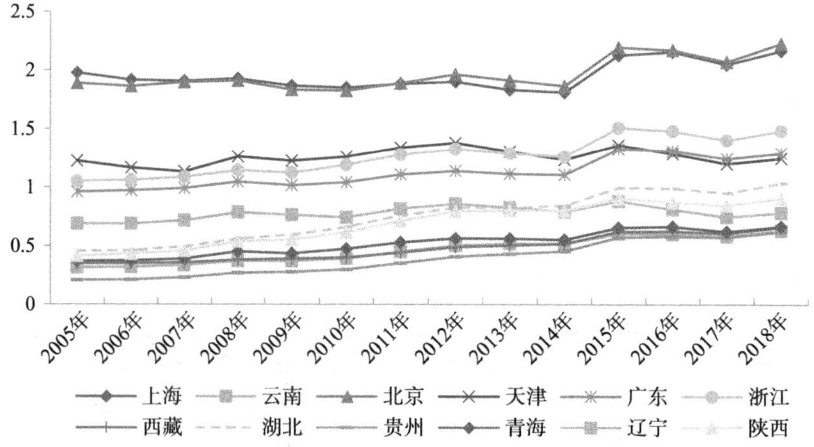

图 3 - 19　2005—2018 年我国部分省份区域货币风险防控指数

本章小结

本章在介绍高质量发展特征、明确高质量发展内涵的基础上，阐述了高质量发展评价指标体系的构建思路与构建原则，最终从经济建设、创新水平、生态环境、社会建设、政府治理五个维度共选取 63 个二级指标，并对相关指标进行了描述性统计分析。

本章首先阐述了高质量发展的特征：高质量发展是高效率增长、有效供给性增长、中高端结构增长、绿色增长、可持续增长和和谐增长。然后本章在充分参考相关文献的基础上，提出继承五大新发展理念，进一步拓宽高质量发展的层面，分别从经济建设、创新水平、生态环境、社会建设、政府治理五个维度选取指标。其中，经济建设维度涉及经济结构、经济规模、经济效益、经济开放、经济稳定和金融市场建设六个方面，共选取 18 个二级指标；创新水平维度涉及科技投入和科技产出两个方面，共 7 个二级指标；生态环境维度涉及生态建设与保护、废弃物排放和能源消耗三个方面，共 11 个二级指标；社会建设维度涉及人力资本、协调发展、社会保障、社会安定、生活质量和社会消费六个方面，共 22 个二级指标；政府治理维度涉及行政效率和宏观调控两个方面，共 5 个二级指标。

另外，本章还对具有代表性的高质量发展指标进行了描述性统计分析。在经济建设方面，本章对服务业占 GDP 比重、人均 GDP、全要素生产率、外贸依存度、失业率和金融机构数量比重进行了分析；在创新水平方面，本章对研发经费投入强度和高新技术成果产业化进行了分析；在生态环境方面，本章对空气质量指数、单位 GDP 工业废水排放和人均能源消耗量进行了分析；在社会建设方面，本章对普通高等院校毕业人数、城乡居民收入比、医疗保险覆盖率、社会不安定指数、互联网覆盖率和居民食品消费支出比重进行了分析；在政府治理方面，本章对公职人员数和区域货币风险防范指数进行了分析。

第四章　高质量发展水平的测度

上一章我们已经选取相关指标对高质量发展评价指标体系完成了构建，而在综合评价分析中，评价模型权重的确定是重点，亦是难点。根据原始数据的来源及数据类型的不同，一般将指标体系权重测算方法主要分为主观赋权法和客观赋权法两类。主观赋权法是由研究人员根据经验等主观意志给指标赋予权重的方法，主观随意性较大，其说服力有待提高。本书引入纵横向拉开档次法对指标权重进行计算，该方法适用于面板数据的动态评价，是一种客观赋权法，其原则是在面板数据表上使各评价对象之间的差异最大化。本章在计算得出各指标的权重之后，代入评价模型中，进而计算得出中国各省、市高质量发展测度的结果。

一、指标体系权重测算方法

在综合评价模型中，权重的确定是尤其重要的一个环节，当前关于权重确定的方法有很多，一般而言，根据原始数据的来源和类型的不同，主要分为主观赋权法和客观赋权法。

主观赋权法是指决策者通过主观上对各属性的观察和重要程度的判断来确定属性权重的方法，主要包括德尔菲法、层次分析法、二项系数法、环比评分法等。

鉴于主观赋权法的种种不足之处，人们又提出了客观赋权法，其基本思想是：属性权重应当是各种属性在属性集中的变异程度对和其他属性的影响程度的度量，赋权的原始信息应当直接来源于客观环境。常用的客观赋权法有主成分分析法、熵权法、多目标规划法、变异系数法等。

（一）常用客观权重测算方法介绍

1. 熵权法

熵最早是热力学中表示物质状态的参量之一，其物理意义是体系的混乱程度。随着科技的进步和学科领域的交互增加，目前，熵已经在工程技术、人文社科、经济管理等领域有着非常广泛的应用。在信息论中，信息熵是指在无序状态下，系统的一种不确定度量。假定系统可能出现 m 种不同的状态，每种状态出现的概率为 P_i（$i=1, 2, \cdots, m$）时，该系统的熵可以表示为：

$$E_i = -\frac{1}{\ln m}\sum_{i=1}^{m} p_i \ln p_i \tag{4-1}$$

熵权法的基本思想是通过指标差异性的大小来确定客观权重。一般而言，如果某个指标的信息熵 E_i 越小，则表示该指标的差异程度越大，提供的信息量越多，在综合评价中可以起到的影响作用越大，即其权重越大。相反，如果某个指标的信息熵 E_i 越大，则表示该指标的变异程度越小，提供的信息量越少，在综合评价中可以起到的影响作用越小，其权重也越小。

熵权法的主要步骤如下：

第一步，指标归一化处理。由于各指标的度量单位并不统一，因此在计算综合指标前，需对指标进行归一化处理，即将绝对数指标转化为相对数指标，从而解决度量单位不统一的问题。此外，对于正向、负向指标，由于正向指标越高越好而负向指标越低越好，因此对于正向、负向指标需根据不同公式进行归一化处理。

正向指标：

$$x'_{ij} = \frac{x_{ij} - \min\{x_{1j},\cdots,x_{nj}\}}{\max\{x_{1j},\cdots,x_{nj}\} - \min\{x_{1j},\cdots,x_{nj}\}} \tag{4-2}$$

负向指标：

$$x'_{ij} = \frac{\max\{x_{1j},\cdots,x_{nj}\} - x_{ij}}{\max\{x_{1j},\cdots,x_{nj}\} - \min\{x_{1j},\cdots,x_{nj}\}} \tag{4-3}$$

第二步，计算第 i 个样本值占第 j 项指标比重。

$$p_{ij} = \frac{x'_{ij}}{\sum_{i=1}^{n} x'_{ij}}, i = 1,\cdots,n; j = 1,\cdots,m \tag{4-4}$$

第三步，计算第 j 项指标熵值。

$$e_j = -k\sum_{i=1}^{n} p_{ij}\ln(p_{ij}), j = 1,\cdots,m \tag{4-5}$$

第四步，计算指标的冗余信息熵。

$$d_j = 1 - e_j, j = 1,\cdots,m \tag{4-6}$$

第五步，计算各项指标的权重。

$$w_j = \frac{d_j}{\sum_{j=1}^{m} d_j}, j = 1,\cdots,m \tag{4-7}$$

2. 变异系数法

变异系数又称为离散系数，是概率分布离散程度的一个归一化量度，其定义为标准差与平均值之比。当需要比较两组数据离散程度大小的时候，如果两组数据的测量尺度相差太大，或者数据的量纲不同，直接使用标准差来进行比较不合适，此时就应当消除测量尺度和量纲的影响，而变异系数可以做到这一点，它是原始数据标准差与原始数据平均数的比。变异系数没有量纲，这样就可以进行客观比较了。事实上，可以认为变异系数和极差、标准差、方差一样，都是反映数据离散程度的绝对值。其数据大小不仅受变量值离散程度的影响，而且还受变量值平均水平大小的影响。

变异系数法直接利用各项指标所包含的信息，通过计算得到指标的权重，是一种客观赋权的方法。此方法的基本做法是：在评价指标体系中，指标取值差异越大的指标，也就是越难以实现的指标，这样的指标更能反映被评价单位的差距。由于评价指标体系中的各项指标的量纲不同，不宜直接比较其差别程度。为了消除各项评价指标量纲不同的影响，需要用各项指标的变异系数来衡量各项指标取值的差异程度。变异系数法的主要步骤为：

第一步，计算变异系数。

$$V_i = \frac{\sigma_i}{\bar{x}_i}(i = 1,2,3,4,\cdots,n) \tag{4-8}$$

第二步，计算各指标权重。

$$W_i = \frac{V_i}{\sum_{i=1}^{n} V} \tag{4-9}$$

(二) 纵横向拉开档次法

不同省份高质量发展水平测度是基于面板数据的动态综合测度，若采用熵权法和变异系数法，是将动态问题简化成静态问题来处理，这种处理方式往往会造成评价结果失真，每年评价指标权重会产生变化，失去年度之间的可比性。而纵横向拉开档次法不仅能够体现时序立体数据特征，还能够通过对底层数据进行自下而上的逐层加工，使得测度结果更加全面科学。为了克服现有研究中存在的不足，同时保证研究的结果兼具客观性、科学性、实用性的特点，本书采用纵横向拉开档次法计算评价体系中各指标的权重。

假设我们构建的评价指标体系有 n 个准则层，则所有被评价对象的集合为：

$$S = \{S_1, S_2, \cdots, S_n\} \tag{4-10}$$

指标权重系数向量为：

$$\omega = \{\omega_1, \omega_2, \cdots, \omega_m\}^T \tag{4-11}$$

按照时间顺序收集并构造原始数据集合 $\{x_{ij}(t_k)\}$ ，其中，$x_{ij}(t_k)$ 表示观测到的 t_k 年 i 省的第 j 个指标的原始数值。为了便于计算后面的总离差平方和，我们通常对观察的数据进行标准化处理，$x_{ij}(t_k)$ 经过处理之后为 $x_{ij}^*(t_k)$ ，因此，在 t_k 年时，综合评价函数为：

$$y_i(t_k) = \sum_{j=1}^{m} w_j x_{ij}^*(t_k) \tag{4-12}$$

而基于指标权重的确定原则，要使评价对象之间差异最大化，$y_i(t_k)$ 的总离差平方和为：

$$\sigma^2 = \sum_{k=1}^{N} \sum_{i=1}^{n} [y_i(t_k) - \bar{y}]^2 \tag{4-13}$$

但由于数据是经过标准化处理的，所以 $\bar{y} = 0$ ，于是 $y_i(t_k)$ 的总离差平方和变为：

$$\sigma^2 = \sum_{k=1}^{N} \sum_{i=1}^{n} [y_i(t_k)]^2 = \sum_{k=1}^{N} [w^T H_k w] = w^T \sum_{k=1}^{N} H_k w = w^T H w \tag{4-14}$$

其中，$H = \sum_{k=1}^{N} H_k$ 为阶对称 $m \times m$ 矩阵，而 $H_k = A_k^T A_k$ ，对于指标权重系数指标向量有 $w^T w = 1$ ，由矩阵 H 和 w 的关系可知，要使得 σ^2 最大，w 应为矩阵 H 的最大特征值所对应的特征向量，同时要保证指标权重系数为正，有 $w > 0$，即可以将求解指标权重系数的问题转化为一个非线性规划的问题：

$$\max w^T H w$$

$$s.t. \begin{cases} \| w \| = 1 \\ w > 0 \end{cases} \tag{4-15}$$

郭亚军对不同无量纲化方法对纵横向拉开档次法的影响进行研究分析，结果表明，标准化处理方法虽然可以使得 $\bar{y} = 0$ ，简化了计算过程。但是该方法会影响纵横向拉开档次法解的唯一性与有效性，从而使得纵横向拉开档次法失去意义。此外，纵横向拉开档次法的特点是“尽可能地体现各被评价对象之间的整体差异”，指标方差体现的局部差异会影响整体方差体现的整体差异，而标准化处理方法使指标方差均为1，抹杀了这种局部差异，从而不利于整体差异的体现。基于标准化无量纲化方法在纵横向拉开档次法中的局限性，建议在拉开档次法中避免使用该无量纲化方法。

本书借鉴王常凯的研究，对纵横向拉开档次法中指标规范化方法进行修正。为了使纵横向拉开档次法的综合评价结果在横向和纵向上都符合“保序”原则，本书对传统无量纲化方法进行了修正，采用“整体规范化，分时标准化”无量纲化方法，即无量纲化是针对同一指标的所有时间的数据进行，标准化是针对某个指标的某一时间进行。具体如下：

$$x_{ij}^{*}(t_k) = \frac{[x_{ij}(t_k) - x_j^{\min}]}{x_j^{\max} - x_j^{\min}}, i = 1,2,\cdots,n; j = 1,2,\cdots,m \qquad (4-16)$$

$$x_{ij}^{*}(t_k) = \frac{[x_j^{\max} - x_{ij}(t_k)]}{x_j^{\max} - x_j^{\min}}, i = 1,2,\cdots,n; j = 1,2,\cdots,m \qquad (4-17)$$

其中，$x_j^{\max}$、$x_j^{\min}$ 为第 j 个指标在所有时刻的最大值和最小值。

得到利用纵横向拉开档次法进行综合评价的步骤如下：

（1）对数据进行同向化、无量纲化和标准化处理。无量纲化是针对同一指标的所有时间，标准化是针对某个指标的某一时间。

（2）确定权重向量。计算矩阵 $H_k = A_k^T A_k (k = 1,2,\cdots,N)$，$H = \sum_{k=1}^{N} H_k$，矩阵 H 的最大特征值对应的特征向量即为权重向量 ω 。

（3）计算综合评价值。

（4）对评价对象进行排序、分析。

二、高质量发展指数的测算

（一）数据来源及预处理

本书使用的数据来源于国家统计局、中经网统计数据库等数据平台，并查阅了《中国城市统计年鉴》《中国健康统计年鉴》《中国环境统计年鉴》和《中国能源统计年鉴》等相关统计数据，以确保数据的有效性。我们选取2005—2018年全国30个省份（我国香港特区、澳门特区、台湾省及西藏自治区因数据不齐，本书没有涉及，特此说明）的年度统计数据。对于部分省份年度的缺失数据，我们利用插值法进行填补处理。数据来源中没有直接给出的指标，本书通过相关指标合理计算得出。

（二）高质量发展指标权重分析

利用纵横向拉开档次法计算得到各指标的权重，得分的高低反映了所选取的指标在总体中提供信息的多少，即在高质量发展综合评价指标体系中的重要程度。各层级指标权重结果如表4－1所示。

表4－1　　高质量发展权重表

准则层指标	准则层指标权重	一级指标	一级指标权重	二级指标	二级指标权重
经济建设	0.190	经济结构	0.157	服务业占GDP比重	0.252
				非国有经济投资比重	0.262
				非国有经济产出比重	0.240
				资本要素市场化程度	0.246
		经济规模	0.178	人均GDP	0.418
				GDP增长率	0.582
		经济效益	0.142	全要素生产率	1.000

续表

准则层指标	准则层指标权重	一级指标	一级指标权重	二级指标	二级指标权重
经济建设	0.190	经济开放	0.143	外贸依存度	0.336
				外资依存度	0.338
				旅游开放度	0.326
		经济稳定	0.237	经济波动率	0.320
				失业率	0.214
				通货膨胀率	0.239
				生产者价格指数	0.227
		金融市场建设	0.143	金融机构数量比重	0.210
				金融生产占比	0.274
				金融市场融资程度	0.276
				金融资产投资结构	0.240
创新水平	0.157	科技投入	0.549	研发经费投入强度	0.368
				研发人员投入强度	0.286
				科技支出率	0.346
		科技产出	0.451	人均专利占有量	0.235
				创新产品增利率	0.232
				高新技术成果产业化	0.242
				高技术出口产品份额比	0.291
生态环境	0.278	生态建设与保护	0.286	建成区绿化覆盖率	0.185
				森林覆盖率	0.171
				城市生活垃圾处理率	0.144
				环境治理投资率	0.113
				空气质量指数	0.198
				资源循环利用	0.189
		废弃物排放	0.402	单位 GDP 工业废水排放	0.330
				单位 GDP 工业废气排放	0.334
				单位 GDP 工业固体废物排放	0.336
		能源消耗	0.312	单位产出能耗	0.649
				人均能源消耗量	0.351

续表

准则层指标	准则层指标权重	一级指标	一级指标权重	二级指标	二级指标权重
社会建设	0.227	人力资本	0.157	劳动力质量	0.513
				普通高等院校毕业人数	0.487
		协调发展	0.206	城乡居民收入比	0.346
				城乡居民消费比	0.361
				城镇化率	0.293
		社会保障	0.151	养老保险参保率	0.162
				医疗保险覆盖率	0.182
				社会保障投入率	0.176
				地方财政教育支出	0.118
				医疗支出占 GDP 比重	0.163
				区域医疗卫生发展水平	0.199
		社会安定	0.162	社会不安定指数	0.446
				每万人拥有人民律师数	0.244
				财政支出中公共安全支出比重	0.310
		生活质量	0.154	互联网覆盖率	0.294
				人均可支配收入	0.217
				铁路网、公路网密度	0.287
				产品质量优等品率	0.202
		社会消费	0.170	人均社会消费品零售额	0.201
				居民食品消费支出比重	0.286
				旅游类居民消费价格指数	0.308
				居民文教娱乐服务支出率	0.205
政府治理	0.148	行政效率	0.495	公职人员数	0.532
				非税收入占一般公共预算比重	0.468
				规模以上企业资产负债率	0.368
		宏观调控	0.505	区域负债总水平	0.317
				区域货币风险防范指数	0.315

从指标体系中的准则层指标权重来看，5 个指标权重存在较为明显的差异。其中，生态环境指标权重最大，为 0.278；然后是社会建设，其权重为 0.227；经济建设指标权重接近平均值，为 0.190；创新水平和政府治理指标权重较小，分别为 0.157 和 0.148，如图 4－1 所示。

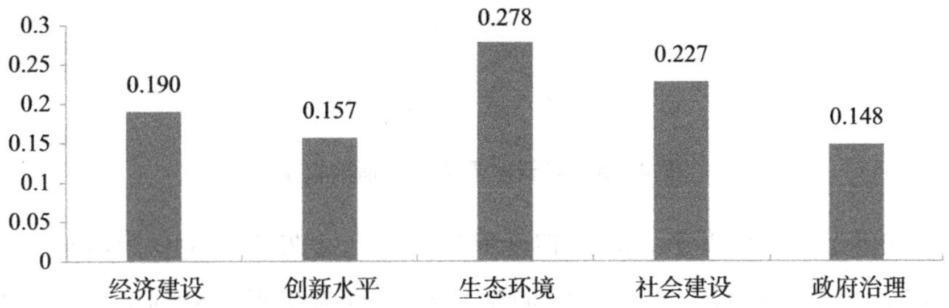

图 4－1　准则层指标权重

在经济建设维度下，经济稳定权重达到 0.237，在 6 个一级指标中居于首位；第 2 是经济规模，其权重为 0.178；排名第 3 的是经济结构，其权重为 0.157；经济开放、金融市场建设、经济效益 3 个指标的权重较小，分别为 0.143、0.143 和 0.142，如图 4－2 所示。

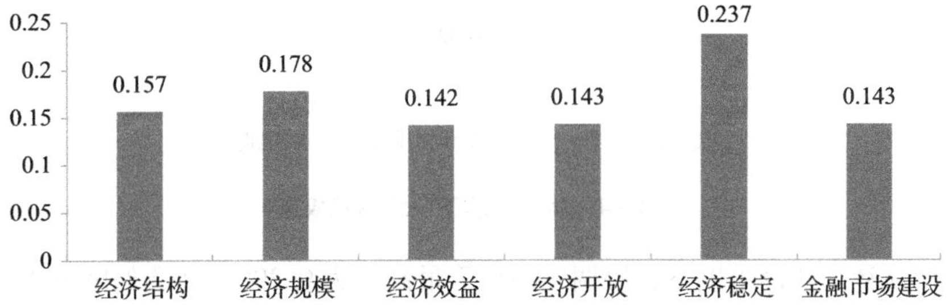

图 4－2　经济建设下一级指标权重

在创新水平维度下，科技投入和科技产出指标的权重差距不大，其中，科技投入权重略高，为 0.549，科技产出权重略低，为 0.451，如图 4－3 所示。

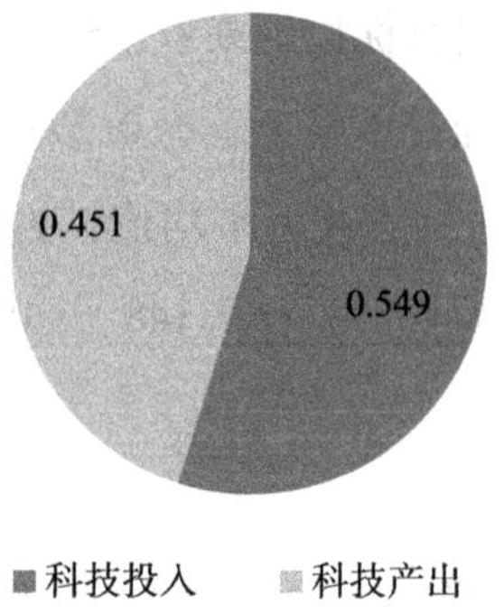

图4-3　创新水平下一级指标权重

在生态环境维度下，废弃物排放权重相较于另外两个权重较高，为0.402；而生态建设与保护、能源消耗权重较为接近，分别为0.286和0.312，如图4-4所示。

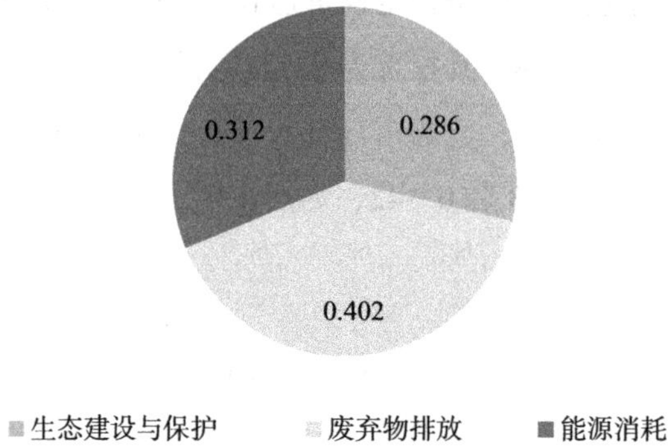

图4-4　生态环境下一级指标权重

在社会建设维度下，协调发展权重最高，为0.206；社会保障权重最低，仅为0.150；社会消费、社会安定、人力资本、生活质量权重差距较小，分别为0.170、0.162、0.157和0.154，如图4-5所示。

在政府治理维度下，宏观调控和行政效率的权重差距较小，其中，宏观调控权重略高，为0.505，行政效率权重略低，为0.495，如图4-6所示。

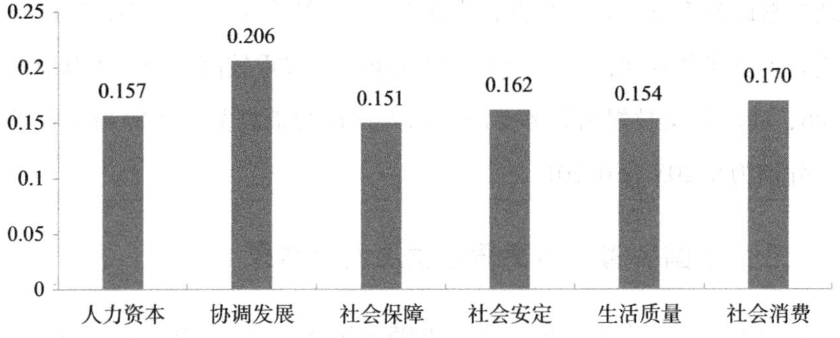

图 4－5　社会建设下一级指标权重

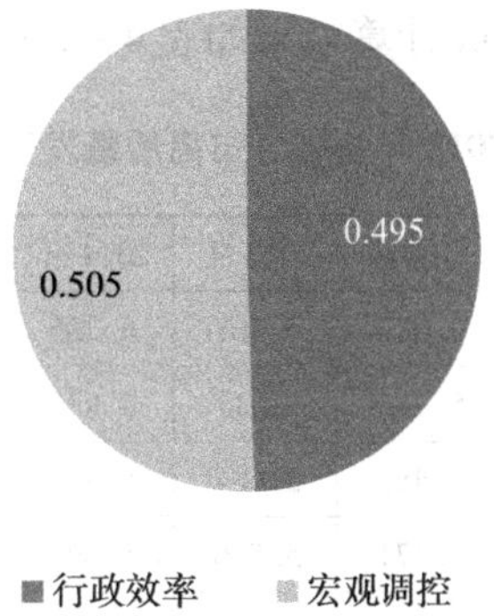

图 4－6　政府治理下一级指标权重

从二级指标权重来看，大部分二级指标权重在其所属一级指标中呈现出较为均衡的状态，少数二级指标权重有所差异。在经济稳定指标中，经济波动率权重较高，为 0. 320，而另外 3 个二级指标的权重较为平均，均在 0. 220 左右。在科技投入指标中，研发人员投入强度的权重相较于研发经费投入强度和科技支出率而言较低，仅为 0. 286。能源消耗指标下的两个二级指标的权重较为悬殊，其中单位产出能耗权重达到 0. 649，而人均能源消耗量权重仅为 0. 351。在社会安定指标中，社会不安定指数权重达到 0. 446，远高于每万人拥有人民律师数权重 0. 2544 和财政支出中公共安全支出比重权重 0. 310。在社会保障指标中，权重较高的指标有区域医疗卫生发展水平和医疗保险覆盖率，其权重分别达到 0. 199 和 0. 182，而地方财政教育支出权重最低，为0.118。在社会消费指标中，旅游类居民消费价格指数和居民食品消费支出比重指标权重较高，分别为0.308和0.286，而居民文教娱乐服务支出率和人均社会消费品零售额指标权重较低，分别为0.205和0.201。

（三）中国各省、市高质量发展测度结果

基于上文所得指标权重，测算2005—2018年我国30个省（区、市）的高质量发展指数，然后运用简单算术平均法计算各省（区、市）高质量发展最终测度值，Python计算结果如表4－2所示。

表4－2　　2005—2018年各省、市高质量发展水平测度值

省份	2006年	2008年	2010年	2012年	2014年	2016年	2018年	最终测度值
北京	5.840	5.946	6.087	6.161	6.285	6.447	6.540	6.141
上海	5.552	5.710	5.755	5.817	5.836	5.988	6.085	5.802
江苏	5.075	5.265	5.488	5.684	5.813	5.986	6.069	5.583
广东	5.131	5.300	5.471	5.596	5.698	5.910	6.045	5.549
浙江	5.102	5.240	5.342	5.543	5.627	5.810	5.957	5.473
天津	5.109	5.209	5.338	5.484	5.514	5.531	5.575	5.361
山东	4.889	5.019	5.146	5.297	5.360	5.497	5.467	5.212
福建	4.817	4.945	5.116	5.293	5.411	5.490	5.648	5.207
辽宁	4.825	4.994	5.085	5.197	5.244	5.156	5.270	5.082
湖北	4.658	4.811	4.928	5.076	5.260	5.444	5.533	5.060
湖南	4.661	4.795	4.956	5.113	5.192	5.351	5.431	5.037
陕西	4.531	4.777	4.938	5.150	5.230	5.310	5.365	5.004
江西	4.609	4.808	4.913	5.055	5.156	5.247	5.416	4.996
海南	4.715	4.842	4.941	5.035	5.150	5.194	5.244	4.995
河南	4.610	4.789	4.905	5.064	5.166	5.267	5.334	4.985
重庆	4.351	4.707	4.841	5.111	5.256	5.406	5.379	4.976
吉林	4.700	4.841	4.979	5.073	5.116	5.135	5.150	4.968
安徽	4.533	4.684	4.867	5.037	5.164	5.287	5.387	4.956

续表

省份	2006 年	2008 年	2010 年	2012 年	2014 年	2016 年	2018 年	最终测度值
黑龙江	4. 739	4. 835	4. 955	5. 022	5. 062	5. 070	5. 102	4. 951
河北	4. 516	4. 702	4. 835	4. 951	5. 031	5. 090	5. 055	4. 853
四川	4. 407	4. 594	4. 713	4. 940	5. 011	5. 161	5. 277	4. 830
山西	4. 402	4. 644	4. 798	4. 870	4. 971	4. 937	5. 031	4. 769
广西	4. 404	4. 469	4. 664	4. 905	4. 991	5. 063	5. 148	4. 761
内蒙古	4. 370	4. 546	4. 740	4. 818	4. 906	4. 990	4. 989	4. 726
云南	4. 383	4. 515	4. 644	4. 746	4. 894	5. 015	4. 977	4. 717
新疆	4. 424	4. 552	4. 661	4. 646	4. 763	4. 849	5. 032	4. 674
贵州	3. 985	4. 243	4. 403	4. 579	4. 748	4. 939	5. 083	4. 529
甘肃	4. 192	4. 342	4. 445	4. 611	4. 704	4. 762	4. 811	4. 520
青海	4. 075	4. 370	4. 416	4. 541	4. 700	4. 779	4. 767	4. 490
宁夏	3. 874	4. 271	4. 394	4. 646	4. 776	4. 864	4. 852	4. 480
均值	4. 649	4. 826	4. 959	5. 102	5. 201	5. 299	5. 367	5. 023

注：限于篇幅，测度结果隔年汇报。

本章小结

本章首先对主观赋权法与客观赋权法进行了阐述与分析，并重点介绍了熵权法与变异系数法这两种常用的客观权重测算方法。而后阐述了本书所采用的纵横向拉开档次法。该方法不仅能够体现时序立体数据特征，还能够通过对底层数据进行自下而上的逐层加工，使得测度结果更加全面科学。

我们选取 2005—2018 年全国 30 个省份（我国香港特区、澳门特区、台湾省及西藏自治区因数据不齐，本书没有涉及）的年度统计数据。采用纵横向拉开档次法计算得到各指标的权重，对高质量发展指标进行权重分析。其中，生态环境指标权重最大，为 0. 278；然后是社会建设，其权重为0.227；经济建设指标权重接近平均值，为0.190；创新水平和政府治理指标权重较小，分别为0.157和0.148。在经济建设维度下，经济稳定权重达到0.237，在6个一级指标中居于首位；在创新水平维度下，科技投入和科技产出指标的权重差距不大，其中，科技投入权重略高，为0.549，科技产出权重略低，为0.451；在生态环境维度下，废弃物排放权重相较于另外两个权重较高，为0.402；在社会建设维度下，协调发展权重最高，为0.206；在政府治理维度下，宏观调控和行政效率的权重差距较小，其中，宏观调控权重略高，为0.505，行政效率权重略低，为0.495。最后，根据指标权重计算得到中国各省、市高质量发展测度值。

第五章　中国省域高质量发展时空探索分析

在上一章中，本书选取纵横向拉开档次法作为综合评价方法，借助该法能够对底层数据进行自下而上的逐层加工的优点，计算出中国各省域高质量发展测度值。由于经济的发展具有连续性和一贯性，因此最终测度值能够反映各省、市高质量发展在一段时期内的整体水平。

那么，是否应该将全国30个省域高质量发展水平数据进行直接比较？这30个省域数据之间是否存在某种分类，借助这种分类所进行的描述性统计是否更具有效率？如果省域数据存在分类，那么如何确定分类形式？为了回答这些问题，本章将进行以下研究：本章将从空间与时趋两个维度来探究各地区高质量发展水平的差异，并在时间与空间两重维度下，从发展梯队与经济区域两个方面对中国各省（区、市）进行聚类划分，借用一级指标和准则层指标两个层面探究各分类内部高质量发展水平的差异。

一、各地区高质量发展水平的空间探索分析

在上一章中，通过计算各指标权重测算出我国30个省（区、市）的高质量发展指数，并计算其平均值得到各省（区、市）的高质量发展最终测度值。由于经济的发展具有连续性和一贯性，因此最终测度值反映了各省、市高质量发展在一段时期内的整体水平。本节将从省域和经济

区域两个维度出发，并从一级指标和准则层指标两个层面探究各地区高质量发展水平的差异。

（一）基于梯队差异的省域高质量发展的空间分析

我国各省份高质量发展水平基本可以分为五个梯队。其中，第一梯队为北京、上海；第二梯队为江苏、广东、浙江、天津、山东、福建；第三梯队为辽宁、湖北、湖南、陕西、江西、海南、河南、重庆、吉林、安徽、黑龙江；第四梯队为河北、四川、山西、广西、内蒙古、云南、新疆；第五梯队为贵州、甘肃、青海、宁夏。

30 个省（区、市）高质量发展水平平均得分为 5.023，中位数为 4.981，呈现明显的右偏分布。采用前一梯队高质量发展水平测度值的末位和后一梯队高质量发展水平测度值的首位间分差来衡量两梯队高质量发展水平的差异，一二梯队得分相差 0.219，二三梯队得分相差 0.125，三四梯队得分相差 0.098，四五梯队得分相差 0.145，梯队间存在一定程度的差异且各年份均无层间流动。各梯队内水平接近，排名位次在不同年份存在一定的变化。不同梯队省份呈现出不同的特征，下面分别从各梯队省份出发评价高质量发展水平。

1. “排头兵”省份排名稳固，领先优势明显

北京市和上海市作为全国高质量发展水平领先的省份，从全国的右偏分布特征和梯队间差距水平两方面来看优势均十分明显。

与全国平均水平对比来看，北京和上海大多数一级指标都有高于全国平均水平的表现，只在个别指标上低于全国平均水平。在行政效率方面，北京、上海的得分分别为 0.694、0.618，低于全国平均水平 0.825；在经济效益方面，上海得分为 0.194，略低于全国平均水平 0.201；在经济稳定方面，上海得分为 0.554，略低于全国平均水平 0.559。参见图 5－1。

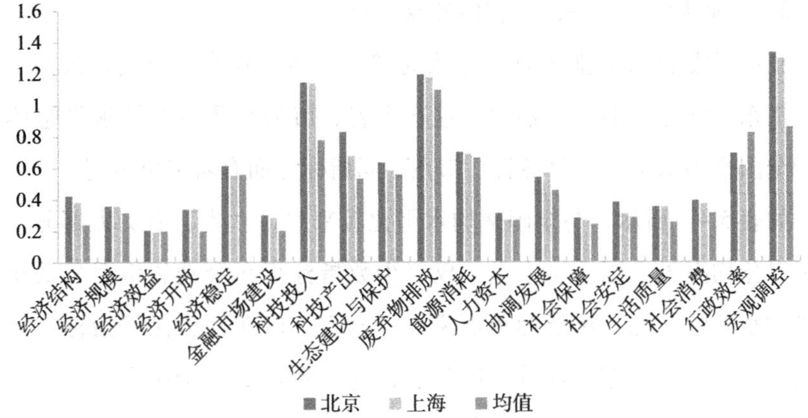

图5-1　第一梯队省、市及全国平均水平一级指标对比图

从两者的对比来看，北京市总体领先于上海市。在所有19个一级指标的年平均水平中，北京市有17个指标优于上海市，其中，北京市在社会安定、科技产出、人力资本、行政效率四项指标得分上优势明显，分别比上海市高出24.11%、22.25%、15.63%和12.38%；仅有经济开放和协调发展两个指标稍低于上海市。

如图5-2所示，从准则层指标来看，北京、上海的5项指标均高于全国平均水平，其中，在创新水平方面的表现最为突出，分别高出全国平均创新水平的51.27%和37.44%。对比来看，北京在5个准则层指标方面均高于上海，优势明显。

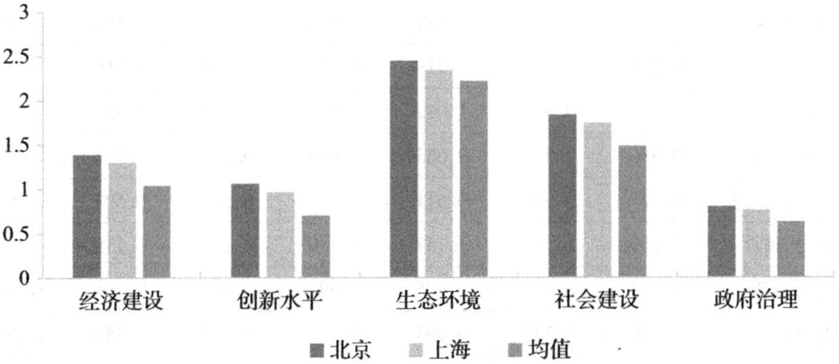

图5-2　第一梯队省、市及全国平均水平准则层指标对比图

2. 二梯队稳定发展，六省份各放异彩

高质量发展水平排在第二梯队的省、市共有 6 个，分别是天津、山东、广东、江苏、浙江、福建。这 6 个省、市的高质量发展水平整体上高于全国平均水平，同时各省、市在不同指标方面有着突出表现。

如表 5 – 1 所示，与全国平均水平比较来看，六省、市的大部分一级指标得分均高于全国平均水平，仅有少数指标存在个别省份得分低于全国平均水平的情况。从指标角度来看，六省、市在社会保障指标方面表现最差，山东、广东、江苏、浙江、福建五省均低于全国平均水平；然后是经济效益指标，山东、广东、江苏三省均低于全国平均水平；而生态建设与保护、社会安定、行政效率 3 个指标下均有两个省低于全国平均水平。从省份角度来看，山东省的 19 个一级指标中有 8 个指标得分低于全国平均水平，居六省之首；而福建、江苏、广东、浙江、天津分别有 4 个、3 个、2 个、2 个、1 个一级指标得分低于全国平均水平。

表 5 – 1　　第二梯队省、市及全国平均水平一级指标得分

一级指标	天津	山东	广东	江苏	浙江	福建	均值
经济结构	0. 303	0. 235	0. 274	0. 279	0. 285	0. 255	0. 243
经济规模	0. 337	0. 314	0. 332	0. 352	0. 334	0. 344	0. 318
经济效益	0. 201	0. 198	0. 183	0. 194	0. 211	0. 205	0. 201
经济开放	0. 277	0. 198	0. 290	0. 242	0. 241	0. 241	0. 200
经济稳定	0. 565	0. 567	0. 589	0. 572	0. 573	0. 562	0. 559
金融市场建设	0. 245	0. 196	0. 219	0. 226	0. 230	0. 216	0. 202
科技投入	0. 932	0. 860	1. 092	1. 075	1. 044	0. 837	0. 778
科技产出	0. 586	0. 547	0. 663	0. 650	0. 574	0. 537	0. 534
生态建设与保护	0. 527	0. 535	0. 611	0. 611	0. 626	0. 597	0. 559
废弃物排放	1. 169	1. 140	1. 157	1. 136	1. 135	1. 115	1. 099
能源消耗	0. 673	0. 677	0. 705	0. 697	0. 697	0. 701	0. 666
人力资本	0. 320	0. 335	0. 293	0. 343	0. 270	0. 253	0. 267
协调发展	0. 556	0. 472	0. 468	0. 520	0. 531	0. 487	0. 459

续表

一级指标	天津	山东	广东	江苏	浙江	福建	均值
社会保障	0.253	0.232	0.226	0.228	0.225	0.228	0.244
社会安定	0.306	0.236	0.291	0.261	0.297	0.317	0.286
生活质量	0.309	0.277	0.270	0.297	0.284	0.257	0.256
社会消费	0.320	0.327	0.316	0.339	0.342	0.314	0.314
行政效率	0.827	1.161	1.092	0.941	0.811	0.777	0.825
宏观调控	0.979	0.910	0.972	1.046	0.999	0.991	0.860

从六省、市的对比来看，六省、市在经济效益、经济稳定、科技投入、废弃物排放、社会保障、社会消费六个方面的得分差距不大，在行政效率、经济开放、人力资本、社会安定、科技投入、经济结构六个方面的得分差距较为显著。在行政效率方面，六省、市差距最大，其中，山东得分最高，为1.161，福建得分最低，为0.777，山东比福建高出49.42%；在经济开放方面，广东得分最高，为0.290，山东得分最低，为0.198，广东比山东高出46.46%；在人力资本方面，江苏得分最高，为0.343，福建得分最低，为0.253，江苏比福建高出35.57%；在社会安定方面，福建得分最高，为0.317，山东得分最低，为0.236，福建比山东高出34.32%。

从六省、市的优势来看，天津在经济结构、金融市场建设、废弃物排放、协调发展、社会保障、生活质量六个方面占有很大的优势，分别比第二名高出6.07%、6.89%、1.12%、4.70%、9.05%、4.33%；山东仅在行政效率方面保持一定的领先，比第二名高出6.33%；广东在经济开放、经济稳定、科技投入、科技产出、能源消耗方面占据一定优势，分别比第二名高出4.83%、2.90%、1.59%、1.98%、0.61%；江苏在经济规模、人力资本、宏观调控方面占有优势；浙江在经济效益、社会生态与保护、社会消费方面占有优势；福建在社会安定方面占有优势。

如图5-3所示，从准则层指标来看，六省、市的得分基本位于全国平均水平之上，仅有个别省、市在某些指标上的表现略差。天津、广东、浙江、福建四省、市的5个准则层指标得分均高于全国平均水平，山东在经济建设和生态环境两个指标上的得分低于全国平均水平，表现最差的是江苏，除生态环境指标外，其余4个准则层指标得分均低于全国平均水平。广东省在准则层指标上的排名最为突出，有两项指标排名位居六省、市第一，分别是创新水平、政府治理；有两项指标排名位居六省、市第二，分别是经济建设、生态环境。排在其后的是天津，在经济建设、社会建设指标上均位居第一。紧随其后的是浙江，其生态环境指标得分位居六省、市首位，且其他4个指标排名较为靠前。山东在各指标上的表现参差不齐，从第二名到第六名不等。江苏和福建在六省、市中表现较弱。

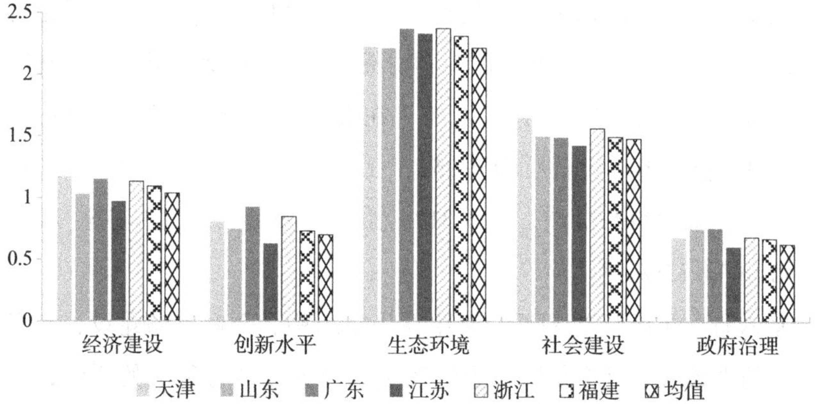

图5-3　第二梯队省、市及全国平均水平准则层指标对比图

3. 三梯队中流砥柱，组内竞争激烈

高质量发展水平排在第三梯队的省、市共有11个，分别是辽宁、湖北、湖南、陕西、江西、海南、河南、重庆、吉林、安徽、黑龙江。与第一、第二梯队不同，第三梯队的高质量发展水平围绕全国平均水平上下浮动，并且各省、市指标得分差距较小，组内竞争激烈。

如表 5 -2 所示，与全国平均水平对比来看，第三梯队各省、市的一级指标得分与全国平均水平不相上下。第三梯队省份在生态建设与保护、能源消耗、人力资本指标上的表现优于全国平均水平；在经济规模、经济效益、经济稳定、废弃物排放、协调发展、社会保障、社会安定、生活质量、社会消费、行政效率指标上的表现整体上与全国平均水平齐平；而在经济结构、经济开放、金融市场建设、科技投入、科技产出、宏观调控指标上，第三梯队省份的表现不及全国平均水平，尤其是在科技投入、科技产出方面，11 个省份的得分均低于全国平均水平。

表 5 -2　　第三梯队省、市及全国平均水平一级指标得分

一级指标	辽宁	湖北	湖南	陕西	江西	海南	河南	重庆	吉林	安徽	黑龙江	均值
经济结构	0. 235	0. 227	0. 217	0. 221	0. 202	0. 231	0. 204	0. 249	0. 215	0. 215	0. 205	0. 243
经济规模	0. 292	0. 329	0. 321	0. 323	0. 317	0. 309	0. 315	0. 344	0. 289	0. 318	0. 283	0. 318
经济效益	0. 188	0. 190	0. 185	0. 237	0. 179	0. 177	0. 179	0. 234	0. 191	0. 185	0. 187	0. 201
经济开放	0. 208	0. 175	0. 168	0. 176	0. 168	0. 197	0. 164	0. 190	0. 174	0. 174	0. 177	0. 200
经济稳定	0. 551	0. 559	0. 545	0. 555	0. 561	0. 571	0. 564	0. 561	0. 553	0. 562	0. 538	0. 559
金融市场建设	0. 197	0. 189	0. 179	0. 193	0. 184	0. 191	0. 178	0. 208	0. 190	0. 187	0. 183	0. 202
科技投入	0. 770	0. 777	0. 710	0. 707	0. 683	0. 670	0. 729	0. 719	0. 674	0. 771	0. 673	0. 778
科技产出	0. 523	0. 519	0. 501	0. 523	0. 492	0. 488	0. 503	0. 517	0. 496	0. 499	0. 497	0. 534
生态建设与保护	0. 566	0. 557	0. 602	0. 576	0. 616	0. 613	0. 523	0. 558	0. 557	0. 574	0. 557	0. 559
废弃物排放	1. 106	1. 124	1. 101	1. 095	1. 089	1. 169	1. 106	1. 087	1. 118	1. 111	1. 117	1. 099
能源消耗	0. 636	0. 686	0. 695	0. 704	0. 721	0. 717	0. 692	0. 687	0. 676	0. 712	0. 669	0. 666
人力资本	0. 288	0. 332	0. 283	0. 319	0. 289	0. 217	0. 312	0. 255	0. 266	0. 275	0. 270	0. 267
协调发展	0. 487	0. 481	0. 455	0. 408	0. 474	0. 454	0. 444	0. 422	0. 492	0. 451	0. 512	0. 459
社会保障	0. 271	0. 234	0. 234	0. 240	0. 227	0. 251	0. 231	0. 252	0. 261	0. 220	0. 277	0. 244
社会安定	0. 240	0. 238	0. 233	0. 282	0. 267	0. 336	0. 241	0. 306	0. 282	0. 253	0. 250	0. 286
生活质量	0. 267	0. 256	0. 254	0. 242	0. 242	0. 233	0. 265	0. 279	0. 248	0. 265	0. 222	0. 256
社会消费	0. 333	0. 309	0. 301	0. 323	0. 288	0. 272	0. 312	0. 301	0. 328	0. 295	0. 326	0. 314

续表

一级指标	辽宁	湖北	湖南	陕西	江西	海南	河南	重庆	吉林	安徽	黑龙江	均值
行政效率	0.874	0.881	0.996	0.849	0.823	0.586	1.099	0.832	0.722	0.822	0.750	0.825
宏观调控	0.842	0.875	0.828	0.842	0.814	0.834	0.847	0.829	0.819	0.779	0.793	0.860

通过对11个省份的19个一级指标得分进行对比发现，各省份大多数一级指标得分差距较小，仅在少数一级指标存在较大差距。各省份在行政效率方面的得分差距显著，其中，河南得分最高，为1.099，海南得分最低，为0.586，河南比海南高出87.53%，差距十分显著；在人力资本方面，湖北得分最高，为0.332，表现最差的是海南，其得分为0.217，湖北比海南高出53.00%；在社会保障方面，黑龙江得分最高，为0.277，表现最差的是安徽，其得分为0.220，黑龙江比安徽高出25.91%，而在其他16个一级指标方面，11个省份的表现不相上下，得分差距较小，由此可以看出，第三梯队的组内竞争十分激烈。

如表5-3所示，从准则层指标来看，第三梯队各省份指标得分围绕全国平均水平上下浮动。从指标角度来看，各省份在生态环境方面的得分高于全国平均水平，在社会建设、政府治理方面的得分与全国水平持平，而在经济建设、创新水平方面的得分低于全国平均水平。从省份角度来看，陕西、江西、海南、河南、安徽5个省份在准则层指标上的表现较差，均有4个指标低于全国平均水平；湖北、湖南、吉林、黑龙江4个省份次之，均有3个指标低于全国平均水平；表现最好的是辽宁、重庆，分别有两个指标低于全国平均水平。

表5-3　　第三梯队省、市及全国平均水平准则层指标得分

省份	经济建设	创新水平	生态环境	社会建设	政府治理
辽宁	1.014	0.690	2.217	1.542	0.633
湖北	1.004	0.691	2.245	1.474	0.649

续表

省份	经济建设	创新水平	生态环境	社会建设	政府治理
湖南	0.971	0.648	2.306	1.421	0.662
陕西	1.006	0.661	2.262	1.456	0.625
江西	0.972	0.630	2.333	1.428	0.605
海南	1.019	0.621	2.392	1.439	0.544
河南	0.968	0.659	2.178	1.448	0.701
重庆	1.059	0.662	2.217	1.482	0.614
吉林	0.975	0.628	2.235	1.528	0.577
安徽	0.990	0.676	2.277	1.414	0.589
黑龙江	0.949	0.629	2.230	1.518	0.574
均值	1.038	0.701	2.217	1.480	0.626

4. 四梯队稳步前进，后发潜力大

高质量发展水平排在第四梯队的省份共有7个，分别是河北、四川、山西、广西、内蒙古、云南、新疆。第四梯队的高质量发展水平整体上略低于全国平均水平，但紧跟第三梯队的高质量发展步伐，潜力巨大。

如表5-4所示，与全国平均水平对比来看，第四梯队各省份的各一级指标得分整体上低于全国平均水平。在经济结构、经济开放、金融市场建设、科技投入、科技产出、宏观调控方面，七省份得分均低于全国平均水平，尤其是在科技投入方面，七省份中得分最高的内蒙古比全国平均水平0.778低了11.78%，得分最低的云南差距更大，比全国平均水平低20.62%。在经济规模、经济稳定、生态建设保护、人力资本、社会保障、生活质量方面，七省份中仅有一个或两个省份得分略高于全国平均水平，整体上依然低于全国平均水平。在经济效益、废弃物排放、能源消耗、协调发展、社会安定、社会消费、行政效率方面，各省份得分有高有低，整体上与全国平均水平持平，发展潜力巨大。

表 5-4　　第四梯队省、市及全国平均水平一级指标得分

一级指标	河北	四川	山西	广西	内蒙古	云南	新疆	均值
经济结构	0.210	0.215	0.215	0.211	0.236	0.217	0.225	0.243
经济规模	0.286	0.318	0.283	0.297	0.337	0.307	0.306	0.318
经济效益	0.218	0.177	0.191	0.200	0.211	0.184	0.217	0.201
经济开放	0.168	0.167	0.168	0.180	0.183	0.189	0.178	0.200
经济稳定	0.556	0.543	0.550	0.561	0.551	0.548	0.555	0.559
金融市场建设	0.183	0.184	0.186	0.184	0.198	0.187	0.196	0.202
科技投入	0.690	0.683	0.688	0.661	0.696	0.645	0.678	0.778
科技产出	0.495	0.506	0.493	0.482	0.503	0.480	0.489	0.534
生态建设与保护	0.511	0.535	0.541	0.596	0.492	0.551	0.506	0.559
废弃物排放	1.096	1.112	1.011	1.004	1.064	1.109	1.062	1.099
能源消耗	0.637	0.691	0.575	0.712	0.587	0.688	0.611	0.666
人力资本	0.288	0.277	0.263	0.232	0.229	0.211	0.202	0.267
协调发展	0.469	0.440	0.460	0.412	0.463	0.338	0.389	0.459
社会保障	0.223	0.238	0.237	0.232	0.243	0.243	0.255	0.244
社会安定	0.259	0.234	0.291	0.299	0.280	0.302	0.327	0.286
生活质量	0.259	0.223	0.277	0.224	0.228	0.218	0.212	0.256
社会消费	0.323	0.278	0.321	0.280	0.330	0.291	0.300	0.314
行政效率	0.975	0.960	0.922	0.813	0.789	0.789	0.756	0.825
宏观调控	0.791	0.767	0.683	0.718	0.830	0.741	0.822	0.860

从七省份对比来看，7 个省份在各一级指标方面的得分差距有大有小。差距最大的指标是人力资本，得分最高的省份是河北，分数为 0.288，得分最低的是新疆，分数为 0.202，河北比新疆高出 42.57%。七省份在社会安定、协调发展方面的得分差距也较大，最高分与最低分分别相差 0.093 和 0.131。而在经济稳定、科技产出、科技投入、金融市场建设方面，七省份得分差距较小，分别为 0.018、0.026、0.051 和 0.015。

如表 5-5 所示，从准则层指标来看，第四梯队各省份的指标得分整

体上低于全国平均水平，仅有河北、山西、广西 3 个省份的个别准则层指标得分超过全国平均水平。在政府治理方面，河北得分为 0.640，高出全国平均水平 2.24%；在社会建设方面，山西得分为 1.499，高出全国平均水平 1.29%；在生态环境方面，广西得分 2.224，高出全国水平 0.32%。其他省份在政府治理、社会建设、生态环境方面的得分均低于全国平均水平，第四梯队的全部 7 个省份在经济建设、创新水平方面的得分均低于全国平均水平。

表 5－5　　第四梯队省、市及全国平均水平准则层指标得分

省份	经济建设	创新水平	生态环境	社会建设	政府治理
河北	0.969	0.635	2.117	1.461	0.640
四川	0.968	0.639	2.201	1.365	0.625
山西	0.964	0.633	2.062	1.499	0.576
广西	0.982	0.613	2.224	1.365	0.559
内蒙古	1.023	0.643	2.032	1.449	0.602
云南	0.985	0.605	2.223	1.327	0.562
新疆	1.002	0.626	2.067	1.393	0.589
均值	1.038	0.701	2.217	1.480	0.626

5. 五梯队相对落后，劣势明显

高质量发展水平排在第五梯队的省份共有 4 个，分别是贵州、甘肃、青海、宁夏。第五梯队的高质量发展水平整体上低于全国平均水平，存在较为明显的劣势。

如图 5－4 所示，与全国平均水平对比来看，四省份大部分一级指标表现相对弱势，仅有少数指标超过全国平均水平，显示出一定的发展潜力。在经济效益、社会安定方面，贵州、甘肃、青海、宁夏四省份得分均高于全国平均水平；在社会保障方面，甘肃、青海、宁夏三省份得分超过全国平均水平，仅贵州得分略低。而在其他16个一级指标方面，第五梯队的4个省份相对于全国平均水平而言有着明显的差距，尤其是在经济开放、科技投入、人力资本、生活质量、行政效率、宏观调控方面，四省份与全国平均水平的差距都比较大，劣势明显。

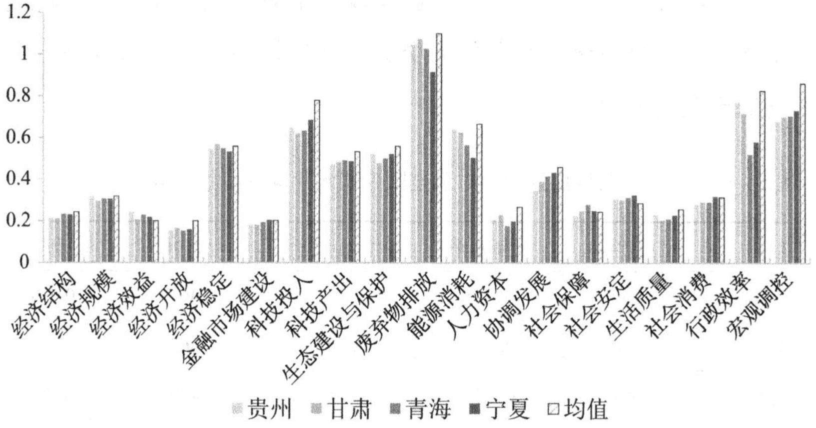

图5-4　第五梯队省份及全国平均水平一级指标对比图

从四省份对比来看，4个省份在各一级指标上的差距较小，仅有少数指标存在较大的差距。在行政效率方面，4省份差距最大，得分最高的是贵州，分数为0.769，得分最低的是青海，分数为0.521，贵州比青海高出47.60%；四省份在人力资本、能源消耗、协调发展、社会保障4个方面的差距也比较大，差距在25%～30%；在其他14个一级指标方面，四省份差距较小，组内竞争相对激烈。

如图5-5所示，从准则层指标来看，第五梯队省份5个准则层指标得分均低于全国平均水平，表现出明显的劣势。其中，政府治理方面，四省份与全国平均水平的差距最大，得分最高的贵州比全国平均水平低18.40%，得分最低的青海比全国平均水平低33.98%；四省份在经济建设方面的劣势最小，得分最高的青海与得分最低的贵州分别比全国平均水平相差4.87%、6.64%。

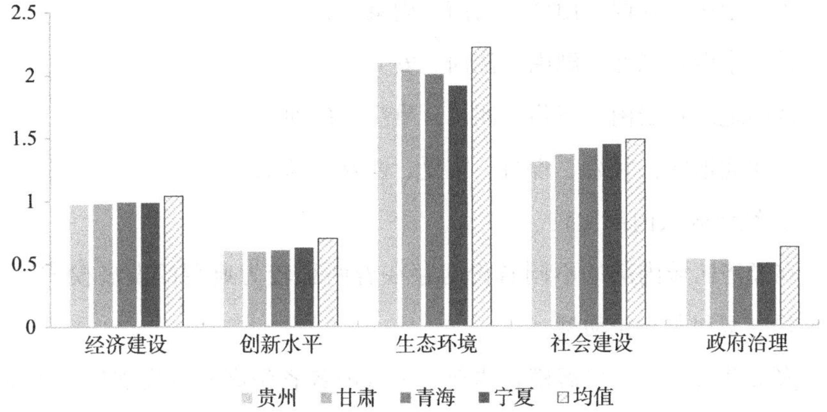

图 5-5　第五梯队省份及全国平均水平准则层指标对比图

（二）基于板块差异的区域高质量发展的空间分析

由于经贸联系、地理特征和政策环境等因素的影响，各省份的高质量发展呈现出一定的地域特征，表现为经济区域的内部一致性和外部差异性。下面我们从经济区划的角度对 30 个省份发展综合指标数据进行进一步的分析。

在此，我们采用国家统计局关于八大经济区域的划分。八大经济区域的划分主要考虑了以下因素：空间上的毗邻性；自然资源和资源禀赋的结构相似性；经济发展水平相近；经济联系密切；社会结构相仿；区块规模适度；历史延续性和行政区划的完整性，有利于本书的分析。我们将经济区域内各省份的指标得分取均值得到区域得分，可以较好地反映各经济区域高质量发展总体情况。

国家统计局划分的八大经济区域如下：

东北地区：辽宁、吉林、黑龙江；

北部沿海：北京、天津、河北、山东；

东部沿海：上海、江苏、浙江；

南部沿海：福建、广东、海南；

黄河中游：陕西、山西、河南、内蒙古；

长江中游：湖北、湖南、江西、安徽；

西南地区：云南、贵州、四川、重庆、广西；

大西北地区：甘肃、青海、宁夏、西藏、新疆。

1. 经济区域内部比较

在经济区域内部的不同省份间存在着两种较为典型的发展模式——多头并进型和龙头拉动型。

多头并进型区域发展模式体现为区域内各省份高质量发展较为平均，各指标表现具有一致性。在八大经济区域中，黄河中游、大西北地区属于多头并进型发展模式，区域内各省份均有领先的一级指标且数量相对均衡。其中最为典型的是大西北地区，区域内宁夏、新疆、甘肃、青海分别有 6 项、4 项、4 项和 5 项一级指标区域内排名第一，数量较为均衡。

龙头拉动型区域发展模式体现为区域内存在高质量发展表现非常突出的省份，具体表现为在一级指标上的多数领先优势，属于这类发展模式的区域有东北地区、北部沿海、东部沿海、南部沿海、长江中游、西南地区。这六个经济区域内的领跑省、市分别为辽宁、北京、上海、广东、湖北、重庆，其领先指标均显著多于同区域内的其他省份。其中，北部沿海的龙头拉动态势最为典型，其领跑省、市北京在 15 个一级指标上保持领先，天津、山东、河北分别仅有 1 个、2 个、1 个一级指标领先，差距显著。

2. 经济区域外部比较

从高质量发展评价综合指标来看，位于平均值以上的经济区域从高到低依次为东部沿海、北部沿海、南部沿海，其综合指标值分别为 5.619、5.391、5.251，东部沿海的综合指标值比第二位和第三位分别高 4.23%、7.01%，差异较大。与其他五个经济区域相比，位于平均值以上的三个经济区域有明显的优势，居于第三位的南部沿海高质量发展综合指标值比第四位的长江中游综合指标值高 4.76%。位于平均值以下的经济区域从高到低依次为长江中游、东北地区、黄河中游、西南地区、大西北地区。从地理分布的角度可以看出，八大经济区域的前三甲均为沿海经济区，临海省份的高质量发展较好，高质量发展水平整体呈现东强西弱的格局。

如图5－6所示，从准则层指标来看，各经济区域的指标值和高质量发展水平整体上成正比。东部沿海和北部沿海在经济建设、创新水平、生态环境、社会建设、政府治理五个方面均有显著优势，南部沿海在生态环境方面有绝对优势，同时在经济建设、创新水平、政府治理方面也有一定优势。长江中游在生态环境方面的表现超过北部沿海，在八大经济区域中位居第三位；东北地区在社会建设方面的表现优于南部沿海，在八大经济区域中位居第三位。从一级指标来看，东部沿海依然领先八大经济区域，在经济结构、经济规模、经济开放等11个指标方面位居第一。经济开放指标的区域间差异最大，其中得分最高的是东部沿海，得分最低的是大西北地区，东部沿海比大西北地区高出67.49%；人力资本指标的区域间差异紧随其后，得分最高的北部沿海比得分最低的大西北地区高55.38%。八大经济区域在经济稳定方面指标得分差距仅为5.15%，说明经济稳定指标在不同经济区域间没有明显的异质性。

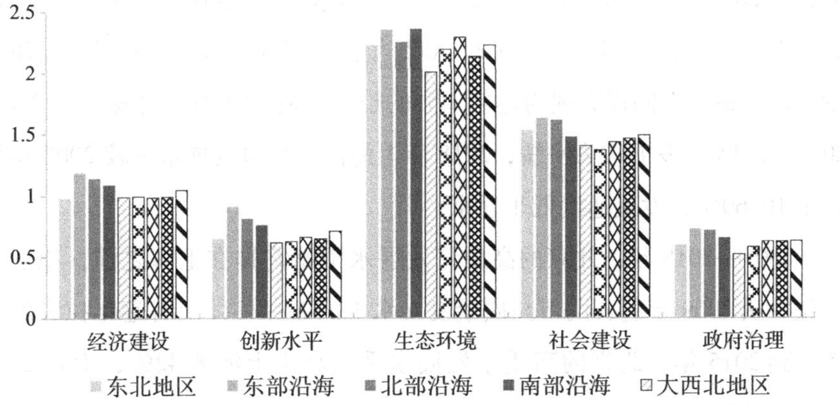

图5－6　八大经济区域高质量发展准则层指标对比图

二、各地区高质量发展水平的时间探索分析

高质量发展具有系统性，高质量发展是一个全方位、系统性的变化过程，各领域高质量发展既是前提也是结果。同时，高质量发展也具有渐进性；高质量发展是一个不断变化、缓慢演进的过程，也是一个积小变为大变、从量变到质变的过程，在这个发展过程中，要素、产品和产业质量，产出效率，经济增长动力以及经济增长的稳定性和发展的可持续性等均出现了渐进性变化。这种时间上的渐进变化间接反映了各省份对于高质量发展的贡献，因此在整体发展水平分析的基础上，下面将根据时间序列分析的思想，对各省份在样本期内高质量发展水平的变动特征和对比特征进行分析。

（一）基于梯队差异的省域高质量发展的时趋分析

1. 第一梯队省份高质量发展水平的时间特征分析

如图 5 -7 所示，北京的高质量发展水平整体上表现出逐年上升的趋势，在 2011 年和 2017 年分别有小幅度的下降，但随后又呈现上升趋势，2018 年北京的高质量发展水平较 2005 年提高了 14.28%。上海的高质量发展水平整体上同样表现为逐年上升的趋势，在 2010 年有小幅度的下降，2010—2015 年发展较为平缓，2018 年上海的高质量发展水平较 2005 年提高了 10.60%，发展速度低于北京。

2005—2018 年，北京的高质量发展水平始终排在上海之前，稳居第一位。从 2009 年起，两市高质量发展水平的差距整体上有逐年拉大的趋势，到 2015 年，北京的高质量发展水平已高出上海 8.42%，而从 2016 年开始差距又有所减小。

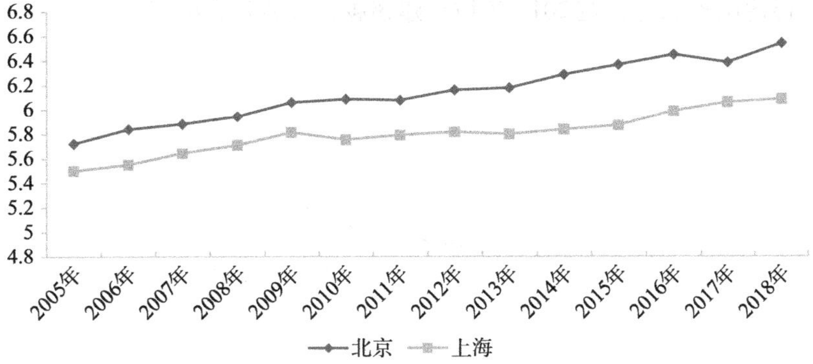

图5-7 第一梯队省份各年度高质量发展水平得分图

2. 第二梯队省份高质量发展水平的时间特征分析

如图5-8所示，在第二梯队的六个省、市中，江苏省高质量发展水平稳步提升且增长速度最快，到2018年，已从2005年的第四名跃居第一名，高质量发展水平增长率达22.48%。广东在2006—2009年间高质量发展水平位居首位，2010年被江苏赶超，之后位居第二，到2018年，广东高质量发展水平较2005年增长19.51%。浙江的高质量发展水平始终稳居第三，紧跟前两名的发展态势，2018年高质量发展水平比2005年提高了18.95%。2005年天津的高质量发展水平位列第一，但2007年有所下降，排名因此跌至第四，之后几年发展稳定，在2013年又一次出现下降，2013—2018年发展速度不及前三个省份，2017年排名跌至第五位，总体上发展速度相对缓慢，2005—2018年的高质量发展水平增长率仅11.16%。山东和福建的高质量发展水平不分上下，但总体上来说，福建的发展速度更快，到2017年已排在第四名。

从六省、市对比来看，江苏、广东、浙江的高质量发展水平较为接近，在六省、市中排名靠前；而山东和福建两省的高质量发展水平相近，排名靠后；天津在开始几年的高质量发展水平较高，与排名靠前的几个省接近，但由于发展速度放缓，近几年天津的高质量发展水平逐渐向山东、福建两省靠近，在2017年被福建超越，排名降为第五。

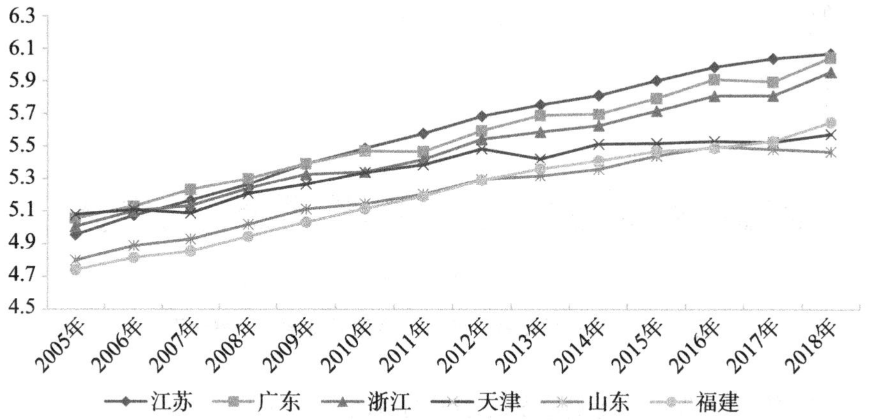

图5-8　第二梯队省、市各年度高质量发展水平得分图

3. 第三梯队省份高质量发展水平的时间特征分析

如图5-9所示，辽宁省的高质量发展水平在2006—2013年间位居第三梯队首位，尤其是2009年之前，发展势头迅猛，年平均增长率为1.72%，但从2010年开始，辽宁省的高质量发展速度明显减缓，2010—2017年的高质量发展年平均增长率仅0.21%，甚至在2015年出现负增长。2015年之后，辽宁省的高质量发展速度有所提升，在2017年又跻身前三。

湖北省的高质量发展水平稳步提升，在2013年第三梯队其他省份高质量发展速度放缓的时期，湖北省发展势头不减，在2014年跻身第三梯队首位，并保持至2018年。2015—2018年，湖北省的高质量发展水平年平均增长率为1.48%，高质量发展水平增长21.01%。

湖南省的高质量发展速度较快，2015—2018年累计增长19.85%，与湖北省相差不大，年平均增长率为1.04%，排名从第三梯队中位上升至第二。

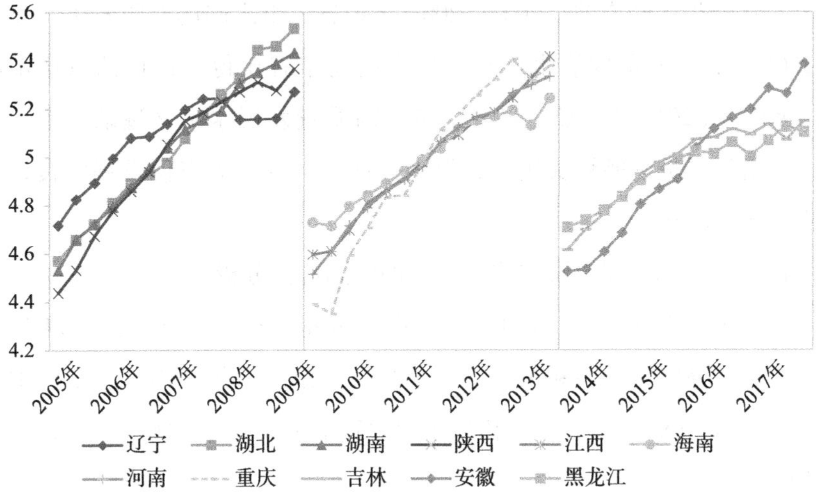

图 5-9 第三梯队省、市各年度高质量发展水平得分图

陕西省高质量发展速度仅次于湖北，2015—2018 年累计增长 20.91%，2005—2013 年发展速度较快，年平均增长率为 1.96%，排名于 2012 年升至第二，从 2014 年开始发展速度放缓，高质量发展降到中游水平。

重庆的高质量发展历程较为独特，2006 年高质量发展水平较上年下降 0.89%，与其他 10 个省、市形成较大反差，随后在 2007 年以 5.57% 的高增长率跟上其他 10 个省的发展步伐，2007—2016 年以 1.82% 的年平均增长率持续发展，到 2013 年排名升至第二，而 2017 年再次出现负增长，排名跌至第四。

江西省、河南省、安徽省的高质量发展均较为平稳，年平均增长率分别为 1.27%、1.29%、1.35%，排名大致在 11 个省、市的中位。

海南省、吉林省、黑龙江省的高质量发展历程类似，2005—2012 年稳定增长，2012 年之后增长速度放缓，甚至出现负增长的情况，高质量发展水平排在后三位。

整体来看，第三梯队各省、市的高质量发展水平呈现“先分散，再集中，再分散”的态势。2005—2008 年各省、市之间的差距较大，尤其是2006 年，高质量发展水平得分最高的辽宁省比得分最低的重庆市高10.89%。从2013 年开始，各省、市的高质量发展水平又逐渐分散，湖北、湖南等省份发展势头迅猛，海南、辽宁、吉林等省份发展缓慢，甚至出现下降趋势。

4. 第四梯队省份高质量发展水平的时间特征分析

如图5－10 所示，四川和广西的高质量发展速度较快，通过14 年的发展，排名分别从第四和第七上升至第一和第二，年平均增长率分别为1.57%和 1.59%，2018 年相对于 2005 年的增长率分别为 22.51%和22.74%。

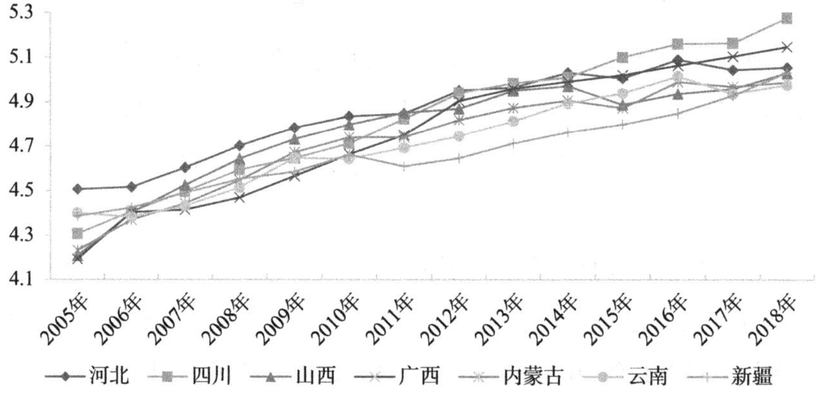

图5－10　第四梯队省份各年度高质量发展水平得分图

云南和内蒙古的高质量发展水平的走势类似，总体水平位于第四梯队的下游，年平均增长率分别为0.95%和1.27%。

河北的高质量发展较为平稳，总体增长率为12.16%，在2015—2018年间增长速度放缓，且有一定程度的波动，高质量发展水平分别在2015年和2017 年有小幅下降，排名由第一降至第三，增长趋势不如其他六省份。

山西的高质量发展在2005—2011年间表现出高速增长的态势，年平均增长率达2.40%，排名升至首位，从2011年开始增长速度有所放缓，甚至在2016年出现较大幅度的下降，排名下降至第五。

新疆的高质量发展与其他六省份有所区别，2010年之前发展较为稳定，但年平均增长率低于第四梯队平均水平，排名从第三逐渐降至第六，2011年高质量发展水平较2010年下降1.11%，与前六省份拉开较大距离，之后几年排名始终位于末位，直到2017年以1.67%的增长速度将与第六名的差距缩小至0.14%，2018年继续保持较高的增速，排名升至第四。

除新疆以外，第四梯队其他六省份的高质量发展趋势比较一致，其中，四川的发展势头最好，云南和内蒙古较差，新疆虽然高质量发展的基础较为薄弱，但近年来有赶超河北省的趋势，发展势头较好。

5. 第五梯队省份高质量发展水平的时间特征分析

如图5-11所示，贵州省各年的高质量发展速度较为平均，相对其他三个省份来说发展较为迅猛，年平均高质量发展水平增长率为1.86%，排名从第三升至第一。

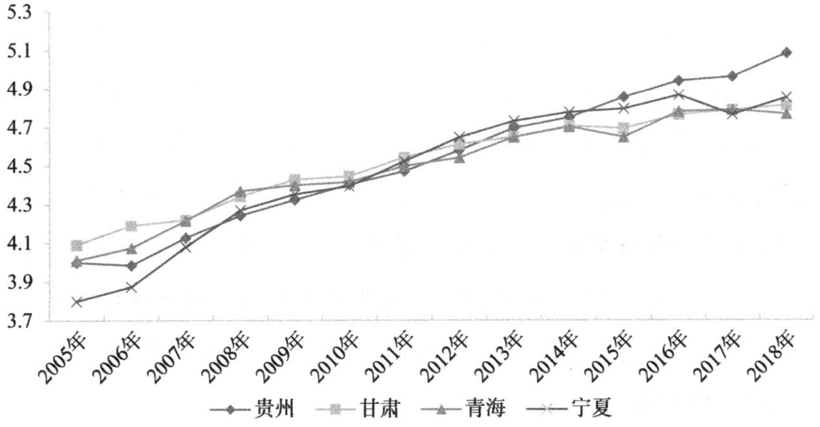

图5-11　第五梯队省份各年度高质量发展水平得分图

青海和宁夏在2005—2008年间的高质量发展速度较快，尤其是宁夏，年平均增长率为1.90%，在同时段的第五梯队四省份中最高。之后增长速度有所放缓，甚至在2015年和2017年出现下降的情况。

甘肃省高质量发展水平的增速较低但最为平稳，高质量发展水平的年平均增长率为1.25%，2005—2018年高质量发展水平增长率为27.69%。

第五梯队四个省份的高质量发展水平增长趋势大致相同，整体依然呈现出“先分散，再集中，再分散”的态势。其中，贵州省的排名从2015年开始稳居第一，且发展势头迅猛，与第二名的差距逐渐拉大，有望向第四梯队靠拢。

（二）基于板块差异的区域高质量发展的时趋分析

1. 各经济区域高质量发展水平的横向比较

图5－12和图5－13描述了八个经济区域2005—2018年的高质量发展水平及其演变趋势。通过分析发现，东部沿海、北部沿海、南部沿海三个经济区域的高质量发展水平相对较高，东北地区、长江中游、黄河中游、西南地区、大西北地区的高质量发展水平相对较低。在样本观察期内，东部沿海的高质量发展水平排名始终处在首位；北部沿海、南部沿海的高质量发展水平排名始终分别处于第二、第三位，且两个经济区域的差距逐渐缩小；东北地区在2012年及以前处于第四位，2013年降至第五位，2016年又降至第六位；长江中游在2012年及以前处于第五位，从2014年开始升至第四位；黄河中游在2012年及以前处于第六位，从2016年开始升至第五位；西南地区、大西北地区始终处于第七、第八位。在2015年之后，黄河中游、东北地区、西南地区的高质量发展水平及其演变趋势非常相近。

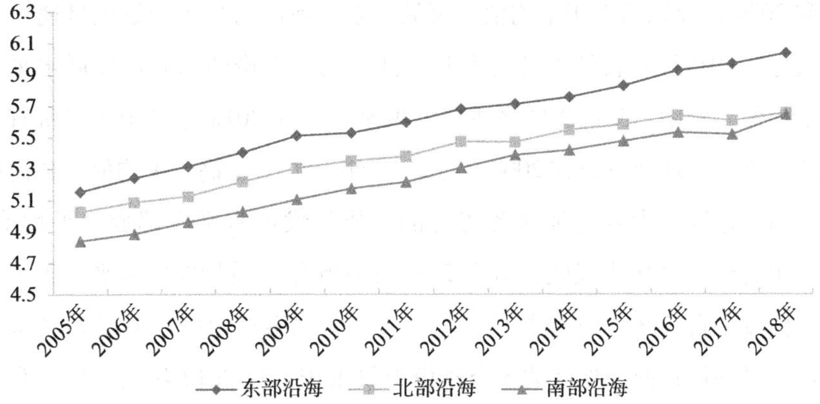

图 5－12　高质量发展水平相对较高的经济区域的演变过程

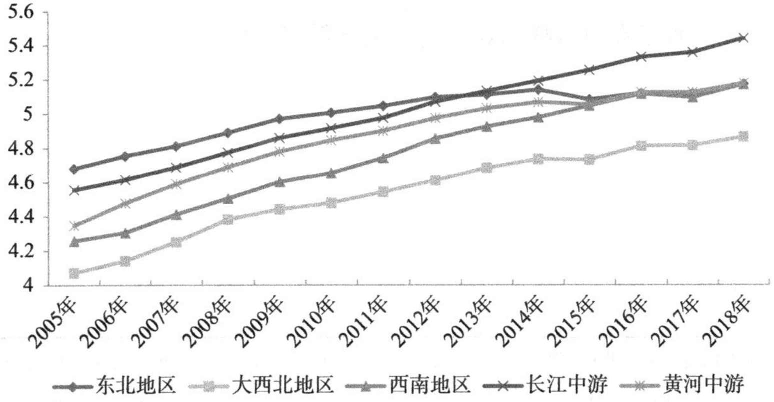

图 5－13　高质量发展水平相对较低的经济区域的演变过程

图5－14 给出了各经济区域高质量发展水平高于和低于平均值的省份数量，结果显示：东部沿海 3 个省、市的高质量发展水平全部高于平均值，在八大经济区域中居于首位。北部沿海和南部沿海均仅有 1 个省份的高质量发展水平低于平均值，高质量发展水平高于平均值的省份数量分别占 3/4 和 2/3。东北地区有 1 个省份的高质量发展水平高于平均值，辽宁省的高质量发展水平在 2005—2014 年始终高于平均值，2015 年及以后低于平均值，吉林省和黑龙江省的高质量发展水平分别在 2011 年及以

后和2009年及以后低于平均值，可见，东北地区的高质量发展呈现“高开低走”的特征。长江中游有安徽、江西两个省份的高质量发展水平低于平均值，其中，安徽省的高质量发展水平仅在2018年高于当年所有省份的平均值，江西省仅在2006年、2017年、2018年高于平均值。黄河中游、西南地区、大西北地区各省份的高质量发展水平全部低于平均值，黄河中游经济区域中仅陕西省在2011—2016年高质量发展水平高于平均值，内蒙古自治区、山西省、河南省在样本观察期内的高质量发展水平均低于平均值；西南地区的5个省份中仅重庆市在2012年及以后的高质量发展水平高于平均值，云南省、四川省、广西壮族自治区、贵州省在样本观察期内的高质量发展水平均低于平均值；大西北地区4个省份的高质量发展水平在所有样本观察期内全部低于平均值。

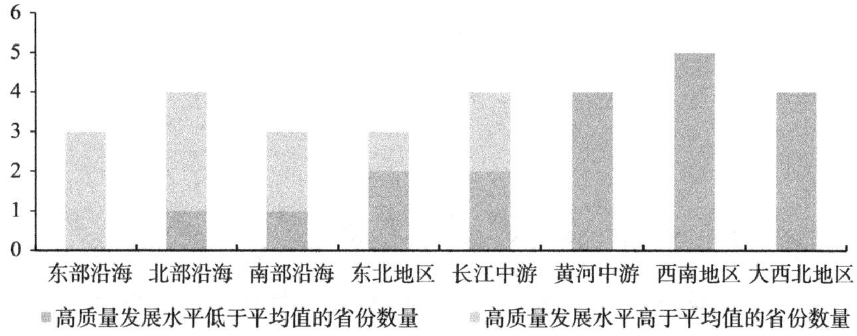

图5－14 各经济区域高质量发展水平高于和低于平均值的省份数量

2. 各经济区域高质量发展水平的动态变化

从演变过程来看，各经济区域的高质量发展水平均呈现上升趋势，平均值从2005年的4.5785上升到2018年的5.367，年均上升1.23%，但是各经济区域上升幅度不同，西南地区上升幅度最大，从2005年的4.258上升到2018年的5.173，年均上升1.51%；其次为大西北地区、长江中游、黄河中游，分别从2005年的4.072、4.556、4.348上升到2018年的4.865、5.442、5.179，年均分别上升1.38%、1.38%、1.35%；东部沿海、南部沿海、北部沿海的上升幅度低于所有省份的平均水平，分别从2005年的5.155、4.843、5.028上升到2018年的6.037、5.646、5.659，年均分别上升1.22%、1.19%、0.91%；东北地区的上升幅度最小，从2005年的4.681上升到2018年的5.174，年均上升0.77%。

由于高质量发展水平的变化是一个渐进的过程，为了明确各经济区域高质量发展水平在不同时期的变化特征，以2012年我国经济进入转型新开端为分界点，分别计算了2005—2011年、2012—2018年各经济区域高质量发展水平的变化情况。

由表5-6可以看出，各经济区域2005—2011年相对2012—2018年的高质量发展水平均有不同程度的提高，其中，西南地区的增长率最高，达到11.80%，增长幅度最低的是东北地区，增长率为4.93%。由图5-15可知，与平均值对比，西南地区、长江中游、大西北地区、黄河中游2005—2011年相对2012—2018年的高质量发展水平增长率分别超过平均水平33.32%、15.08%、9.86%、1.50%，东北地区、北部沿海、东部沿海、南部沿海2005—2011年相对2012—2018年的高质量发展水平增长率分别低于平均水平44.24%、23.06%、5.28%、1.43%。东部沿海、北部沿海、南部沿海虽然整体高质量发展水平高，但其2005—2011年相对2012—2018年高质量发展水平的增长幅度比30个省份的平均增长幅度小；东北地区的高质量发展水平相对较高，但其2005—2011年相对2012—2018年高质量发展水平增长幅度最小；长江中游的高质量发展水平相对不高，但其2005—2011年相对2012—2018年高质量发展水平增长幅度高于所有省份的平均水平；黄河中游、西南地区、大西北地区的高质量发展水平较低，但其2005—2011年相对2012—2018年高质量发展水平增长幅度较大，高于所有省份的平均水平。整体来看，经济区域的高质量发展水平与其2005—2011年相对2012—2018年高质量发展水平增长幅度表现相反；高质量发展水平较高的经济区域，其2005—2011年相对

2012—2018 年高质量发展水平增长幅度反而较小，甚至低于所有省份的平均水平；而高质量发展水平较低的经济区域，其 2005—2011 年相对 2012—2018 年高质量发展水平增长幅度反而较大，甚至高于所有省份的平均水平。

表 5-6　2005—2011 年相对 2012—2018 年高质量发展水平增长率及排名

经济区域	增长率（%）
东北地区	4.93
东部沿海	8.38
北部沿海	6.81
南部沿海	8.72
大西北地区	9.72
西南地区	11.80
长江中游	10.18
黄河中游	8.98

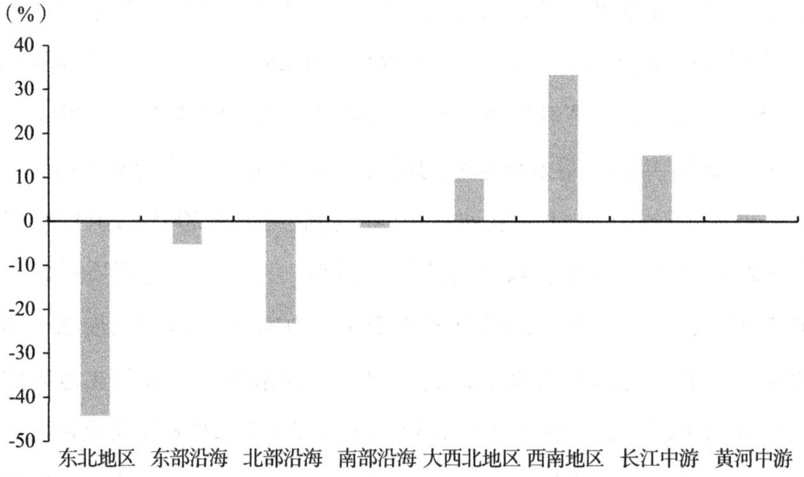

图 5-15　2005—2011 年相对 2012—2018 年高质量发展水平的变化幅度（以平均值为标准）

本章小结

本章主要从空间与时趋两个维度对中国省域高质量发展水平进行了分析探究，主要包括以下几方面的内容。

首先，本章在中国省域高质量发展的空间分析中，采用梯队划分方法，对各个省域参考各自的高质量发展水平，划分为五个梯队，依次从一级指标与准则层指标两个层面探究各地区高质量发展水平的差异。结果发现，全国30个省（区、市）高质量发展水平呈现明显的右偏分布，梯队之间存在一定程度的差异且在样本观察期内未发生层间流动，各个梯队内省份的高质量发展水平接近，排名位次在不同年份存在一定变化。说明全国各省（区、市）高质量发展水平之间确实存在一定程度的差异。

其次，本章在对中国省域高质量发展的空间分析中，采取板块划分方法，按照经贸联系、地理特征等因素，将全国31个省（区、市）划分为八大经济区域。借助一级指标与准则层指标对各个经济区域进行外部比较与内部比较。结果发现，八大经济区域按照发展水平排序依次为：东部沿海、北部沿海、南部沿海、长江中游、东北地区、黄河中游、西南地区、大西北地区。各经济区域的指标值与高质量发展水平整体上成正比，八大经济区域仅在经济稳定指标方面差距较小，没有明显的异质性。且仅在高质量发展水平较低的黄河中游与大西北地区呈现出多头并进型区域发展模式，其他经济区域都存在领跑省份从而表现为龙头拉动型区域发展模式。

再次，本章在中国省域高质量发展的时趋分析中，按照前文所用的梯队划分方法将全国30个省（区、市）划分为五个梯队，对各个梯队分别考察其在样本观察期内发展力水平的变动特征与对比特征。结果发现，第一梯队呈现“先靠拢，后分散，再靠拢”的发展形式，第二梯队呈现

“先靠拢，后分散”的发展形式，第三、第四、第五梯队在一定程度上表现为“先分散，再集中，再分散”的发展形式。

最后，本章在中国省域高质量发展的时趋分析中，采取前文所用的板块划分方法将全国31个省（区、市）划分为八大经济区域。结果发现，全国八大经济区域中仅有东部沿海、北部沿海、南部沿海这三个沿海经济区域高质量发展水平超过平均值，且各自排名在样本观察期内均未发生变化。其余五大经济区域中，除东北地区外，其他区域2005—2011年相对于2012—2018年高质量发展水平增长率高于三大沿海经济区域，表明我国经济自2012年进入转型新开端后，全国高质量发展水平差异逐渐缩小，原先高质量发展水平较低的经济区域正在快速追赶、迎头赶上。

第六章　中国省域高质量发展的差异性分析

在上一章中，我们从空间与时趋两个维度，采用梯队与板块两种划分方式对中国省域高质量发展水平的一级指标与准则层指标进行了描述性统计分析，获得了对各省、市高质量发展水平的初步认识。

那么，中国总体高质量发展水平的差异性如何评判？各个经济区域之间的区域协调性如何确定？经济区域内部各省域间高质量发展的协调性如何体现？我国高质量发展水平在样本考察期间的动态演进情况如何表现？为了回答这些问题，本章将进行以下研究：本章将借助前文采用的板块划分方式，将全国 31 个省份划分为八大经济区域，探究其高质量发展水平的差异与演变。首先，本章将借助中国 2005—2018 年总体基尼系数的演变进程与差异贡献，指出中国总体高质量发展水平差异程度与发展趋势。其次，通过分解总体基尼系数的差异贡献，确定八大经济区域子群内与子群间高质量发展水平的差异及其演变，以子群内高质量发展差异与演变来反映各经济区域内部省域之间的发展协调性；以子群间高质量发展差异与演变来反映各经济区域之间的区域协调性。最后，借助核密度形成高质量发展指数的等高线图，表明我国高质量发展指数趋势及区域协调性变化。

一、常用差异性分析方法介绍

（一）泰尔指数

泰尔指数作为收入不平等程度的测度指标具备良好的可分解性质，即将样本分为多个群组时，泰尔指数可以分别衡量组内差距与组间差距对总差距的贡献。假设包含 n 个个体的样本被分为 k 个群组，每组分别为 $g_k(k=1,2,\cdots,K)$，第 k 组 g_k 中的个体数目为 n_k，则有 $\sum_{k=1}^{k} n_k = n$，y_i 与 y_k 分别表示某个体 i 的收入份额与某群组 k 的收入总额，记 T_b 与 T_w 分别为群组间差距和群组内差距，则可将泰尔指数分解如下：

$$T = T_b + T_w = \sum_{k=1}^{K} y_k \log \frac{y_k}{n_k/n} + \sum_{k=1}^{K} y_k \left(\sum_{i \in g_k} \frac{y_i}{y_k} \log \frac{y_i/y_k}{1/n_k} \right) \quad (6-1)$$

式（6-1）中群组间差距 T_b 与群组内差距 T_w 分别有如下表达式：

$$T_b = \sum_{k=1}^{k} y_k \log \frac{y_k}{n_k/n} \quad (6-2)$$

$$T_w = \sum_{k=1}^{k} y_k \left(\sum_{i \in g_k} \frac{y_i}{y_k} \log \frac{y_i/y_k}{1/n_k} \right) \quad (6-3)$$

值得注意的是，群组内差距项分别由各群组的组内差距之和构成，各群组的组内差距计算公式与样本总体的计算公式并无二致，只是将样本容量控制在第 k 组的个体数目 n_k。

（二）基尼系数

基尼系数及其分解方法是一种测度区域高质量发展差异的有效方法，依据基尼系数及其分解方法，总体基尼系数可以分解为子群内差异、子群间差异和超变密度差异。

本书采用上述方法将全国除西藏外的30个省份划分为八个综合经济

区。总体基尼系数定义如式（6-4）所示，其中，k 表示地区划分个数，n 表示所有省份个数，$Y_{ji}(Y_{hr})$ 表示 $j(h)$ 地区内 $i(r)$ 省份的高质量发展水平，$n_j(n_h)$ 表示 $j(h)$ 地区内省份个数，$\overline{Y}$ 表示所有省份高质量发展水平的平均值。

$$G = \frac{\sum_{j=1}^{k}\sum_{h=1}^{k}\sum_{i=1}^{n_j}\sum_{r=1}^{n_h}|Y_{ji}-Y_{hr}|}{2n^2\overline{Y}} \tag{6-4}$$

$$G_{jj} = \frac{\frac{1}{2\overline{Y_j}}\sum_{i=1}^{n_j}\sum_{r=1}^{n_j}|Y_{ji}-Y_{hr}|}{n_j^2} \tag{6-5}$$

$$G_{jh} = \frac{\sum_{i=1}^{n_j}\sum_{r=1}^{n_h}|Y_{ji}-Y_{hr}|}{n_j n_h(\overline{Y_j}+\overline{Y_h})} \tag{6-6}$$

式（6-5）和式（6-6）分别表示 j 地区的基尼系数 G_{jj} 和 j 地区与 h 地区之间的基尼系数 G_{jh} ；其中，$\overline{Y_j}(\overline{Y_h})$ 表示 $j(h)$ 地区高质量发展水平的平均值。

以下变量的定义为：

$$P_j = n_j/n \tag{6-7}$$

$$S_j = n_j\overline{Y_j}/n\overline{Y} \tag{6-8}$$

$$M_{jh} = \int_0^\infty dF_j(Y)\int_0^Y (Y-x)dF_h(x) \tag{6-9}$$

$$N_{jh} = \int_0^\infty dF_h(Y)\int_0^Y (Y-x)dF_j(x) \tag{6-10}$$

$$D_{jh} = \frac{M_{jh}-N_{jh}}{M_{jh}+N_{jh}} \tag{6-11}$$

其中，D_{jh} 表示 j 地区与 h 地区之间高质量发展的相对影响；M_{jh} 表示地区间高质量发展水平的差值，即在 j 地区与 h 地区中，所有 $Y_{ji}-Y_{hr}>0$ 的样本值加总的数学期望；N_{jh} 表示超变一阶矩，是所有 $Y_{hr}-Y_{ji}>0$ 的样本值加总的数学期望；函数 $F_j(F_h)$ 表示 $j(h)$ 地区的累计密度分布函数。

地区内基尼系数 G_w 、地区间基尼系数 G_{nb} 和超变密度 G_t 分别表示为：

$$G_w = \sum_{j=1}^{k} G_{jj} P_j S_j \tag{6-12}$$

$$G_{nb} = \sum_{j=2}^{k} \sum_{h=1}^{j-1} G_{jh} D_{jh} (P_j S_h + P_h S_j) \tag{6-13}$$

$$G_t = \sum_{j=2}^{k} \sum_{h=1}^{j-1} G_{jh} (P_j S_h + P_h S_j)(1 - D_{jh}) \tag{6-14}$$

本书采用基尼系数及其分解方法，基于八大综合经济区 2005—2018 年数据样本，对我国八大综合经济区高质量发展情况进行区域差异测度，并深入探究其差异来源及贡献。

二、八大经济区域高质量发展的差异性分析

（一）八大经济区域高质量发展的差异及其演变

1. 总体高质量发展差异及其演变。表 6 - 1 列示了我国 2005—2018 年总体基尼系数的演变及差异贡献。八大综合经济区域高质量发展总体差异年均值为 0. 1934，整体呈现先较快下降而后又逐步上升的趋势。在 2005 年总体差异最大为 0. 2280，于 2014 年达到谷底为 0. 1737，而后逐步增大。具体来看，2005—2014 年，总体基尼系数表现出严格递减的趋势，以 2014 年为基期，降幅达到 31. 20%。这说明 2005—2014 年，八大综合经济区域高质量发展的区域协同性不断提高，总体差异持续下降。但从 2015 年开始，总体基尼系数以较慢的增长率呈现小幅度持续上升的趋势，以 2014 年为基期，2018 年涨幅为 4. 63%。这说明，自 2015 年开始，八大综合经济区域高质量发展的区域协同性开始有所下降，总体差异逐渐拉大。为使我国高质量发展实现区域间协同发展、总体差距缩小，应合理制定区域高质量发展的相关政策，落实区域高质量发展的相关措施，以保证我国高质量发展实现区域协同发展并进一步实现整体提升。

表 6－1　我国 2005—2018 年总体基尼系数的演变及差异贡献

年份	总体基尼系数	子群内贡献率（%）	子群间贡献率（%）	超变密度贡献率（%）
2005	0.2280	6.32	8.92	84.76
2006	0.2227	6.19	8.73	85.08
2007	0.2169	6.18	8.66	85.17
2008	0.2094	6.26	9.63	84.11
2009	0.2053	6.35	10.18	83.47
2010	0.1968	6.48	10.54	82.98
2011	0.1847	6.65	11.58	81.77
2012	0.1765	6.81	12.51	80.68
2013	0.1739	6.75	12.76	80.50
2014	0.1737	6.92	14.36	78.73
2015	0.1766	6.76	14.83	78.41
2016	0.1802	6.77	15.12	78.11
2017	0.1814	6.96	15.69	77.34
2018	0.1818	7.12	15.76	77.12
均值	0.1934	6.61	12.09	81.30

2. 子群内高质量发展差异及其演变。我国八大综合经济区域高质量发展子群内差异及演变趋势见表 6－2 和图 6－2。总体来看，八大综合经济区域子群内差异演变趋势并不相同：差异在 2005—2006 年经历了短暂扩大后，2006—2015 年差异逐年缩小，于 2015 年差异达到最小；从 2016 年开始，差异又向扩大的方向继续发展。并且，在 2005—2018 年间，北部沿海综合经济区域子群内基尼系数年均值最大，达 0.1695，远高于其他综合经济区域；南部沿海、西南地区、东部沿海和长江中游综合经济区域子群内基尼系数年均值处于中等水平，分别为 0.1268、0.1083、0.0889、0.0812；子群内基尼系数年均值最小的为大西北地区、东北地区、黄河中游，分别为 0.0790、0.0797、0.0798。表明北部沿海综合经济区域子群内差异最大，南部沿海、西南地区、东部沿海和长江中游综

合经济区域子群内差异处于中等水平，而大西北地区、东北地区、黄河中游三个综合经济区域子群内差异水平相近且为最小。此外，北部沿海综合经济区域也是样本考察期间子群内基尼系数波动幅度最大的经济区域，为0.1047；相比之下，大西北地区基尼系数波动幅度最小，为0.445。尽管北部沿海综合经济区域子群内差异年均值及波动幅度最大，但在2005—2017年间呈现持续下降的态势，并于2016年出现最大幅度下降。这说明北部沿海综合经济区域子群内差异不断缩小，区域发展不均衡性有明显缓和。

具体来看，2005—2016年的十二年间，北部沿海综合经济区域子群内差异居于最高水平，并呈现稳步下降的态势，基尼系数趋于收敛；2015—2016年基尼系数出现了小幅度的波动，2016—2017年出现断崖式下降，以2017年为基期，降幅为60.70%，此后出现了“翘尾”现象。2005—2009年，南部沿海综合经济区域子群内差异处于第二位，除2005—2007年出现小幅度上升以外，2007—2015年显著下降，说明2007—2015年南部沿海综合经济区域子群内差异有所缩小；2017年子群内差异出现陡升，以2016年为基期，增幅达到73.03%，子群内差异水平超过北部沿海综合经济区域居于首位，此后增幅放缓。西南地区综合经济区域子群内差异处于中等水平，2005—2018年子群内差异整体呈波动式下降趋势，于2017年差异开始小幅度增大，波动幅度小于0.01。东部沿海综合经济区域子群内差异在2005—2012年间稳步下降，基尼系数趋于收敛；2014—2018年，呈现波动式增长，并于2018年回到2010年水平。黄河中游综合经济区域2005—2014年子群内差异变动趋势和南部沿海综合经济区域基本一致，基尼系数在2005—2006年经历了小幅度的增长后，2007—2014年，基尼系数显著下降，两大综合经济区域基尼系数的变动趋势在2005—2014年间几乎平行；不同的是，2015—2017年间黄河中游综合经济区域经历了一个倒“V”形的波动，而后从2017年开始，基尼系数有继续扩大的趋势，在2018年几乎回到了2012年时的水平；这说明在样本研究的前十年黄河中游综合经济区域子群内差异不断缩小，在2015—2017年经历了差异大幅度的拉大和缩小后，从2017年开始，子群内高质量发展的差异继续扩大。大西北地区子群内差异除2007—2008年经历了小幅度的增长外，整体呈现缩小态势，并且基尼系数的大幅度减小发生在2008—2009年，减小了0.0369；2013—2017年，大西北地区基尼系数增大，子群内差异不断扩大，并于2017年达到峰值；不同于北部沿海、南部沿海、西南地区、东部沿海以及黄河中游综合经济区域，大西北地区子群内差异在2017年开始出现下降趋势，说明大西北地区高质量发展的区域不协调性有所缓和。2005—2010年，东北地区子群内基尼系数逐年下降，子群内高质量发展差异趋于收敛；2010—2015年，东北地区子群内差异逐步扩大，2015年达到峰值；2015—2016年子群内基尼系数出现波动式大幅下降；2016—2017年基尼系数有所回升；2017—2018年，增长速度放缓。长江中游综合经济区域2005—2016年基尼系数变动趋势和大西北地区变动趋势恰好相反，大体呈现先增长后下降的趋势；2016—2017年，长江中游综合经济区域表现出较快的增长速度，子群内差异有扩大的趋势；2017—2018年，长江中游综合经济区域作为少数几个基尼系数下降的地区，子群内差异有所收敛。

综合我国八大综合经济区域，北部沿海综合经济区域子群内差异整体呈下降的趋势，南部沿海综合经济区域子群内差异整体呈现上升的趋势，且二者整体波动幅度相似。如图6－1所示，除南部沿海综合经济区域外，其他综合经济区域的基尼系数逐年下降。这说明除南部沿海综合经济区域外的各综合经济区域子群内差异逐年相近，各综合经济区域之间的差异化减小。此外，一个特别的现象是，除长江中游、大西北地区、东北地区以外，其余5个综合经济区从2017年开始，基尼系数均有所上升，整体子群内差异呈扩大态势。

表 6－2　　八大综合经济区域高质量发展子群内基尼系数分解

年份	西南地区	长江中游	大西北地区	黄河中游	东北地区	南部沿海	北部沿海	东部沿海
2005	0. 1312	0. 0463	0. 0990	0. 0832	0. 1083	0. 1447	0. 2086	0. 1297
2006	0. 1261	0. 0387	0. 0960	0. 1052	0. 0747	0. 1461	0. 2023	0. 1244
2007	0. 1160	0. 0456	0. 0869	0. 0963	0. 0784	0. 1483	0. 2009	0. 1168
2008	0. 1137	0. 0499	0. 0951	0. 0943	0. 0733	0. 1388	0. 1906	0. 1014
2009	0. 1155	0. 0993	0. 0582	0. 0899	0. 0719	0. 1299	0. 1840	0. 0923
2010	0. 1217	0. 1031	0. 0576	0. 0788	0. 0673	0. 1115	0. 1761	0. 0811
2011	0. 1190	0. 1036	0. 0545	0. 0740	0. 0679	0. 1026	0. 1672	0. 0720
2012	0. 1074	0. 0992	0. 0583	0. 0691	0. 0735	0. 1007	0. 1684	0. 0701
2013	0. 1035	0. 0929	0. 0581	0. 0680	0. 0795	0. 1007	0. 1624	0. 0725
2014	0. 0994	0. 0935	0. 0730	0. 0608	0. 0876	0. 1013	0. 1646	0. 0745
2015	0. 0901	0. 0853	0. 0845	0. 0619	0. 0995	0. 0984	0. 1639	0. 0727
2016	0. 0847	0. 0804	0. 0922	0. 1070	0. 0599	0. 1001	0. 1669	0. 0789
2017	0. 0926	0. 1016	0. 0977	0. 0631	0. 0879	0. 1732	0. 1039	0. 0770
2018	0. 0949	0. 0972	0. 0945	0. 0657	0. 0864	0. 1789	0. 1138	0. 0815
均值	0. 1083	0. 0812	0. 0790	0. 0798	0. 0797	0. 1268	0. 1695	0. 0889
极差	0. 0465	0. 0649	0. 0445	0. 0462	0. 0483	0. 0806	0. 1047	0. 0596

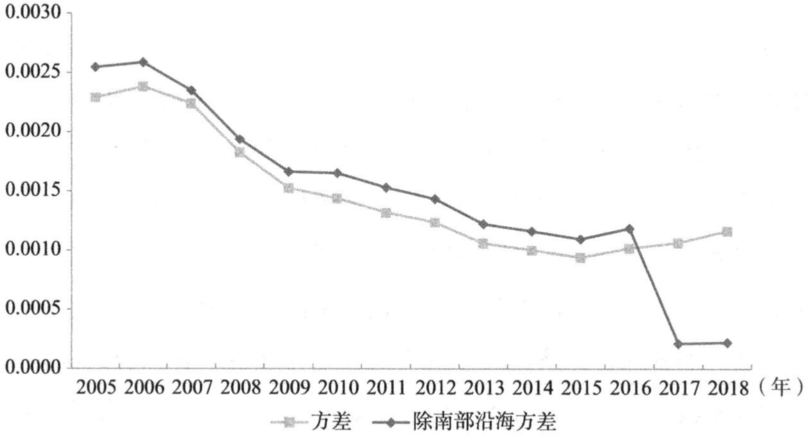

图 6－1　八大综合经济区域高质量发展子群内基尼系数方差演变趋势

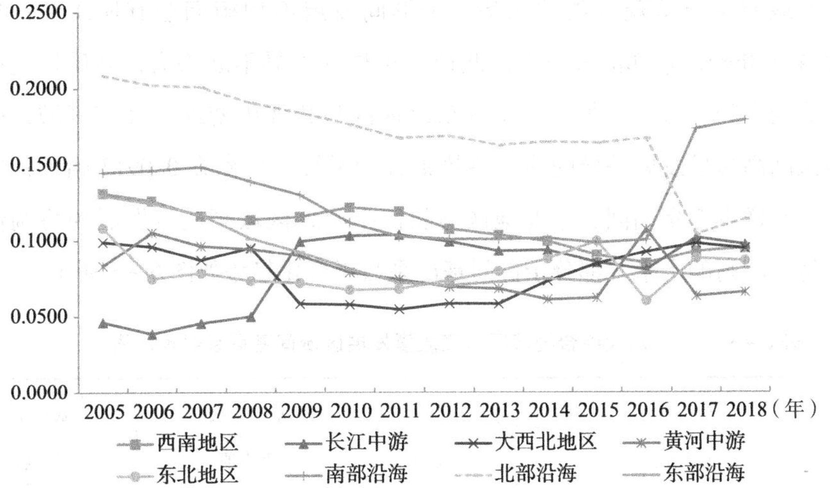

图6－2　八大综合经济区域高质量发展子群内差异演变趋势

3. 子群间高质量发展差异及其演变。表6－3列示了我国八大综合经济区域高质量发展子群间基尼系数年均值。总体来看，子群间基尼系数年均值最大的为东部沿海—大西北地区，为0.4361；北部沿海—大西北地区和南部沿海—大西北地区基尼系数年均值也较大，分别为0.3982和0.3819；东北地区—大西北地区和长江中游—大西北地区基尼系数年均值排在第三层，分别为0.3428和0.3237；东部沿海、北部沿海、南部沿海、东北地区、长江中游五大综合经济区域之间基尼系数年均值相对最小，其中北部沿海—南部沿海、南部沿海—东北地区、东北地区—长江中游分别为0.0955、0.0944、0.0913。这说明大西北地区与东部沿海、北部沿海、南部沿海、东北地区、长江中游五大综合经济区域之间高质量发展差异最大，大西北地区的高质量发展水平远远低于其他综合经济区域；另外，东部沿海、北部沿海、南部沿海、东北地区、长江中游五大综合经济区域之间差异最小，高质量发展水平相近。从趋势来看，东部沿海与大西北地区之间高质量发展的差异变化呈现先减小后逐渐增大的趋势。具体来看，2005—2014年，东部沿海与大西北地区子群间高质量发展的差异呈现收敛的态势，子群间发展不均衡问题有所缓和；从2014年开始，东部沿海与大西北地区子群间差异不断增大，高质量发展的非均衡问题再一次加重。反观东北地区与长江中游综合经济区域，两地区间高质量发展差异的演变趋势则较为平缓，均衡在0.0913附近；这说明在样本考察期间，东北地区与长江中游地区域高质量发展的协调性维持在较高的水平。部分子群间基尼系数年变化趋势如图6-3所示。

表6-3　　八大综合经济区域高质量发展区域间基尼系数年均值

地区	基尼系数年均值	地区	基尼系数年均值	地区	基尼系数年均值	地区	基尼系数年均值
东部沿海—北部沿海	0.1165	北部沿海—南部沿海	0.0955	南部沿海—长江中游	0.1019	东北地区—大西北地区	0.3428
东部沿海—南部沿海	0.1203	北部沿海—东北地区	0.1042	南部沿海—黄河中游	0.2025	长江中游—黄河中游	0.1632
东部沿海—东北地区	0.1433	北部沿海—长江中游	0.1121	南部沿海—西南地区	0.2668	长江中游—西南地区	0.2188
东部沿海—长江中游	0.1571	北部沿海—黄河中游	0.2161	南部沿海—大西北地区	0.3819	长江中游—大西北地区	0.3237
东部沿海—黄河中游	0.2583	北部沿海—西南地区	0.2829	东北地区—长江中游	0.0913	黄河中游—西南地区	0.1850
东部沿海—西南地区	0.3233	北部沿海—大西北地区	0.3982	东北地区—黄河中游	0.1739	黄河中游—大西北地区	0.2108
东部沿海—大西北地区	0.4361	南部沿海—东北地区	0.0944	东北地区—西南地区	0.2340	西南地区—大西北地区	0.1803

图6-3　部分子群间基尼系数年变化趋势

此外，将子群间基尼系数年均值划分成五大区间。①子群间基尼系数年均值处于0.33—0.45之间的有4个，包括东部沿海—大西北地区、北部沿海—大西北地区、南部沿海—大西北地区、东北地区—大西北地区；②基尼系数年均值处于0.23—0.33之间的有6个，包括长江中游—大西北地区、东部沿海—西南地区、北部沿海—西南地区、南部沿海—西南地区、东部沿海—黄河中游、东北地区—西南地区，这说明大西北地区、西南地区、黄河中游综合经济区域高质量发展水平较低，与东部沿海、北部沿海、南部沿海以及长江中游地区存在着较大差异；③基尼系数年均值处于整体均值水平的有4个，包括长江中游—西南地区、北部沿海—黄河中游、黄河中游—大西北地区、南部沿海—黄河中游，基尼系数年均值分别为0.2188、0.2161、0.2108、0.2025；④基尼系数年均值处于0.11—0.20之间的有9个，分别为黄河中游—西南地区、西南地区—大西北地区、东北地区—黄河中游、长江中游—黄河中游、东部沿海—长江中游、东部沿海—东北地区、东部沿海—南部沿海、东部沿海—北部沿海、北部沿海—长江中游，这说明这些综合经济区之间高质量发展差异相对较小；⑤基尼系数年均值0—0.11的有5个，分别为北部沿海—东北地区、南部沿海—长江中游、北部沿海—南部沿海、南部沿海—东北地区、东北地区—长江中游，说明这些综合经济区域之间高质量发展协调性相对较高。

（二）八大经济区域高质量发展的差异来源及贡献

2005—2018 年，我国八大综合经济区域总体差异来源及其贡献率的演变趋势如图 6-4 所示。整体来看，超变密度贡献率在所有差异来源中占比最大，年平均贡献率达到 81.30%；而子群间差异和子群内差异贡献率相对较小，年平均贡献率分别为 12.09% 和 6.61%，二者之和不超过 20%，远小于超变密度差异贡献率。此外，从演变趋势来看，超变密度差异贡献整体呈现收敛的态势；2005—2007 年有小幅增长，平均增速为 0.24%；2007—2018 年，贡献率以平均每年 0.90% 的速度持续下降，2018 年已低于 80%，达到 77.12%。子群间差异贡献的演变趋势则表现出与超变密度差异贡献完全相反的变动趋势；2005—2007 年有所下降，平均降速为 1.49%；2007—2018 年，贡献率以平均每年 5.67% 的速度增长，在 2018 年达到 15.76%，整体呈现发散的趋势。子群内差异贡献的演变则表现为增长和下降交替出现，无固定演变趋势；贡献率的波动与前两者相比较为平缓，波动幅度在 0.94% 以内。

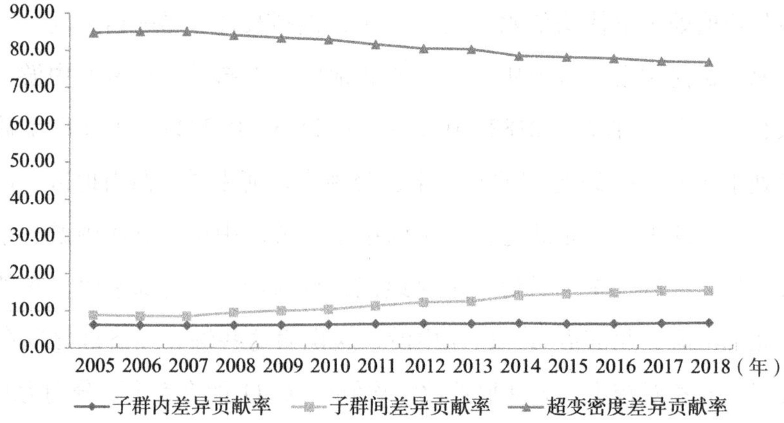

图 6-4 八大综合经济区差异来源及贡献率

总体来说，超变密度差异是我国八大综合经济区域高质量发展差异的主要来源，但这种差异在整体差异中的贡献度在逐年下降；子群间差异目前在整体差异中的占比较低，但呈现出逐年上涨的态势；子群内差异贡献率始终维持在6%—7%的较低水平且波动性不大。由于子群间总差异贡献率为超变密度差异贡献率与子群间差异贡献率之和。因此，缩小区域间差异是促进我国高质量协同发展的核心问题。

三、基于核密度的样本期内的差异性分析

下面利用高斯核函数对我国高质量发展整体情况进行密度估计，核密度曲线可以准确反映我国高质量发展指数在样本考察期间的动态演进情况及区域协调性的发展趋势。

（一）高质量发展指数动态演进

在样本考察期间，分别以4年、6年、8年、10年为时间间隔，考察我国高质量发展指数的动态演进情况。图6－5至图6－8分别以4年、6年、8年、10年为时间间隔，列示了我国高质量发展指数的演进情况。

整体来看，4种时间间隔下，高质量发展指数的等高线图均位于y＝x线上方。这说明我国高质量发展指数无论在哪种时间间隔下均实现了由较低水平向较高水平的演进。另外，由等高线图距离y＝x线的远近分别为10年＞8年＞6年＞4年可知，在样本研究期间，我国高质量发展指数呈现持续正向增长的态势，说明我国高质量发展水平不断提高。

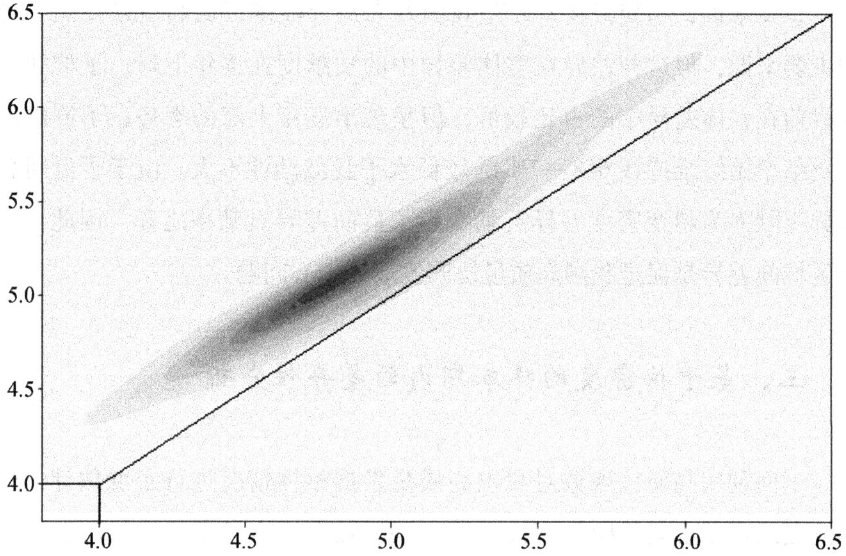

图 6－5　时间间隔为 4 年的高质量发展指数等高线图

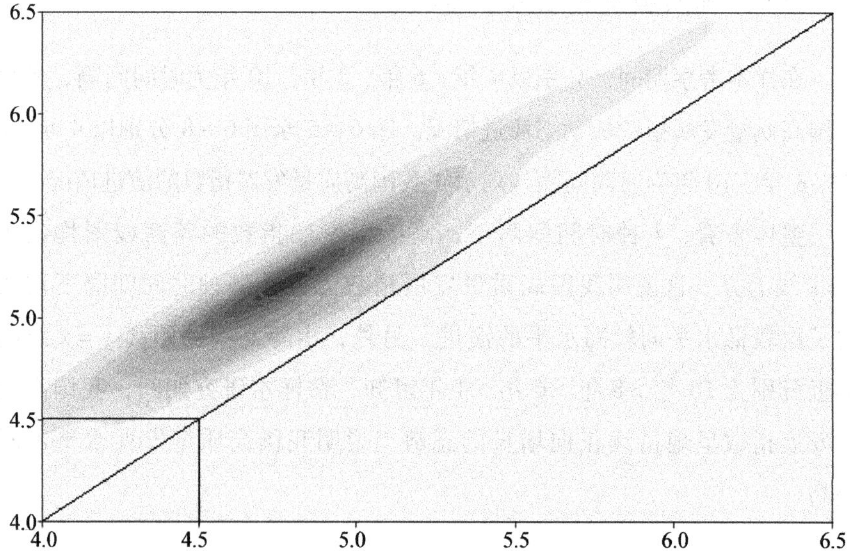

图 6－6　时间间隔为 6 年的高质量发展指数等高线图

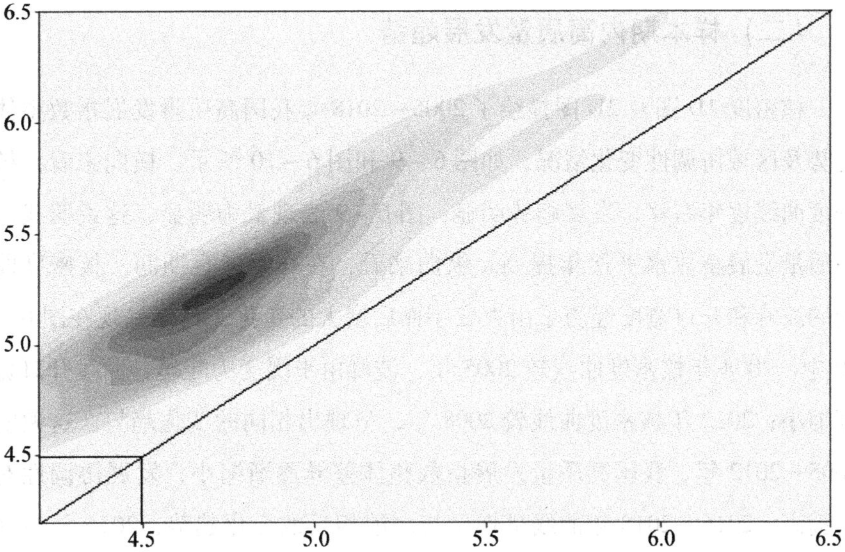

图 6－7　时间间隔为 8 年的高质量发展指数等高线图

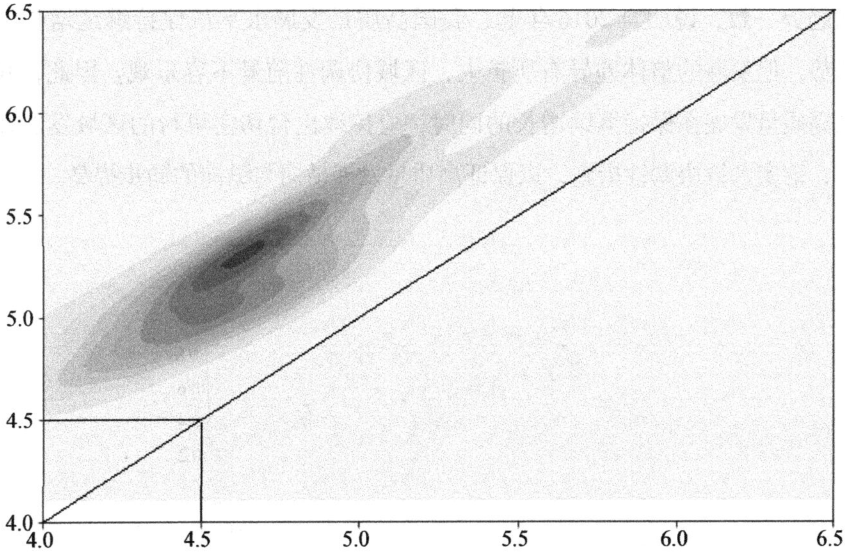

图 6－8　时间间隔为 10 年的高质量发展指数等高线图

（二）样本期内高质量发展趋势

核密度 3D 图及 2D 图描绘了 2005—2018 年我国高质量发展指数整体趋势及区域协调性变化情况，如图 6－9 和图 6－10 所示。横向来看，核密度曲线逐年右移，发展趋势明显，图 6－9 表现最为明显，这说明我国高质量发展整体水平逐年提高。纵向来看，在样本考察期间，核密度曲线的波峰和开口宽度经历了由大变小而后增大的变化，具体呈现在图 6－10 中。2008 年核密度曲线较 2005 年，波峰由平缓变为陡峭，曲线开口宽度缩小；2012 年核密度曲线较 2008 年，呈现出相同的变化趋势。这说明 2005—2012 年，我国高质量发展指数整体差异逐渐缩小，发展协调性有所提高。2016—2018 年曲线呈现出与之前相反的变化趋势，2016 年核密度曲线较 2012 年，波峰陡峭度有所下降且开口宽度增大；2018 年核密度曲线继续保持该种变化趋势。核密度曲线纵向变化趋势与基尼系数的变动趋势一致，说明自 2016 年起，我国高质量发展水平虽保持继续增长的趋势，但发展的整体差异有所扩大，区域协调性前景不容乐观。因此，我国高质量发展在保持继续增长的同时，应持续出台切实可行的区域发展政策，落实区域协调性措施，以保证高质量发展横向与纵向的同步提高。

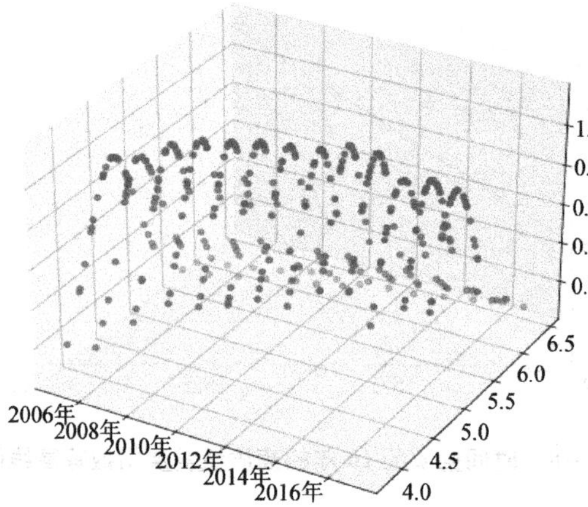

图 6－9　我国高质量发展指数整体趋势变化 3D 图

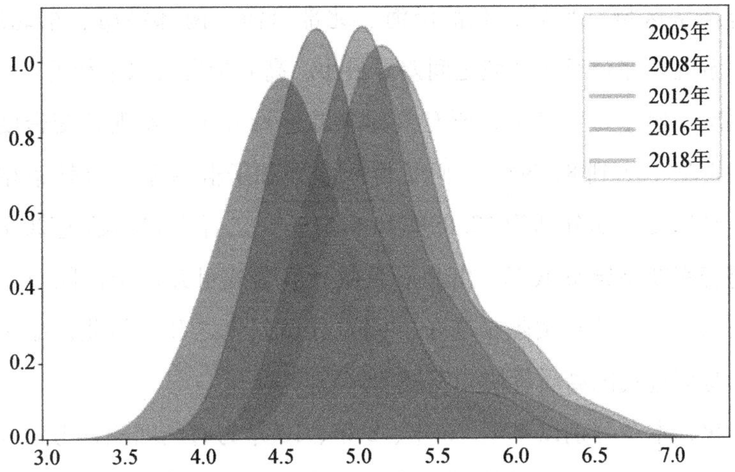

图6－10　我国高质量发展指数整体趋势变化2D图

本章小结

本章借助基尼系数及其分解方法，基于八大综合经济区域2005—2018年数据样本，对我国八大综合经济区域高质量发展情况进行了区域差异测度，并深入探究其差异来源及贡献。

首先，本章通过分解基尼系数获得的子群内高质量发展差异及其演变来反映八大经济区域内部各省域之间的差异化程度。综合我国八大综合经济区域，除南部沿海综合经济区域外，其他综合经济区域的基尼系数的方差逐年下降。这说明除南部沿海综合经济区域以外的各综合经济区域子群内差异逐年相近，各综合经济区域之间的差异化减小。

其次，本章通过分解基尼系数获得的子群间高质量发展差异及其演变来反映八大经济区域之间的差异化程度。总体来看，大西北地区与东部沿海、北部沿海、南部沿海、东北地区、长江中游五大综合经济区域之间的高质量发展差异最大，大西北地区的高质量发展水平远远低于其他综合经济区域；另外，东部沿海、北部沿海、南部沿海、东北地区、长江中游五大综合经济区域之间差异最小，高质量发展水平相近。

再次，通过对基尼系数所有差异来源进行分析，发现超变密度差异年平均贡献率达到 81.30%；而子群间差异和子群内差异贡献率相对较小，年平均贡献率分别为 12.09% 和 6.61%，二者之和不超过 20%，远小于超变密度差异贡献率。由基尼系数计算公式可知，子群间总差异贡献率为超变密度差异贡献率与子群间差异贡献率之和。因此，缩小区域间差异是促进我国高质量协同发展的核心问题。

重次，本章分别以 4 年、6 年、8 年、10 年为时间间隔，考察我国高质量发展指数的动态演进情况。整体来看，在 4 种时间间隔下，高质量发展指数的等高线图均位于 y = x 线上方。这说明我国高质量发展指数无论在哪种时间间隔下均实现了由较低水平向较高水平的演进。另外，由等高线图距离 y = x 线的远近可知，在样本研究期间，我国高质量发展指数呈现出持续正向增长的态势，高质量发展水平不断提高。

最后，本章绘制了我国高质量发展指数核密度 2D 和 3D 图。横向来看，核密度曲线逐年右移，发展趋势明显，说明我国高质量发展整体水平逐年提高。纵向来看，核密度曲线的波峰和开口宽度经历了由大变小而后增大的变化，这说明我国高质量发展指数整体差异先是缩小，后又逐步扩大，区域协调性前景不容乐观。

第七章　中国省域高质量发展的收敛性分析

在第六章中对中国省域高质量发展的差异性进行了分析，那么，中国省域高质量发展是否存在收敛的情况呢？为了回答这一问题，本章将对中国省域高质量发展进行收敛性分析。本章首先对空间计量理论进行阐述，着重介绍空间自回归模型、空间误差模型与空间杜宾模型，并介绍常用的收敛性分析的方法：σ 收敛、β 收敛和俱乐部收敛。然后，根据地理位置，将全国划分为北部沿海、大西北地区、东北地区、东部沿海、黄河中游、南部沿海、西南地区、长江中游八大经济区域，运用 σ 收敛系数、β 绝对收敛回归、β 条件收敛回归、随机收敛俱乐部检验四种方法对中国八大经济区域高质量发展水平进行收敛性分析。

一、空间收敛性理论与方法

（一）空间计量模型

空间计量模型主要分为空间横截面数据模型和空间面板数据模型两类，其中空间面板数据模型又分为空间静态面板数据模型和空间动态面板数据模型。关于空间回归模型，一般认为最基础的模型有两种，分别是空间自回归模型和空间误差模型。除此之外，空间自回归—残差自回归模型（Spatial Auto Regressive—Residual Auto Regressive Model）也称为广义空间模型，它将空间自回归模型和空间误差模型的特点融合，在模型中同时体现了空间实质相关和空间扰动相关，其模型表达式为 $Y = \rho W_1 Y + X\beta + \varepsilon, \varepsilon = \lambda W_2 \varepsilon + u, u \sim N[0, \sigma^2 I]$；空间残差移动平均模型（Spatial Residual Moving Average Model）则是在模型中同时体现空间扰动相关和空间局部相关，其模型表达式为 $Y = X\beta + \varepsilon, \varepsilon = \lambda Wu + u, u \sim N[0, \sigma^2 I]$；空间变系数回归模型、空间杜宾模型、半参数空间滞后模型、半参数空间向量自回归模型、空间误差修正模型、动态空间计量模型、空间向量自回归模型等都属于空间回归模型。在本章中我们主要对最基本的空间自回归模型（Spatial Auto Regression Model，SAR）、空间误差模型（Spatial Error Model，SEM）以及空间杜宾模型（Spatial Durbin Model，SDM）进行介绍。

1. 空间自回归模型

空间计量经济学中最常见的是由 Cliff 和 Ord（1973）提出的空间自回归模型，主要用于研究相邻机构或地区的行为对整个系统内其他机构或地区的行为都有影响的情形。在现实经济问题中为什么会使用空间自回归模型？这是由于现代经济模型中考虑了代理人的策略行为。一般而言，代理人在他们的行为选择中往往具有较强的相互依赖性，比如，厂商在定价时会考虑到邻居的策略行为。因此从微观博弈机制角度来看，若某一微观个体观测值是其他微观个体观测值的反应函数或者反应变量时，那么空间相关性就必然存在。空间自回归模型正是因为反映了这种微观个体的相关性特征从而得到了发展。

空间自回归模型描述的是空间实质相关。其模型表达式为：

$$Y = \rho WY + X\beta + \varepsilon, \varepsilon \sim N[0, \sigma^2 I] \quad (7-1)$$

其中，$Y = (Y_1, \cdots, Y_N)'$ 是被解释变量向量，$X = (X_1, \cdots, X_K)$ 是解释变量矩阵，ρ 为空间效应系数，$\beta = (\beta_1, \cdots, \beta_k)'$ 为参数向量；W 为空间权重矩阵，是空间计量经济学的模型中最为重要的组成部分，其具体形式如下：

$$W = \begin{bmatrix} 0 & w_{12} & \cdots & w_{1N} \\ w_{21} & 0 & \cdots & w_{2N} \\ \vdots & \vdots & \ddots & \vdots \\ w_{N1} & w_{N2} & \cdots & 0 \end{bmatrix} \tag{7-2}$$

其中，$w_{ij}(i = 1,\cdots, N; j = 1,\cdots, N)$ 表示第 j 个区域与第 i 个区域被解释变量之间的相关程度。

空间自回归模型也被称作空间滞后模型（Spatial Lag Model，SLM），一般意义上对滞后的理解是时间上的落后和延迟。在现实生活中，时间维度的滞后现象比比皆是。例如，某厂商对商品的供给量往往是根据前一段时间的商品需求量和商品价格进行调整的。又如我们考试的成绩是受考试之前努力程度影响的。所以当我们从时间的维度看待滞后变量时，其含义就是变量的前期值，即滞后变量就是具有滞后效应的变量。顾名思义，滞后变量模型就是模型中包含滞后变量的模型。

以下我们列示了经济学中消费的滞后变量模型：

$$Y_t = \beta_0 + \beta_1 X_t + \beta_2 X_{t-1} + \mu_t \tag{7-3}$$

其中，Y_t 表示当期消费，X_t 表示当期收入，X_{t-1} 表示前一期收入（一阶滞后变量）。系数 β_2 表示前一期的收入对当期消费的影响程度。

以上为传统的对滞后模型的理解，当我们将滞后模型引入空间领域，也就是在传统的模型中加入空间维度建立滞后回归模型。不同于传统滞后模型中滞后变量往往是考虑时间维度，空间滞后模型考虑的是空间维度，即研究区域受到其周边区域的影响。比如，东莞市的 GDP，不仅受到其内在发展的影响，而且与其周边城市（例如深圳）有着密切的关系。在自习室学习的效率总是比在宿舍学习的效率要高，也是受到周边环境的影响。

空间滞后模型的经济学含义是：如果存在非空的空间矩阵，说明我们关注的经济变量之间存在空间相关性，则只考虑其自身的解释变量，不能准确地估计和预测我们所关注的经济变量的变化趋势。例如，一个地区工资水平不仅受到当地经济发展水平、教育水平等因素的影响，还受到周边地区一些因素的影响，所以我们在建立这个地区工资水平的模型时，要将空间结构的影响纳入其中，即将周边地区的工资水平作为模型中的滞后解释变量，这样能提高我们模型的准确性。

2. 空间误差模型

与空间滞后模型不同，空间误差模型描述了空间扰动相关和空间总体相关，主要目的是解决包含遗漏变量所带来的偏误。空间依赖性不仅可以通过因变量和外生解释变量来反映，也可以通过随机扰动项来体现，即用扰动项来刻画空间关系。其模型表达式如下：

$$Y = X\beta + \varepsilon, \varepsilon = \lambda Wu + u, u \sim N[0, \sigma^2 I] \tag{7-4}$$

其中，$Y = (Y_1, \cdots, Y_N)'$ 是被解释变量向量，$X = (X_1, \cdots, X_K)$ 是解释变量矩阵，$\beta = (\beta_1, \cdots, \beta_k)'$ 为参数向量；W 为空间权重矩阵，元素 W_{ij}($i=1$, …, N; $j=1$, …, N) 表示第 i 个截面个体和第 j 个截面个体之间误差项的相关性。

空间误差模型与传统的基于时间维度的序列自相关模型相类似，因此也被称作空间自相关模型（Spatial Auto Correlation Model，SACD）或者空间残差自相关模型（Spatial Residual Auto Regressive Model，SRARD）。

一般对于空间误差模型，其误差的设定分为三种情况，分别是：当 $\varepsilon = \lambda W\varepsilon + u$ 时，此时空间误差模型属于一阶形式的空间自回归模型，即在空间上的相对位置的不同，会导致地区之间的相互作用不同，对误差这样的设定在空间误差模型中是最为常见的；当 $\varepsilon = u - \theta Wu$ 时，此时空间误差模型属于一阶形式的空间移动平均模型；当 $\varepsilon = \lambda W\varepsilon - \theta Wu + u$ 时，此时空间误差模型属于一阶形式的空间自回归移动平均模型。当然，这里仅仅列举了误差为一阶的情形，事实上，误差为高阶的情形也是存在的，但是鉴于误差为高阶时，会导致进行回归分析时空间权重的问题复杂化，所以一般的空间回归模型中仅讨论一阶滞后、一阶自回归和一阶移动平均的情形。

3. 空间杜宾模型

空间杜宾模型由 Anselin 于 1988 年首先提出，由于该模型的结构与时间序列模型中自相关相类似，因此将所表述的模型定义为空间杜宾模型。在时间序列模型中，解释变量通常存在滞后形式，同样解释变量在空间上也可以以滞后形式体现，即空间依赖性不仅可以用被解释变量表示，也可以体现在解释变量上，它的经济学含义是：空间单元不仅受到自身相关解释变量的影响，也受到邻居相关解释变量的影响。

空间杜宾模型（SDM）是空间滞后模型和空间误差模型的组合扩展形式，可通过对空间滞后模型和空间误差模型增加相应的约束条件设立，也可以看作是一个通过加入空间滞后变量而增强的 SAR 模型（空间滞后模型）。即：

$$y = \rho W_1 y + X\beta_1 + W_2 \overline{X}\beta_2 + \varepsilon \tag{7-5}$$

式中，W_1 是因变量的空间相关关系，W_2 是自变量的空间相关关系，两者可以设置为相同或不同的矩阵；β_2 是外生变量的空间自相关系数；ε 是满足正态独立同分布的随机扰动项。

杜宾模型还囊括了许多广泛的模型：

当 $\beta_2 = 0$ 时，它包含了因变量的空间滞后，同时排除了空间滞后解释变量因素，从而变成空间自回归模型（SAR）。

当 $\rho = 0$ 时，即假设因变量之间的观测值不相关，但因变量与相邻区域的特性（以空间滞后解释变量形式）有关，则该模型变为解释变量的空间滞后模型。

当 $\rho = 0$ 和 $\beta_2 = 0$ 时，该模型变为如下形式的标准最小二乘回归模型：

$$y = X\beta + \varepsilon \tag{7-6}$$

（二）收敛性分析方法概述

1. 收敛的概念

收敛（convergence）概念主要起源于20世纪60年代中期以Solow和Swan为代表的学者提出的新古典增长理论。其核心观点可以表述为资本产出比存在边际递减的趋势，经济增长最终将收敛于稳态值，从而形成了经济收敛理论的雏形。一般意义的收敛（convergence，国内学者也有译为趋同)，指的是两个个体在某个变量的数量或质量上逐渐接近的趋势，例如，经济收敛、结构收敛、政策收敛等。收敛的趋势是可以单向，也可以是双向，还可以是追赶式的。经济逐步走向稳定状态，就是经济收敛。

收敛性最初用于描述不同区域经济的差异及其增长水平的动态变化态势，经济收敛具体指一国或地区的经济增长速度与其经济初始发展水平呈负相关关系，描述的是经济增长逐渐走向长期稳定均衡状态的过程。例如，落后地区的经济增长速度比发达地区的经济增长速度要快，且随着时间的推移，落后地区最终会赶上发达地区，实现区域间的经济均衡发展。

2. 收敛性分析的方法

收敛性分析是研究区域差异性的重要方法。大体来说，常用的收敛分析方法主要有σ收敛、β收敛和俱乐部收敛。σ收敛通常通过单一指标或者组合指标反映，β收敛和俱乐部收敛则是通过计量模型进行分析。

(1) σ收敛。σ收敛的概念最接近于现实中我们对经济收敛的直观理解，主要用横截面数据来进行测度，例如，用国家（地区）间的人均产出（收入）的标准差来衡量经济增长中的收敛。在已有的研究区域经济增长的σ收敛文献中，衡量区域经济增长的σ收敛所用的方法基本相近，大多采用发展经济学中关于收入分配差异的测量方法，以衡量国家（地区）间的人均产出（收入）水平的差异为其出发点，对数据资料进行统计分析和处理，从而得出自己的结论。

在对 σ 收敛的测度中，常见的方法有方差分解法、基尼系数法、泰尔指数法，标准差或变异系数法、洛伦茨曲线法、加权变异系数法等。由于每一种方法在测度区域经济增长收敛时侧重点不一样，所以在研究经济增长质量水平 σ 收敛时，应根据资料的可得性，有目的地选取多种方法进行组合，才能比较全面、准确地反映区域高质量发展水平 σ 收敛的实际情况。

本书的 σ 收敛指的是在时间序列上各地区的高质量发展水平偏离平均水平的幅度逐渐下降的趋势。通常使用变异系数来测度 σ 系数并以此判断是否存在 σ 收敛，变异系数的计算公式为：

$$\sigma_j = \frac{\sqrt{\left[\sum_i^{n_j}(quality_{jt} - \overline{quality_j})^2\right]/n_j}}{\overline{quality_j}} \tag{7-7}$$

由式（7-7）可以看出，变异系数实际上是标准差与均值之比。变异系数是一个无量纲量，衡量了样本的整体离散程度。若该值随年份逐渐变小，说明该地区各省份的高质量发展水平离散程度逐渐变小，各省份之间的差异也逐渐缩小，形成向均值收敛的态势。

(2) β 收敛。按照新古典经济增长理论，β 收敛指的是在具有相同的基本经济特征的国家（地区）之间，和人均资本拥有量较高的富裕国家（地区）相比，人均资本拥有量较低的贫穷国家（地区）具有更高的经济增长率。也就是说，在具有相同的基本经济特征的国家间，经济增长率和经济发展水平之间存在负相关关系。

本书的 β 收敛是从增长率的角度考察不同地区之间高质量发展水平的发展态势，当高质量发展水平呈现 β 收敛时，则不同地区的发展水平增长率趋同。具体表现为，落后地区的高质量发展水平的增长率逐渐赶上发达地区，达到同样的增长率，且增长率与初始高质量发展水平呈负向关系。根据假设条件的不同，β 收敛可分为绝对 β 收敛和条件 β 收敛，绝对 β 收敛是指仅考察高质量发展水平本身的收敛状态，而条件 β 收敛是指控制了一系列影响因素之后的收敛态势。

①绝对 β 收敛。绝对 β 收敛是指从长期看不论经济体之间的初始条件和经济结构如何，不同经济体的人均产出路径将收敛于相同的均衡稳态水平。其假设条件是所有研究个体具有相同的发展结构和同样的增长路径，通过追赶实现共同的稳态。即如果发生绝对 β 收敛现象，那么，区域最终将收敛于相同的人均收入水平。具体来说，就是如果各个经济体的储蓄率、人口增长率和技术进步率这些外生因素是相同的，那么，所有的经济体都会递归到同一个稳态均衡点，也就是所说的绝对 β 收敛。

传统的基于面板数据的绝对 β 收敛模型为：

$$\ln\left(\frac{quality_{i,t+1}}{quality_{i,t}}\right) = \alpha + \beta \ln quality_{i,t} + \mu_i + \nu_t + \varepsilon_{it} \tag{7-8}$$

模型左侧是用对数差分计算的经济增长质量的增长率；μ_i 是地区固定效应，ν_t 是时间固定效应，ε_{it} 是随机误差项。

②条件 β 收敛。条件 β 收敛认为现实中经济体之间具有不同的经济结构以及初始条件，这导致各个地区具有不同的生产函数以及稳态，只有经济结构相似的经济体之间才会发生收敛现象。该收敛的提出是基于不同地区具有不同的稳态水平，发达地区与前发达地区的这种稳态水平的差异会随着要素投入水平与技术进步水平的发展出现扩大的趋势，那么，地区差距的缩小则难以实现。根据经济增长理论，区域人均收入的增长不仅取决于期初的人均收入水平，还要受到诸如资源禀赋、产业结构、投资率、对外开放程度等其他因素的影响。新古典经济增长理论对各个经济体之间具有完全相同的基本经济特征的假定，明显和现实不相符合。条件 β 收敛则放弃了这一假定，认为不同的经济体之间可以具有各自不同的稳态。

条件β收敛模型则在绝对β收敛模型基础上增加一系列控制变量。本书添加产业结构、技术水平和开放程度作为控制变量。条件β收敛模型为：

$$\ln\left(\frac{quality_{i,t+1}}{quality_{i,t}}\right)=\alpha+\beta\ln quality_{i,t}+\delta X+\mu_i+\nu_t+\varepsilon_{it} \tag{7-9}$$

③绝对β收敛和条件β收敛的关系。绝对β收敛和条件β收敛都是向着稳态水平的收敛，但二者存在着较大的差别，最关键的区别在于绝对β收敛认为所有地区最终的稳态水平是相同的，条件β收敛则认为不同地区具有不同的均衡状态。此外，一般认为条件β收敛是绝对β收敛的必要条件，绝对β收敛是条件β收敛的长期趋势，条件β收敛是绝对β收敛的子过程，从收敛水平来看，绝对β收敛具有更高的均衡状态。如改善落后地区的稳态影响因素（比如物质资本投资率、人力资本投资率、工业化水平等）可以推动条件收敛向绝对收敛转化，最终可以实现各个经济体具有相同的人均产出水平目标。

④β收敛机制。回归过程中，各变量取对数处理。对于面板模型的估计，本书采用双向固定效应模型，即同时控制地区固定效应和时间固定效应，提高系数β的估计准确性；采用聚类到省级层面的稳健标准误。若$\beta<0$且显著，则表明中国高质量发展水平存在收敛；反之，则发散，收敛速度$b=\frac{-\ln(1+\beta)}{T}$。

上述面板模型的估计是建立在各地区之间是相互独立的假设基础上的，然而，随着各地区之间经济要素流动日益频繁，彼此之间并非独立，而是存在空间依赖性，讨论β收敛也应充分考虑空间依赖问题。空间计量模型为讨论基于空间依赖的β收敛提供了解决方案，但已有研究大多仅考虑了因变量的空间滞后效应，而忽略了误差项也可能存在空间效应。本书同时考虑空间滞后效应和空间误差效应，建立β收敛的空间误差模型（SEM），绝对收敛和条件收敛模型分别表示为：

$$\ln\left(\frac{quality_{i,t+1}}{quality_{i,t}}\right) = \alpha + \beta\ln quality_{i,t} + \rho W_{ij}\ln\left(\frac{quality_{i,t+1}}{quality_{i,t}}\right) + \mu_i + \nu_t + \varepsilon_{it}$$

$$\varepsilon_{it} = \lambda W_{ij}\varepsilon_{it} + \eta_{it} \tag{7-10}$$

$$\ln\left(\frac{quality_{i,t+1}}{quality_{i,t}}\right) = \alpha + \beta\ln quality_{i,t} + \rho W_{ij}\ln\left(\frac{quality_{i,t+1}}{quality_{i,t}}\right) + \delta X + \mu_i + \nu_t + \varepsilon_{it}$$

$$\varepsilon_{it} = \lambda W_{ij}\varepsilon_{it} + \eta_{it} \tag{7-11}$$

W_{ij} 是空间权重矩阵，定义为两地距离 d 的平方的倒数，即：

$$W_{ij} = \begin{cases} \frac{1}{d_{ij}^2} & i \neq j \\ 0 & i = j \end{cases} \tag{7-12}$$

在回归前，先对空间权重矩阵用矩阵的特征值进行标准化。对于空间计量模型，使用普通最小二乘法无法得到一致估计。常见的估计方法是二阶段最小二乘法、广义矩估计法和极大似然法。Elhorst[①]（2014）系统总结了空间模型的估计方法，认为广义矩估计法对空间系数的估计具有偏误，极大似然法估计更有效。Lee 和 Yu[②]（2010）提出了基于极大似然法的包含固定效应的空间面板回归方法，接下来，本书将使用 Lee 和 Yu（2010）提出的极大似然法对空间模型进行估计。

（3）俱乐部收敛。根据 Barro 和 Sala – I – Martin（1991）对俱乐部收敛的定义，是指在经济增长的结构特征和初始条件均相似的经济个体之间收敛于相同的稳态。即将全球各个国家或一国内各区域划分为若干个结构特征相似的经济发展俱乐部，这样，每个俱乐部内部成员就具有相同的稳态，因而俱乐部内部成员向同一个均衡稳态收敛；由于不同的俱

① Elhorst J. P.，2014，Dynamic Spatial Panels：Models，Methods and Inferences［M］. Springer.

② Lee L.，Yu J.，2010，Estimation of Spatial Autoregressive Panel Data Models with Fixed Effects［J］. Journal of Econometrics，154（2），165 – 185.

乐部具有不同的均衡稳态，因此各个俱乐部间不发生收敛现象，这种收敛现象称为俱乐部收敛。其主要研究整体趋异而局部趋同的现象。简单来说，就是不同地区依其初始条件差异，会在发展上形成不同的俱乐部，俱乐部内部条件相似的地区在发展上会出现收敛。如果经济个体间存在俱乐部收敛，则个体的空间组合被称为收敛俱乐部。

需要特别指出的是，虽然俱乐部收敛与条件β收敛均要求经济个体具有相似的结构特征和初始条件，但两者存在截然不同的收敛机制。具体而言，条件β收敛要求每个经济个体长期收敛于各自的稳态，而收敛俱乐部的成员长期收敛于相同的稳态。俱乐部收敛意味着在全域范围内存在多重均衡。对于收敛俱乐部而言，俱乐部成员的经济增长不但依赖于自身的要素投入，而且同样受邻近空间单元经济因素的影响，因此，在进行俱乐部收敛分析时需同时考虑空间因素（Martin et al.，1998），进而衍生出空间俱乐部的概念。

俱乐部收敛拓展了收敛理论的空间，将收敛的研究从一个稳态拓展到多个稳态共存，越来越成为一种重要的收敛类型，并且同时融合了绝对收敛与条件收敛的双特征。一方面具有相似初始结构条件的国家或区域趋向同一稳态水平，具有绝对收敛特征；另一方面以结构特征相似为初始条件，又具有条件收敛特点。

在本书中，俱乐部收敛考察的是具有相似特征地区的收敛状况。下面将我国分为北部沿海、大西北地区、东北地区、东部沿海、黄河中游、南部沿海、西南地区、长江中游八个“俱乐部”，考察各地区内部高质量发展的收敛情况。

二、八大经济区域高质量发展的收敛情况

（一）八大经济区域高质量发展的σ收敛

根据σ收敛分析方法，全国及各地区的收敛系数如表7-1所示。从

全国层面看，2005—2008 年 σ 收敛系数持续下降，之后 2008—2010 年略微上升，2011—2018 年则是有增有减，波动较小。这表明全国范围内高质量发展水平出现了 σ 收敛。根据 σ 收敛系数的含义可知，高质量发展水平的地区差距有所缩小。东部沿海地区的 σ 收敛系数 2005—2014 年持续下降，2014—2018 年较为稳定，变化不大，出现了 σ 收敛。西南地区的 σ 收敛系数 2005—2011 年逐渐下降，2011—2018 年有增有减，较为稳定。可见，西南地区高质量发展水平也是收敛的。黄河中游地区的 σ 收敛系数 2005—2010 年有增有减，变化不大，2010—2013 年略有下降，从 2013 年开始，则是持续上升趋势。表明黄河中游地区没有出现 σ 收敛。北部沿海地区的 σ 收敛系数 2005—2014 年呈现出明显的持续下降趋势，2014—2018 年略有上升，高质量发展水平也是收敛的。东北地区的 σ 收敛系数 2005—2018 年呈现变化较大的持续下降趋势，其中 2011 年出现急剧下降，说明内部的高质量发展水平的差异一直在逐渐缩小，出现了 σ 收敛。大西北地区的 σ 收敛系数则是整体下降趋势，也出现 σ 收敛。长江中游地区的 σ 收敛系数 2005—2012 年持续下降，2012—2018 年有增有减，变化不大。可见，长江中游地区的高质量发展水平也是收敛的。南部沿海地区的 σ 收敛系数 2005—2018 年整体呈现持续均匀下降的趋势，也出现 σ 收敛。综上所述，无论是全国整体情况还是分地区情况，高质量发展水平几乎都出现了 σ 收敛，只有黄河中游地区是略微发散的，说明高质量发展地区不平衡情况有所改善。

表 7－1　　2005—2018 年 σ 收敛系数

年份	全国	东部沿海	西南地区	黄河中游	北部沿海	东北地区	大西北地区	长江中游	南部沿海
2005	0.2602	0.3829	0.4083	0.3404	0.4556	0.4096	0.3224	0.2275	0.5196
2006	0.2527	0.3802	0.4080	0.3325	0.4495	0.4006	0.3185	0.2162	0.5087
2007	0.2369	0.3775	0.3977	0.3336	0.4326	0.3732	0.3042	0.2101	0.5012
2008	0.2351	0.3742	0.3892	0.3349	0.4219	0.3398	0.2883	0.2082	0.4725

续表

年份	全国	东部沿海	西南地区	黄河中游	北部沿海	东北地区	大西北地区	长江中游	南部沿海
2009	0.2354	0.3627	0.3771	0.3478	0.4089	0.3052	0.2789	0.2003	0.4723
2010	0.2384	0.3428	0.3634	0.3517	0.3851	0.2784	0.2757	0.1774	0.4498
2011	0.2289	0.3212	0.3470	0.3399	0.3604	0.2289	0.2576	0.1551	0.4287
2012	0.2193	0.3103	0.3495	0.3239	0.3357	0.1985	0.2501	0.1527	0.4125
2013	0.2076	0.3043	0.3484	0.3067	0.3132	0.1733	0.2471	0.1533	0.4044
2014	0.2064	0.3079	0.3436	0.3113	0.3027	0.1478	0.2369	0.1593	0.4096
2015	0.2109	0.3225	0.3424	0.3279	0.3157	0.1219	0.2375	0.1875	0.4022
2016	0.2178	0.3242	0.3445	0.3328	0.3146	0.1032	0.2497	0.1987	0.4002
2017	0.2172	0.3177	0.3470	0.3472	0.3297	0.1073	0.2287	0.1633	0.4004
2018	0.2117	0.3125	0.3519	0.3676	0.3427	0.0999	0.2279	0.1557	0.3986

（二）八大经济区域高质量发展的β收敛

本书利用面板数据模型和空间误差模型对β收敛机制进行检验，表7－2是β绝对收敛的回归结果。结果显示，除南部沿海和北部沿海外，全国及分地区的β收敛系数均为负。在系数β的结果为负中，除东北地区和西南地区两个地区外，全国及其他地区的空间误差模型的显著性均通过显著性检验，说明这些地区的高质量发展水平存在β绝对收敛，这意味着高质量发展水平的增速正在趋同。从空间回归结果看，空间误差项的滞后系数λ，除西南地区未通过显著性检验、大西北地区仅通过10%显著性检验外，其他地区均通过1%显著性检验，说明周边地区的误差项对本地区的高质量发展水平也具有影响。由此可见，高质量发展水平确实存在空间效应。

表7－2　2005—2018年β绝对收敛回归结果

地区	模型	β		λ		R^2	伪R^2
全国	FE	−0.06***	(−4.86)			0.1318	
	SEM	−0.02**	(−1.98)	0.633***	−17.3		0.1233

续表

地区	模型	β		λ		R^2	伪 R^2
北部沿海	FE	-0.05	(-1.39)			0.0007	
	SEM	0.006	-1	0.343***	-10.37		0.0582
大西北地区	FE	-0.09***	(-2.93)			0.1688	
	SEM	-0.094***	(-2.63)	0.19*	-1.86		0.2111
东北地区	FE	-0.135**	(-2.5)			0.1005	
	SEM	-0.046	(-0.76)	0.326***	-3.2		0.0856
东部沿海	FE	-0.041*	(-1.71)			0.1145	
	SEM	-0.048*	(-1.72)	-0.115***	-12.04		0.0964
黄河中游	FE	-0.15***	(-5.73)			0.2915	
	SEM	-0.058*	(-1.86)	0.401***	-3.37		0.2535
南部沿海	FE	0.017	-0.78			0.0288	
	SEM	0.038***	-2.72	0.357***	-7.4		0.1677
西南地区	FE	-0.037	(-1.48)			0.0323	
	SEM	-0.026	(-1.36)	0.191	-1.08		0.1287
长江中游	FE	-0.0207**	(-2.15)			0.1221	
	SEM	-0.0176***	(-2.72)	0.364***	-3.13		0.1037

注：***、**、*分别表示1%、5%、10%的显著性水平。括号内为t统计量。

表7-3是β条件收敛的回归结果。在控制了产业结构、科技水平、开放程度等控制变量后，全国及大西北地区、东北地区、南部沿海、长江中游的β收敛系数显著为负，其他地区的β系数为正或不显著。说明这些地区的高质量发展水平存在明显的条件收敛，进一步证实了高质量发展水平的增长率在趋同。对于空间误差项的滞后系数λ，除西南地区仍未通过显著性检验外，全国及其他地区均通过1%的显著性检验，再次证明了高质量发展水平空间效应的存在。

表 7-3　　　　2005—2018 年 β 条件收敛回归结果

地区	模型	β		λ		R^2	伪 R^2
全国	FE	-0.07***	(-2.69)			0.2041	
	SEM	-0.056**	(-2)	0.608***	-11.95		0.1931
北部沿海	FE	0.068	-0.63			0.0221	
	SEM	0.019	-0.32	0.3189***	-12.23		0.0982
大西北地区	FE	-0.09**	(-1.96)			0.2132	
	SEM	-0.079**	(-2.06)	0.2081***	-2.65		0.2111
东北地区	FE	-0.3314**	(-2.16)			0.0764	
	SEM	-0.2122***	(-3.58)	0.3192***	-3.5		0.2256
东部沿海	FE	0.06	-0.58			0.0695	
	SEM	0.052	-0.71	0.1338***	-4.86		0.2064
黄河中游	FE	-0.073*	(-1.66)			0.3937	
	SEM	-0.0302	(-0.48)	0.3762***	-3.17		0.3535
南部沿海	FE	-0.25*	(-1.83)			0.0232	
	SEM	-0.058***	(-5.48)	0.337***	-5.59		0.1077
西南地区	FE	0.221**	-2.48			0.0699	
	SEM	0.107	-1.15	0.194	-0.95		0.1177
长江中游	FE	-0.148**	(-2.36)			0.0388	
	SEM	-0.0435***	(-2.83)	0.298***	-3.21		0.1637

注：***、**、*分别表示 1%、5%、10% 的显著性水平。括号内为 t 统计量。

（三）八大经济区域高质量发展的俱乐部收敛

本书根据地理位置，将全国划分为北部沿海、大西北地区、东北地区、东部沿海、黄河中游、南部沿海、西南地区、长江中游八个“俱乐部”，根据上文中的分地区回归结果，对俱乐部收敛情况进行分析。对于 σ 收敛，由系数的变化趋势可知，除黄河中游之外，各地区的高质量发展水平均出现收敛现象。对于地区内部来说，高质量发展的不平衡有所缓解。从 β 绝对收敛的检验结果来看，除南部沿海、北部沿海、东北地区、西南地区四个地区外，各地区都表现出显著的收敛性质，表明高质量发展水平的增长率逐渐趋同。从β条件收敛的检验结果来看，全国及大西北地区、东北地区、黄河中游、南部沿海、长江中游的高质量发展水平存在明显的条件收敛。而且，各地区的收敛机制也表现出地区异质性。

一是收敛速度方面。收敛速度衡量的是高质量发展水平达到稳定水平的快慢。基于空间误差模型的条件收敛计算可知，全国、大西北地区、东北地区、南部沿海、长江中游的收敛速度分别为0.0041、0.0058、0.0137、0.0040、0.0031。东北地区的收敛速度最快，其次是大西北地区，两地区的收敛速度均超过全国整体水平，而长江中游地区的收敛速度最慢。这是因为东北地区省份数量最少，且各省份之间发展程度比较平均，所以收敛速度较快；长江中游地区位处我国中部，各省份之间发展程度具有一定的差异，因此影响其收敛速度。

二是空间效应方面。对于空间误差滞后项的系数，除西南地区不显著外，其他地区均是正值。空间误差项是指模型之外、不易观测的对经济增长质量有影响的诸多变量。除西南地区之外，其他地区误差的滞后效应为正，表明在这些经济区域中周边省份的经济变量对本省的高质量发展具有促进作用。

接下来，按照Choi（2002）提出的单位根检验收敛性的分析方法，本书选用Fisher-ADF检验、IPS检验、Hadri检验三种不同的单位根检验方法进一步分析，若Fisher-ADF检验、IPS检验均拒绝原假设，且Hadri检验未拒绝原假设，则可以认为所有序列均为平稳随机过程，即变量之间具有随机收敛的趋势。

全局收敛检验结果表明，北部沿海、黄河中游、东部沿海、西南地区的高质量发展水平的差值均不呈收敛趋势，进而检验各地区内部部分省份是否可构成收敛子集。参考刘华军和杜广杰（2017）随机收敛的俱乐部识别方法，通过全子集路径的方法来识别地区内的收敛俱乐部。首先从北部沿海地区内剔除一个省份组成新的集合并验证其收敛性，若不收敛，则再剔除一个省份构成集合再次验证其收敛性。以上过程将持续进行直到发现某一子集呈随机收敛趋势。为了增加检验结果的稳健性，我们依旧采取 Fisher – ADF 检验、IPS 检验、Hadri 检验三种不同的单位根检验方法进行检验。

表 7 – 4 是北部沿海、黄河中游、东部沿海、西南地区四个地区的随机收敛俱乐部检验结果。从检验结果来看，黄河中游地区内部分省份构成的集合中，均没有同时满足 Fisher – ADF 检验、IPS 检验拒绝原假设且 Hadri 检验未拒绝原假设的集合，即均不存在随机收敛子集。结果表明，黄河中游地区内部省份间不存在高质量发展水平的收敛性特征，存在分异化特征。而北部沿海地区内部的北京和天津构成的集合（剔除河北、山东后）存在俱乐部收敛。东部沿海地区内部的上海、浙江构成的集合（剔除江苏后）存在俱乐部收敛，西南地区内部的广西、贵州、四川、云南构成的集合（剔除重庆后）存在俱乐部收敛。说明这些集合的省份间存在高质量发展水平的收敛性特征。

表 7 – 4　　2005—2018 年随机收敛俱乐部检验结果

地区	Fisher – ADF	IPS	Hadri
北部沿海—北京	0.0000	0.0398	0.0237
北部沿海—河北	0.0000	0.0000	0.2307
北部沿海—山东	0.0000	0.0002	0.2737
北部沿海—天津	0.0000	0.0208	0.0431
黄河中游—河南	0.0008	0.0173	0.0000
黄河中游—内蒙古	0.0442	0.0650	0.0000
黄河中游—山西	0.0085	0.0389	0.0000
黄河中游—陕西	0.0003	0.0115	0.0000
东部沿海—江苏	0.0000	0.0000	0.7593
东部沿海—上海	0.0000	0.0008	0.0242
东部沿海—浙江	0.0624	0.1777	0.0369

续表

地区	Fisher - ADF	IPS	Hadri
西南地区—广西	0.0000	0.0000	0.0108
西南地区—贵州	0.0000	0.0000	0.0903
西南地区—四川	0.0000	0.0000	0.0719
西南地区—云南	0.0000	0.0000	0.0982
西南地区—重庆	0.0000	0.0000	0.1716

本章小结

本章主要对我国省域高质量发展进行了收敛性分析。首先，从空间收敛性的理论和方法出发，本章主要介绍了三种空间计量的模型，分别是空间自回归模型、空间误差模型和空间杜宾模型。空间自回归模型主要用于研究相邻机构或地区的行为对整个系统内其他机构或地区的行为都有影响的情形；空间误差模型描述了空间扰动相关和空间总体相关，主要目的是解决包含遗漏变量所带来的偏误；空间杜宾模型是空间滞后模型和空间误差模型的组合扩展形式。收敛性分析是研究我国省域差异性的重要方法。大体来说，常用的收敛分析方法主要有 σ 收敛、β 收敛和俱乐部收敛。σ 收敛通常通过单一指标或者组合指标反映，β 收敛和俱乐部收敛则是通过计量模型进行分析。

其次，对八大经济区分别进行 σ 收敛和 β 收敛，分析高质量发展的收敛情况。根据 σ 收敛分析方法，计算 2005 年到 2018 年全国各地区的收敛系数。从全国层面看，2005—2008 年 σ 收敛系数持续下降，2008—2010 年略微上升，2011—2018 年则是有增有减，波动较小。这表明全国范围内高质量发展水平出现了 σ 收敛，即地区高质量发展的差距有所缩小。分地区情况来看，高质量发展几乎都出现了 σ 收敛，只有黄河中游地区是略微发散的，说明高质量发展的地区不平衡情况有所改善。

最后，从空间收敛的β收敛机制进行分析，利用面板数据模型和空间误差模型对β收敛机制进行检验。结果表明，除南部沿海和北部沿海外，全国及分地区的β收敛系数均为负。除东北地区和西南地区外，全国及其他地区的空间误差模型的显著性均通过10%的显著性检验，说明这些地区的高质量发展存在β绝对收敛，这意味着高质量发展水平的增速正在趋同。

综上所述，从空间收敛性的回归结果看，高质量发展中确实存在空间效应。全国范围内高质量发展存在σ收敛和β收敛，八大经济区几乎都存在收敛性，而且周边地区的误差项对本地区的高质量发展水平也有影响。

第八章　中国省域高质量发展的因果分析

在上一章中，我们基于三种空间计量模型，分析了八大经济区的 σ 收敛、β 收敛和俱乐部收敛情况，对我国省域高质量发展收敛性进行了研究。

高质量发展水平与经济发展间存在同步作用，以 2005—2018 年中国的发展为例，我国的发展共经历三个时期，分别是经济高速增长时期（2005—2008 年）、经济调整时期（2009—2012 年）和经济高质量发展时期（2013—2018 年）。在经济高速增长时期，各省份的经济增长速度均较快，但发展质量不能得到充分保障；在经济调整时期，各省份的经济增速有所减缓，GDP 增速整体下降，政府实施了各种经济刺激政策，高质量发展水平有所提升；在经济高质量发展时期，各省份的经济发展速度明显放缓，开始转向追求高质量发展的新阶段。

本章通过协调度研究，讨论指标协调度和区域协调度这两个指标，即对各省份经济建设、创新水平、生态环境、社会建设和政府治理五个子系统研究的指标协调度，和按地理位置划分为东北地区、东部沿海、北部沿海、南部沿海、大西北地区、西南地区、长江中游、黄河中游八大区域的区域协调度。借助指数分解，通过分析各维度对高质量发展的贡献，指出高质量发展的提升路径。

一、高质量发展水平与经济发展的同步分析

本书采用高质量发展水平与GDP增速两个指标构建二维矩阵（见图8－1），高质量发展水平与GDP增速均为平均值。根据两个指标的高低值划分了四种组合，不同的组合代表了不同地区的发展状况。

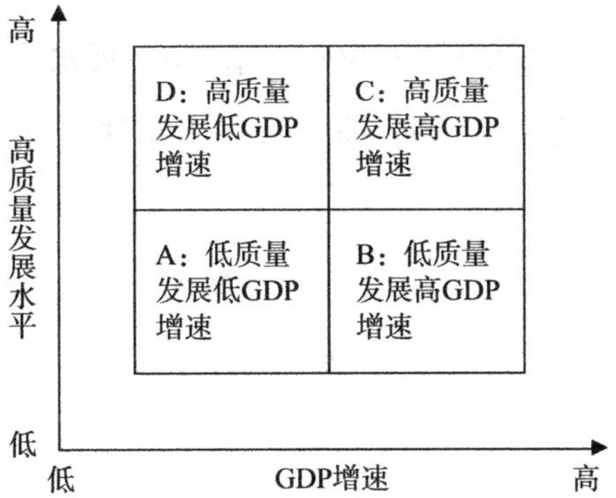

图8－1　高质量发展水平与GDP增速二维矩阵

本书将2005—2018年分为三个时期：第一个时期为经济高速增长时期（2005—2008年），这个时期中国经济增速都在9%以上，并且增速持续走高，最高达到2007年的14.23%。第二个时期为经济调整时期（2009—2012年），这个时期受国际金融危机的影响，经济增速开始放缓，进入调整时期。政府为避免经济大幅下滑，实施了各种经济刺激政策，使得GDP增速仍然达到了7%以上，说明这个时期政府仍然没有放弃对经济增速的追求。虽然政府与社会各界都意识到经济需要进行结构性调整，即从依赖投资和外需转为依靠内需和技术进步，但为了避免经济硬着陆，维护社会稳定，政府仍没有完全放弃刺激经济的政策。第三个时期为追求经济高质量发展时期（2013—2018年），这个阶段中国经济步入中高速增长时期，2013年中国经济增速下降到7.77%，2016年至2018

年下降到7%以下，说明政府逐渐放弃追求经济增速，开始进入追求提升经济增长质量的新时期。下面本书的内容将基于这三个阶段进行：图8－2报告了经济高速增长时期（2005—2008年）各省份高质量发展水平与GDP增速的二维矩阵结果，图8－3报告了经济调整时期（2009—2012年）各省份高质量发展水平与GDP增速的二维矩阵结果，图8－4报告了追求经济高质量发展时期（2013—2018年）各省份高质量发展水平与GDP增速的二维矩阵结果。其中，高质量发展水平本书设定高低的分界值为4.9，GDP增速分界值设为10%，高质量发展水平高于4.9即为高质量发展省份，GDP增速高于10%即为高GDP增速省份。

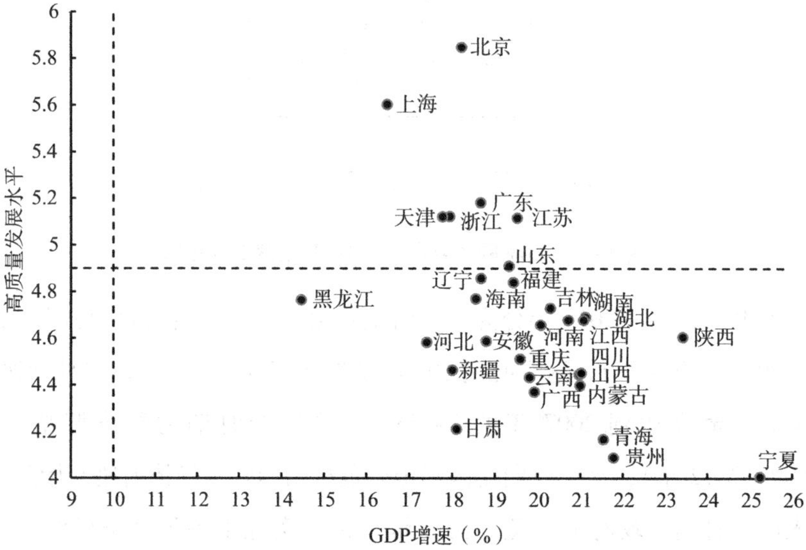

图8－2　经济高速增长时期高速增长与高质量增长的空间特征

从图8－2中可以看出，2005—2008年的经济高速增长时期，大多数省份的GDP增速在15%以上。经济高速增长时期所有省份都在B和C区域，处于C区域的有7个省份，分别为北京、上海、广东、天津、浙江、江苏和山东，其余省份都处于B区域，没有省份处于A和D区域。从以上数据可以看出：75%以上的省份都位于低质量发展区域，而高 GDP 增速区域的省份达 100%，在保持高速增长的同时还能保持高质量发展的省份比例只有 23%。这说明该时期中国的高速增长是粗放式的增长，忽视了质量的提高。

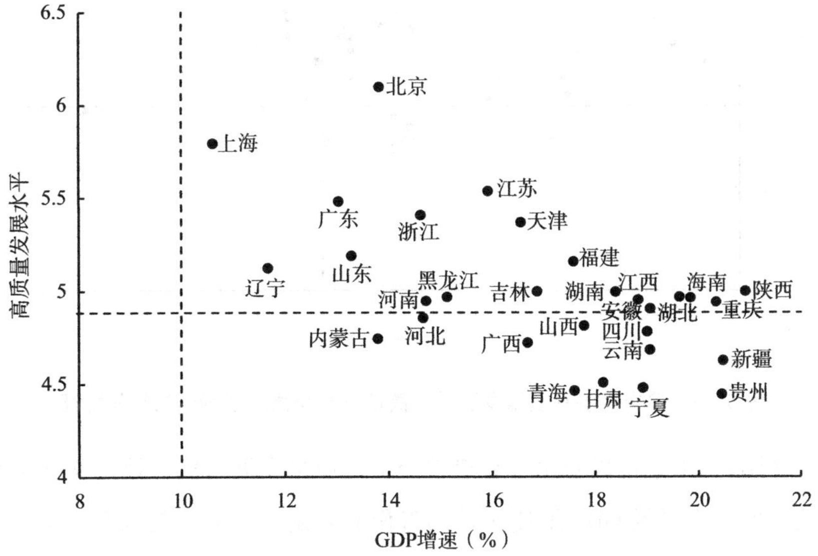

图 8－3 经济调整时期高速增长与高质量增长的空间特征

从图 8－3 中可以看出，经济调整时期所有省份均处于 B 和 C 区域，其中，有 19 个省份处于 C 区，即处于高质量发展水平高 GDP 增速区域；其余 11 个省份均处于 B 区域，即低质量发展水平高 GDP 增速区域。经济调整时期与经济高速增长时期变化不大，所有省份 GDP 增速仍高于 10%，但相对于经济高速增长时期，经济调整时期的 GDP 增速相对较低。同时，经济调整时期处于高质量发展水平的省份有所增加，从经济高速增长时期的 7 个增加到 19 个。这说明从经济高速增长时期到经济调整时期，各省份的主要精力仍然在经济发展增速上面。同时，对于经济高质量的关注也大大增加。

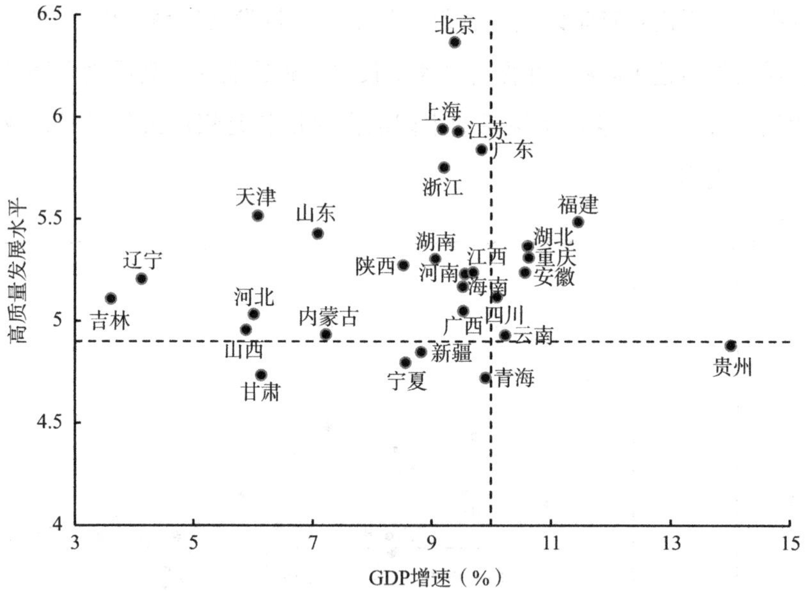

图 8－4　追求经济高质量发展时期高速增长与高质量增长的空间特征

从图 8－4 中可以看出，在追求经济高质量发展时期，处于 A 区域即低质量发展水平低 GDP 增速区域的省份有甘肃、宁夏、新疆和青海；贵州省处于 B 区域即低质量发展水平高 GDP 增速区域；有 6 个省份处于 C 区域即高质量发展水平高 GDP 增速区域，分别为福建省、湖北省、重庆省、安徽省、四川省、云南省；而绝大多数省份进入了 D 区域，即北京、上海、江苏、广东、浙江、天津、山东、湖南等省份均进入了高质量发展水平低 GDP 增速区域。此外，追求经济高质量发展时期相对经济调整时期发生了很大的变化，从位于低质量发展水平高 GDP 增速区域的省份占绝大多数变为高质量发展水平低 GDP 增速区域的省份占绝大比例；同时，各省份呈现从高 GDP 增速到低 GDP 增速，低质量发展水平到高质量发展水平的趋势。这表明在追求经济高质量发展时期，各省份发展重心日益从经济发展增速放到了经济高质量发展上面，即从高速发展向高质量发展过渡。

通过上述对三个不同发展时期我国各省份高速增长与高质量增长特征的分析，可以得出以下结论：第一，经济高速增长时期，各省份的经济增长速度均较快，但忽视了经济发展的质量，除个别省份外，高质量发展水平均处在低速发展阶段。经济高速增长时期我国的经济发展技术水平有限，资源利用率较低，导致经济发展的质量不能得到充分保障，经济发展依旧是粗放型的发展。第二，经济调整时期，各省份的经济增速有所减缓，GDP 增速整体下降，高质量发展水平有所提升，有更多的省份进入高质量发展阶段，但与经济高速增长时期相比，变化仍不明显。这是由于 2008 年金融危机之后，政府采取一系列举措维持经济的高速发展，但随之而来的是产能过剩等问题，从而阻碍了我国经济向高质量发展阶段迈进的步伐。第三，追求经济高质量发展时期，60% 的省份都进入经济低速增长和高质量高速发展阶段，各省份的经济发展速度明显放缓，开始转向追求高质量发展的新阶段。该阶段我国经济达到了较高的水平，科技水平开始处于世界领先地位，并且更加重视环境污染的防范与治理，经济迈入高质量发展阶段。各省份在经济发展的过程中不再将经济发展的“量”作为唯一的目标，而是更加重视经济发展的“质”。

二、高质量发展子系统的协调分析

（一）协调度模型理论

1. 协调度相关概念

（1）指标协调度与区域协调度。本书协调度研究分为两类：一类是对各省份经济建设、创新水平、生态环境、社会建设和政府治理五个子系统的协调度研究，将该协调度定义为指标协调度。另一类是区域协调，将我国按地理位置划分为东北地区、东部沿海、北部沿海、南部沿海、大西北地区、西南地区、长江中游、黄河中游八大区域，研究每个区域内的省际协调度，将该协调度定义为区域协调度。

（2）协调度指标的计算。各指标表示如下：

D：协调度，研究整体的协调发展程度。

C：协调度系数，反映各子系统互相影响、互相协调的程度。

T：综合协调指数，反映子系统整体发展程度。

U_i：协调度研究涉及的各个子系统。

U_{ij}：第 i 个子系统的第 j 个指标变量，其具体取值为 X_{ij}。

协调度模型根据不同模型选择的研究方法，如耦合度模型，确定协调度系数 C。一组高质量发展水平都低的系统与另一组高质量发展水平都高的系统可能都具有高协调度系数，这会出现协调度系数难以区分的情况，因此需要增加协调指数 T 反映系统整体发展水平。最终协调度的计算公式为：

$$D = \sqrt{C \times T} \tag{8-1}$$

其中，$T = \gamma_1 U_1 + \gamma_2 U_2 + \cdots + \gamma_n U_n$。

协调等级的评定标准如表 8－1 所示。

表 8－1　　协调等级评定标准

协调等级	协调度 D	协调等级	协调度 D
极度失调	(0，0.1]	勉强协调	(0.5，0.6]
严重失调	(0.1，0.2]	初级协调	(0.6，0.7]
中度失调	(0.2，0.3]	中级协调	(0.7，0.8]
轻度失调	(0.3，0.4]	良好协调	(0.8，0.9]
濒临失调	(0.4，0.5]	优质协调	(0.9，1]

2. 耦合度模型的介绍

耦合是指两个及两个以上的系统（要素）通过某些交互作用产生的相互影响的物理现象。模块之间的关联程度，即依赖性的度量叫耦合度。实证研究中常使用耦合度函数测度系统间耦合关系的强弱，耦合度越高，系统结构有序性越强，关系越趋于稳定。经过统计学延伸，建立耦合度模型用于度量系统之间互相依赖、互相促进、彼此协调的程度，在研究社会系统之间相互影响的程度上有着广泛的应用。

耦合度（协调度系数）的计算公式为：

$$C_n = \sqrt[n]{\frac{U_1 \times U_2 \times \cdots \times U_n}{\prod (U_i + U_j)}} (i \neq j) \tag{8-2}$$

因为 $U_i + U_j \geqslant 2\sqrt{U_i \times U_j}$，则有 $\prod (U_i + U_j) \geqslant 2^n \prod U_k$，其中 $k = 1,2,\cdots,n$。代入式（8－1）有：$C_n \leqslant \sqrt[n]{\frac{1}{2^n}} = \left(\frac{1}{2^n}\right)^{\frac{1}{n}} = \frac{1}{2}$。因此，$C_n$ 取值范围为［0，1/2］，其最大值为1/2，容易出现耦合度被低估的情况，因此采用公式（8－2）：

$$C_2 = C_n = \left[\frac{U_1 \times U_2 \times \cdots \times U_n}{\left(\frac{U_1 + U_2 + \cdots + U_n}{n}\right)^n}\right]^{\frac{1}{n}} \tag{8-3}$$

式（8－3）中，因为 $\frac{U_1 + U_2 + \cdots + U_n}{n} \geqslant \sqrt[n]{U_1 \times U_2 \times \cdots \times U_n}$，得 C_2 取值为［0，1］，耦合度取值最高为1，相比采用式（8－1）降低了耦合度被低估的概率，便于分析。

同样，为反映系统之间协调发展情况，加入协调指数 T，并得到耦合协调度：

$$D_2 = \sqrt{C_2 \times T} \tag{8-4}$$

（二）省域高质量发展的子系统协调度分析

指标协调度是对五个准则层指标的协调分析。借助耦合度模型研究某地区不同发展领域的系统间互动关系，本书用于各省份基于高质量发展背景下的经济建设、创新水平、生态环境、社会建设和政府治理子系统下的指标协调分析。为便于时空对比分析，本书计算了2005—2018年度中国各省份的指标协调度，如表8-2所示。

表8-2　2005—2018年各地区指标协调度计算结果

省份＼年份	2005	2007	2009	2011	2013	2015	2017	2018
北京	0.849	0.877	0.911	0.930	0.955	0.970	0.978	0.991
天津	0.642	0.625	0.621	0.620	0.477	0.479	0.635	0.666
山东	0.518	0.537	0.597	0.574	0.592	0.593	0.618	0.592
河北	0.426	0.391	0.485	0.362	0.418	0.350	0.361	0.391
北部沿海	0.609	0.608	0.653	0.621	0.610	0.598	0.648	0.660
宁夏	0.220	0.225	0.256	0.222	0.336	0.324	0.209	0.249
新疆	0.364	0.393	0.431	0.299	0.281	0.335	0.389	0.404
甘肃	0.311	0.283	0.299	0.215	0.278	0.271	0.278	0.270
青海	0.296	0.320	0.338	0.253	0.307	0.248	0.351	0.302
大西北地区	0.298	0.305	0.331	0.247	0.301	0.294	0.307	0.306
吉林	0.385	0.435	0.518	0.459	0.466	0.380	0.446	0.436
辽宁	0.500	0.522	0.577	0.534	0.571	0.505	0.504	0.521
黑龙江	0.381	0.343	0.491	0.407	0.364	0.340	0.364	0.333
东北地区	0.422	0.433	0.528	0.466	0.467	0.408	0.438	0.430
上海	0.796	0.817	0.840	0.845	0.835	0.823	0.902	0.884
江苏	0.600	0.642	0.697	0.723	0.768	0.779	0.823	0.813
浙江	0.638	0.666	0.706	0.724	0.760	0.750	0.772	0.785
东部沿海	0.678	0.708	0.748	0.764	0.788	0.784	0.832	0.827
内蒙古	0.418	0.431	0.442	0.391	0.400	0.328	0.402	0.402
山西	0.326	0.386	0.306	0.385	0.387	0.313	0.295	0.316
河南	0.385	0.350	0.501	0.420	0.448	0.439	0.507	0.513
陕西	0.391	0.426	0.504	0.470	0.561	0.554	0.539	0.577
黄河中游	0.380	0.398	0.438	0.416	0.449	0.409	0.436	0.452
广东	0.630	0.674	0.709	0.702	0.748	0.746	0.760	0.769
海南	0.414	0.443	0.503	0.518	0.529	0.497	0.457	0.501

续表

省份＼年份	2005	2007	2009	2011	2013	2015	2017	2018
福建	0.539	0.561	0.601	0.618	0.654	0.654	0.670	0.683
南部沿海	0.528	0.559	0.604	0.613	0.643	0.632	0.629	0.651
云南	0.358	0.271	0.391	0.327	0.292	0.290	0.337	0.312
四川	0.317	0.194	0.420	0.380	0.446	0.293	0.445	0.505
广西	0.266	0.317	0.293	0.325	0.414	0.379	0.429	0.433
贵州	0.180	0.178	0.210	0.211	0.229	0.276	0.329	0.428
重庆	0.276	0.337	0.386	0.387	0.521	0.573	0.574	0.590
西南地区	0.279	0.260	0.340	0.326	0.380	0.362	0.423	0.454
安徽	0.369	0.386	0.477	0.444	0.496	0.510	0.516	0.556
江西	0.323	0.339	0.471	0.384	0.452	0.432	0.503	0.534
湖北	0.385	0.445	0.527	0.486	0.539	0.571	0.626	0.636
湖南	0.380	0.396	0.501	0.424	0.438	0.406	0.521	0.539
长江中游	0.364	0.391	0.494	0.434	0.481	0.480	0.541	0.566
全国	0.429	0.455	0.440	0.495	0.500	0.485	0.468	0.492

由表 8－2 可知，2005—2018 年，我国大部分省份的指标协调度随着时间的推移逐渐上升，东部沿海、北部沿海和南部沿海地区发展较为领先，其中，东部沿海地区居于首位；长江中游、黄河中游、西南地区的一些省份近几年开始凸显；大西北地区和东北地区的省份协调度波动较大，上升缓慢，甚至出现了协调度下降的现象。

为了分析不同区域的指标协调度情况，按地理位置将我国分为北部沿海、大西北地区、东北地区、东部沿海、黄河中游、南部沿海、西南地区和长江中游八大经济区域，对每个区域的协调发展趋势、协调等级变化等进行分析，图 8－5 展现了 2005—2018 年八大区域指标协调度的变化情况。

东部沿海地区指标协调度从 2005 年的初级协调发展到 2018 年的良好协调，协调程度居于八大区域的首位。南部沿海的指标协调度从 2005 年

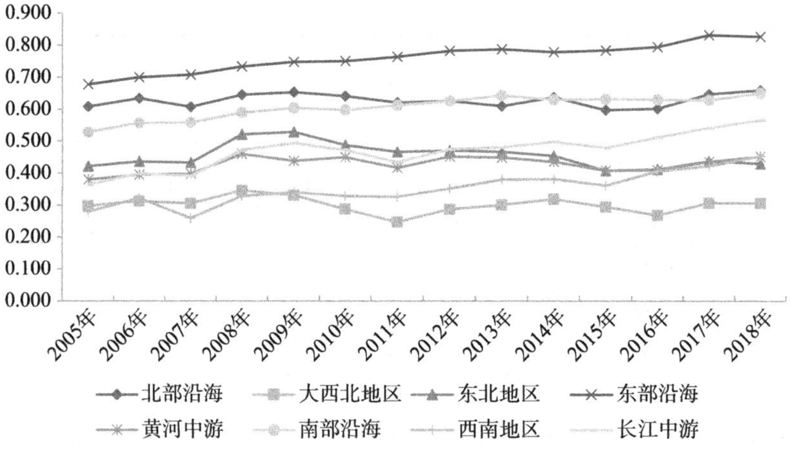

图 8-5　八大区域的指标协调度趋势

的勉强协调发展到 2018 年的初级协调。而北部沿海的指标协调度随着时间推移有小幅的上下波动，但始终处于初级协调状态。这三个沿海地区的协调程度远高于其他区域，这是因为沿海省份的交通发达且方便海内外贸易，经济建设水平始终高于其他地区，创新水平与生态建设也是沿海地区协调发展的突出优势。但沿海地区流动人口比重较大，社会保障水平较低的外来务工人口流入多，造成了社会保障不充分、贫富差距大等问题。

从 2005 年到 2018 年，我国长江中游地区的指标协调度等级从轻度失调发展到勉强协调，在近几年的指标协调水平仅次于沿海地区。我国西南地区的指标协调度从 2005 年的中度失调发展到 2018 年的勉强协调。东北地区、黄河中游及大西北地区的指标协调度基本没有变化。东北地区是老工业基地，该地区的生态建设水平与其他地区相比较低，这也进一步影响了协调发展的水平。

（三）八大经济区域高质量发展的子系统协调度分析

我国八大经济区域都有自己独特的地理环境，也有着不同的协调发展程度。区域协调度是分别针对八大区域的研究，以地区内的不同省份作为子系统，每个省份的指标协调度作为每个子系统的代表指标。

本书以八大经济区域内各省份指标协调度的算术平均值作为区域协调的中心值，并利用耦合度模型来衡量系统间协调程度，再进一步分析八大区域协调发展情况。

从图 8 –6 的区域协调度趋势可以看出，东部沿海、北部沿海和南部沿海的区域协调度发展速度在八大区域中居于前三位，从 2005 年到 2018 年，东部沿海增长了 22%，北部沿海增长了 8.46%，南部沿海增长了 23.33%。由于沿海地区经济发达，创新水平高，高质量发展水平也较高，因此整体的协调发展水平较高。

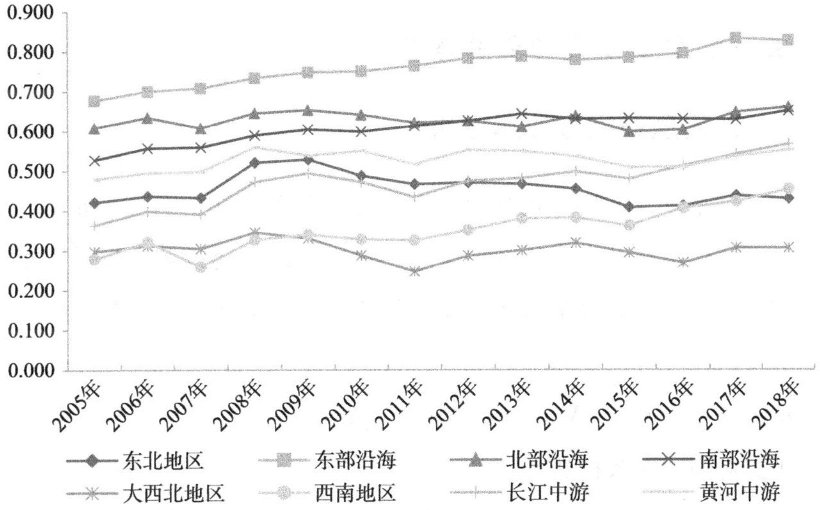

图 8 –6　八大区域的区域协调度趋势

黄河中游与长江中游这两个中部地区 2015—2018 年的区域协调度接近，均在 0.55 左右，仅次于沿海地区。其中，长江中游区域协调度发展速度最快，从 2005 年到 2018 年增长了 55%，黄河中游增长了 15%。由于中部地区省份大多位于从东部沿海向内延伸的平原地区，易于城市的扩张，又与沿海省份相邻，因此协调发展程度仅次于沿海地区。

东北地区的区域协调度随着时间的推移出现小范围波动，2018 年的区域协调度基本与 2005 年保持一致，没有明显的上升趋势，究其原因，可能是东北三省份之间的协调关联度不够，自从东北重工业基地走向衰退后，东北三省份的发展也受到重创，从而使东北地区的协调发展也受到影响。

西南地区和大西北地区的区域协调度均较低，其中，大西北地区居于末位，但西南地区的协调发展速度较快。西部地区多位于我国高原地带，有着环境恶劣的高寒地区和沙漠地带，因此发展受到一定的限制，区域协调发展也受到影响。

三、高质量发展的提升路径

（一）高质量指数分解方法

借鉴刘军等（2018）的研究，利用方差分解方法对高质量指数进行分解，测定经济建设、创新水平、生态环境、社会建设和政府治理的差异对高质量发展的差异的贡献程度，探索高质量发展的提升路径。具体公式如下：

$$HQD = ECO \times INN \times ENV \times SOC \times GOV \tag{8-5}$$

上式两边取对数得到：

$$In(HQD) = In(ECO) \times In(INN) \times In(ENV) \times In(SOC) \times In(GOV) \tag{8-6}$$

利用方差性质得到：

$$\begin{aligned} var(HQD) = & cov(In(HQD), In(ECO)) + cov(In(HQD), In(INN)) \\ & + cov(In(HQD), In(ENV)) + cov(In(HQD), In(SOC)) \\ & + cov(In(HQD), In(GOV)) \end{aligned} \tag{8-7}$$

两边同时除以 $var(HQD)$，变形为：

$$1 = \frac{cov(In(HQD),In(ECO))}{var(HQD)} + \frac{cov(In(HQD),In(INN))}{var(HQD)} + \frac{cov(In(HQD),In(ENV))}{var(HQD)} + \frac{cov(In(HQD),In(SOC))}{var(HQD)} + \frac{cov(In(HQD),In(GOV))}{var(HQD)} \tag{8-8}$$

根据上式依次可以得到经济建设、创新水平、生态环境、社会建设和政府治理的差异对高质量发展的差异的贡献，并对高质量发展差异的结构来源进行分解。

(二) 各维度对高质量发展提升的贡献

下面对分阶段的2005—2018年各方面指标对高质量发展总体质量提升的贡献情况进行分析。

如表8-3所示，从北部沿海地区各方面指标推动高质量发展的贡献率来看，各指标在各阶段均推动了高质量发展质量的提高，经济建设指标贡献率随着阶段变化逐渐降低，由第一阶段的17.66%降低至第三阶段的17.20%，说明经济发展正从注重“量”的发展过渡到注重“质”的发展；创新水平指标的贡献率有所降低，2005—2008年为12.45%，2013—2018年变为12.22%；生态环境指标的贡献率在各指标中占比最高，表明生态环境保护对高质量发展有着重要的影响；社会建设指标的贡献率随着时间的推移逐渐增长，2013—2018年提升至25.59%，以基本医疗、养老和失业保险为代表的社会保险参与率稳步提升；政府治理指标的贡献率随着时间的推移先下降后上升，呈现“U”形曲线的特征，随着简政放权的持续推进，社会营商环境大幅改善，同时反腐败力度加大，社会清廉指数稳步提升。

表 8-3　2005—2018 年北部沿海分阶段的各方面指标对高质量发展提升的贡献

项目	2005—2008 年	2008—2013 年	2013—2018 年
经济建设	17.66%	17.37%	17.20%
创新水平	12.45%	12.35%	12.22%
生态环境	35.16%	34.87%	33.94%
社会建设	23.73%	24.50%	25.59%
政府治理	11.00%	10.92%	11.06%

如表 8-4 所示，从大西北地区各方面指标推动高质量发展的贡献率来看，经济建设指标随着时间的推移先下降后上升，呈现出“U”形曲线的特征；创新水平指标的贡献率逐阶段降低，且在大西北地区创新水平对高质量发展水平的提升作用相比于其他地区较低，这与大西北地区资源有限、技术限制有关；生态环境指标的贡献率随着时间的推移先上升后下降，呈现倒“U”形曲线的特征；社会建设指标的贡献率随着时间推移逐步上升，在 2013—2018 年这一阶段达到 26.46%；政府治理指标对西北地区高质量发展的贡献率逐阶段下降，由 2005—2008 年的 9.77% 下降至 2013—2018 年的 9.11%。

表 8-4　2005—2018 年大西北地区分阶段的各方面指标对高质量发展提升的贡献

维度	2005—2008 年	2008—2013 年	2013—2018 年
经济建设	18.18%	17.70%	17.87%
创新水平	11.80%	11.10%	10.63%
生态环境	35.86%	36.88%	35.93%
社会建设	24.38%	24.99%	26.46%
政府治理	9.77%	9.34%	9.11%

如表 8-5 所示，东北地区的经济建设和生态环境指标对高质量发展

提升的贡献率随着时间推移先下降后上升，呈现“U”形曲线的特征；社会建设指标的贡献率在各个阶段逐步上升，且在五个指标中对高质量发展的贡献率占比较大；而创新水平和政府治理指标的贡献率随时间推移逐渐下降。

表8-5 2005—2018年东北地区分阶段的各方面指标对高质量发展提升的贡献

维度	2005—2008年	2008—2013年	2013—2018年
经济建设	16.46%	16.30%	16.38%
创新水平	11.32%	10.86%	10.48%
生态环境	37.56%	37.55%	36.75%
社会建设	24.57%	25.24%	26.67%
政府治理	10.09%	10.05%	9.72%

如表8-6所示，从东部沿海地区各方面指标推动高质量发展的贡献率来看，经济建设和生态环境指标的贡献率随着时间的推移逐渐下降，社会建设和政府治理指标对高质量发展的贡献率逐渐上升，创新水平指标对高质量发展的贡献率在2008—2013年达到最高，为13.49%。

表8-6 2005—2018年东部沿海分阶段的各方面指标对高质量发展提升的贡献

维度	2005—2008年	2008—2013年	2013—2018年
经济建设	17.86%	17.43%	17.12%
创新水平	13.00%	13.49%	13.46%
生态环境	35.53%	34.84%	33.79%
社会建设	23.16%	23.70%	24.63%
政府治理	10.45%	10.54%	11.01%

如表8-7所示，从黄河中游地区各方面指标推动高质量发展的贡献率来看，经济建设指标的贡献率在2005—2008年占17.39%，2008—2013年和2013—2018年经济建设贡献率逐渐趋于稳定，大致在16.72%

左右；创新水平指标的贡献率随着时间的推移逐渐降低；生态环境指标和政府治理指标的贡献率随着时间推移先上升后下降，呈现倒“U”形曲线的特征；社会建设指标的贡献率占比不断增大。

表 8－7　　2005—2018 年黄河中游分阶段的各方面指标对高质量发展提升的贡献

维度	2005—2008 年	2008—2013 年	2013—2018 年
经济建设	17.39%	16.72%	16.73%
创新水平	11.48%	11.07%	10.78%
生态环境	36.26%	36.92%	35.95%
社会建设	24.18%	24.55%	25.94%
政府治理	10.69%	10.74%	10.59%

如表 8－8 所示，从南部沿海地区各方面指标推动高质量发展的贡献率来看，经济建设指标的贡献率随着时间推移逐渐下降，2013—2018 年为 16.95%；创新水平、社会建设和政府治理指标对高质量发展提升的贡献率不断上升，其中，社会建设指标在 2013—2018 年的贡献率较上一阶段上升明显，从 22.98% 上升到 24.33%，而生态环境指标的贡献率由 2005—2008 年的 38.25% 降低至 2013—2018 年的 36.22%，但在各指标中对高质量发展的贡献率仍然最大。

表 8－8　　2005—2018 年南部沿海分阶段的各方面指标对高质量发展提升的贡献

维度	2005—2008 年	2008—2013 年	2013—2018 年
经济建设	17.46%	17.16%	16.95%
创新水平	11.87%	11.92%	11.98%
生态环境	38.25%	37.72%	36.22%
社会建设	22.29%	22.98%	24.33%
政府治理	10.14%	10.22%	10.52%

如表 8－9 所示，从西南地区各方面指标推动高质量发展的贡献率来看，经济建设和创新水平指标的贡献率随着时间的推移逐渐降低；生态环境指标的贡献率随着时间推移先上升后下降，呈现倒“U”形曲线的特征；社会建设指标的贡献率随着阶段变化波动较大，2005—2008 年的贡献率为 22.63%，而到 2013—2018 年，贡献率已经达到 25.07%；政府治理指标的贡献率随着时间的推移先下降后上升，呈现“U”形曲线的特征。

表 8－9　　2005—2018 年西南地区分阶段的各方面指标对高质量发展提升的贡献

维度	2005—2008 年	2008—2013 年	2013—2018 年
经济建设	17.59%	17.34%	16.97%
创新水平	11.40%	10.77%	10.53%
生态环境	38.11%	38.79%	37.44%
社会建设	22.63%	23.21%	25.07%
政府治理	10.27%	9.89%	10.00%

如表 8－10 所示，从长江中游各方面指标推动高质量发展的贡献率来看，经济建设和生态环境指标的贡献率随阶段的变化逐渐降低，在 2013—2018 年的贡献率分别为 16.20% 和 37.18%；生态环境指标贡献率的占比仍排第一；创新水平指标的贡献率先下降后上升，在第三阶段达到 11.12%；社会建设指标的贡献率呈现倒“U”形曲线的特征，且其贡献率在全部指标中排名第二；政府治理指标的贡献率排名靠后，但其随着时间推移逐渐上升。

表 8－10　　2005—2018 年长江中游分阶段的各方面指标对高质量发展提升的贡献

维度	2005—2008 年	2008—2013 年	2013—2018 年
经济建设	16.72%	16.41%	16.20%
创新水平	11.02%	10.93%	11.12%

续表

维度	2005—2008 年	2008—2013 年	2013—2018 年
生态环境	38.89%	38.79%	37.18%
社会建设	23.07%	23.52%	24.88%
政府治理	10.29%	10.36%	10.63%

如表8-11所示，从各方面指标推动中国经济高质量发展的贡献率来看，经济建设指标贡献率随着阶段变化有着小幅度的波动。经济建设对高质量发展提升的贡献率，2005—2008 年为 17.42%，2008—2013 年为 17.05%，2013—2018 年降低到 16.93%；创新水平指标的贡献率由 2005—2008 年的 11.79% 下降到 2013—2018 年的 11.40%；生态环境指标的贡献率先上升后下降，呈现倒“U”形曲线的特征，且其对高质量发展的贡献程度始终最大；社会建设指标的贡献率呈逐渐上升的趋势，在 2013—2018 年达到 25.45%，对经济高质量发展的贡献程度仅次于生态环境指标；政府治理指标的贡献率先下降后上升，呈现“U”形曲线的特征。

表8-11　2005—2018 年全国分阶段的各方面指标对高质量发展提升的贡献

维度	2005—2008 年	2008—2013 年	2013—2018 年
经济建设	17.42%	17.05%	16.93%
创新水平	11.79%	11.56%	11.40%
生态环境	36.95%	37.04%	35.90%
社会建设	23.50%	24.09%	25.45%
政府治理	10.34%	10.26%	10.33%

本章小结

本章主要对中国省域高质量发展进行了因果分析。首先，本章研究了高质量发展水平与经济发展的同步作用，构建了高质量发展水平与

GDP 增速两个指标的二维矩阵，并根据两个指标的高低值给出了四种组合，分别是低质量发展低 GDP 增速（A 区域）、低质量发展高 GDP 增速（B 区域）、高质量发展高 GDP 增速（C 区域）和高质量发展低 GDP 增速（D 区域）。在经济高速增长时期，所有省份都在 B 和 C 区域，处于 C 区域的有 7 个省份；在经济调整时期，所有省份均处于 B 和 C 区域，其中有 19 个省份处于 C 区域；在追求经济高质量发展时期，处于 A 区域的省份有甘肃、宁夏、新疆和青海；贵州省处于 B 区域，大多数省份进入了 D 区域。

其次，本章对省域高质量发展的子系统协调度进行了分析，通过计算 2005—2018 年度中国各省份的子系统协调度，结果显示，中国大部分省份的子系统协调度呈现逐渐上升的趋势，东部沿海、北部沿海和南部沿海地区发展较为领先，长江中游、黄河中游、西南地区的一些省份近年才出现上升趋势，大西北地区和东北地区的省份协调度波动较大。

再次，本章利用耦合度模型计算 2005—2018 年中国八大区域的区域协调度。结果表明，八大区域整体协调发展水平较高，黄河中游与长江中游两个中部地区协调发展程度仅次于沿海地区，东北地区没有出现明显的上升趋势，西南地区和大西北地区的协调度均较低。

最后，我们对高质量发展总体质量提升的贡献情况进行了分析。经济建设对高质量发展提升的贡献率较稳定；创新水平指标的贡献率出现下降；生态环境指标的贡献率先上升后下降，呈现倒“U”形曲线的特征，且其对高质量发展的贡献程度始终最大；社会建设指标的贡献率呈逐渐上升的趋势，对经济高质量发展的贡献程度仅次于生态环境指标；政府治理指标的贡献率先下降后上升，呈现“U”形曲线的特征。

第九章　结论与建议

一、主要结论

本书承启“创新、协调、绿色、开放、共享”五大新发展理念，将满足人民日益增长的美好生活需要作为高质量发展的最终目标，从经济建设、创新水平、生态环境、社会建设、政府治理五个方面构建了用于评价中国高质量发展水平的指标体系，并采用纵向与横向皆可进行比较的纵横向拉开档次法对2005—2018年中国30个省份的高质量发展水平进行了测度，从时间和空间两个维度对30个省份的高质量发展水平进行趋势对比分析，并采用Dagum基尼系数、核密度估计以及时空σ和β收敛模型对地区差异原因和收敛性进行了探究，同时采用耦合度模型探究高质量发展水平的提升空间，主要结论如下：

1. 我国省域高质量发展水平大多处于中等水平，得分逐年上升

随着改革开放的深入发展，中国经济快速腾飞成为世界第二大经济体，国内生产总值占世界比重由2%上升至15%。2012年我国经济进入转型开端，2015年我国经济进入新常态，经济增速持续减缓，并且人口红利、低成本等吸引外资的优势逐渐减弱，中国内部发展矛盾逐渐显现，如供给不平衡、低端产能过多、资本报酬递减现象显著，依靠政府引导的大规模投资已经难以保持经济增长速度。地区间发展不平衡、不协调、

不可持续的矛盾日益突出，经济发展受到严重阻碍。因此，2017 年党的十九大报告指出我国经济已由高速增长阶段转向高质量发展阶段，不再只注重经济发展的“量”，更要注重发展的“质”。但由于我国发展市场经济和开展可持续发展等行动比较迟缓，我国省域高质量发展大多处于中等水平，仅有 1/3 省份高质量发展水平超过全国均值水平。但进入经济新常态后，国家进行了供给侧结构性改革，采取淘汰落后产能、提倡“大众创业，万众创新”，以及精准扶贫乡村振兴等一系列措施，具有政治资源优势、人口优势的传统经济发达地区和拥有中等地域优势、人口资源的中部地区以及政策照顾的西部地区的高质量发展水平均在逐年上升。

采用纵横向拉开档次法计算各指标的权重，在影响高质量发展的准则层中，5 个指标权重有较为明显的差异，其中，生态环境指标权重最大，为0.278；然后是社会建设，其权重为0.227；经济建设指标权重接近平均值，为0.190；创新水平和政府治理指标权重较小，分别为0.157和0.148。而一级指标较为均衡，如经济建设维度下，经济稳定权重达到0.237，在6 个一级指标中居于首位；然后是经济规模，其权重为0.178；排名第3 的是经济结构，其权重为0.157；经济开放、金融市场建设、经济效益3 个指标的权重较小，分别为0.143、0.143 和0.142；创新水平维度下，科技投入和科技产出指标的权重差距不大，其中，科技投入权重略高，为0.549，科技产出权重略低，为0.451；社会建设维度下，协调发展权重最高，为0.206；社会保障权重最低，仅为0.150；社会消费、社会安定、人力资本、生活质量权重差距较小，分别为0.170、0.162、0.157 和0.154。二级指标对高质量发展的影响有所区别，如能源消耗指标下的两个二级指标的权重较为悬殊，其中，单位产出能耗权重达到0.649，而人均能源消耗量权重仅为0.351。有对高质量发展影响较为一致的指标，如经济稳定指标中，经济波动率权重较高，为0.320，而另外

3 个二级指标的权重较为平均，均在 0. 220 左右。

2. 优势梯队稳定，落后梯队差异较大

根据各省份高质量发展水平得分，我们将 30 个省份划分为五个梯队，第一梯队为北京、上海，排名稳定，领先优势明显；第二梯队为江苏、广东、浙江、天津、山东、福建，六省稳定发展又各放异彩；第三梯队为辽宁、湖北、湖南、陕西、江西、海南、河南、重庆、吉林、安徽、黑龙江，均为中流砥柱，但组内竞争激烈；第四梯队为河北、四川、山西、广西、内蒙古、云南、新疆，稳步前进，后发潜力大；而第五梯队为贵州、甘肃、青海、宁夏，劣势明显。在梯队的划分中，我们不难看出历史发展的轨迹，第一梯队的北京和上海作为中国的政治中心和金融中心，在长期发展过程由于省份功能需求，重工业移出、轻工业转型或是本身以第三产业为主，与此同时，经济实力雄厚、人才资源丰富，为科技创新等做好铺垫，北京和上海成为高质量发展中的“领航者”不出意外。而第二梯队是中国的一二线省份，包含诸多超大型城市、一线城市和大型城市，如深圳、广州、杭州、南京、厦门等，第二梯队省份大多沿海或者靠近上海和北京两地，具有得天独厚的地理条件，宽松的开放政策以及深层次的人口素质优势等因素，让江苏、广东、浙江、天津、山东、福建六省份发展率先高速发展经济后又进入高质量发展阶段。第三梯队的辽宁、湖北、湖南、陕西、江西、海南、河南、重庆、吉林、安徽、黑龙江，不是中国粮仓，就是旅游胜地，也有千湖之省，虽然具有一定资源优势，但是由于历史发展原因，并没有高、精、尖的行业，经济实力相对薄弱，且由于人才流失和产业转型缓慢等原因，第三梯队高质量发展与第一、第二梯队高质量发展有一定的差距，但是在缓慢进步之中。而第四、第五梯队中，则多少有先天或后天的不足，有的省份长期与政治资源红利隔绝，难以获得国家资源的扶植，如河北与山西；有的省份旅游资源发达，但地方政府与企业发展思路局限程度高，只有旅游这一支柱产业，没能利用资源和地方财政发展其他有竞争力的产业，进行产业升级，如云南；有的省份受先天环境限制，比如气候恶劣、地貌复杂难以修建基础设施等，如贵州等。由于多方面因素，第四、第五梯队高质量发展较为落后，但是有提升空间。

3. 区域差异显著，高质量发展水平增长幅度不一致

由于经贸联系、地理特征和政策环境等因素的影响，各省份的高质量发展呈现出一定的地域特征，根据国务院发展研究中心《地区协调发展的战略和政策》报告提出的八大综合经济区域，将我国高质量发展水平分为八个地区进行研究，发现在经济区域内部的不同省份间存在着两种较为典型的发展模式——多头并进型和龙头拉动型。多头并进型区域发展模式体现为区域内各省份高质量发展较为平均，各指标表现具有一致性。在八大经济区域中，黄河中游、大西北地区属于多头并进型发展模式，区域内各省份均有领先的一级指标且数量相对均衡。其中，最为典型的是大西北地区，区域内宁夏、新疆、甘肃、青海分别有 6 项、4 项、4 项和 5 项一级指标区域内排名第一，数量较为均衡。因为黄河中游与大西北地区发展较为迟缓，且省份发展情况一致，在先发展沿海地区后发展西部地区的战略方针下，黄河中游与大西北地区吸收了沿海等地区的优点，“查漏补缺”式发展经济，促进社会建设，在历史背景和经济基础相一致的黄河中游与大西北地区内部各省份高质量发展进程相差无几。龙头拉动型区域发展模式体现为区域内存在高质量发展表现非常突出的省份，具体表现为在一级指标上的多数领先优势，属于这类发展模式的区域有东北地区、北部沿海、东部沿海、南部沿海、长江中游、西南地区。这六个经济区内的领跑省、市分别为辽宁、北京、上海、广东、湖北、重庆，其领先指标均显著多于同区域内的其他省份。其中，北部沿海的龙头拉动态势最为典型，其领跑省份北京在 15 个一级指标上保持领先，天津、山东、河北分别仅有 1 个、2 个、1 个一级指标领先，差距

显著。这些地区由于历史发展原因，多数集周边之力供区域核心省份发展，如北京作为首都、政治中心，出于国家形象要求，轻污染的科技大厂总部大多在此，而传统产业链向河北等区域转移。又如上海作为中国的金融中心，对接世界资本窗口，在对外开放和对内治理上均处于全国水平之上，所以此区域呈现头部领跑拉动其他省份的发展趋势。

从经济区域外部对比来看，八大经济区域的前三甲均为沿海经济区域，高质量发展水平整体呈现东强西弱的格局。位于平均值以上的经济区域从高到低依次为东部沿海、北部沿海、南部沿海，其综合指标值分别为5.619、5.391、5.251，位于平均值以下的经济区域从高到低依次为长江中游、东北地区、黄河中游、西南地区、大西北地区。沿海地区是改革开放的前沿地区，经济实力雄厚，更是孕育高、精、尖技术的肥沃土壤，同时是响应国家生态保护的头等兵，是率先实现高质量发展的优等生。北部沿海的北京、东部沿海的上海、南部沿海的广东在政府治理上也具有天然优势，不断简政放权、优化营商环境。长江中游的湖北和湖南由于长江与湘江坐落于此，围江而治，实施“河长制”保护生态等政策，其生态环境得分不输沿海地区。而东北地区近年在社会建设方面也有所成就，“扫黄打非”等专项整治行动顺利开展，维护治安稳定，黑龙江等天下粮仓乘上“农业电商”春风，农业经济稳步提升，人民生活幸福感有所增强。

高质量发展水平的变化是一个渐进的过程，各经济区域高质量发展水平在不同时期增长幅度有所不同。从时间演变过程来看，各经济区域的高质量发展水平均呈现上升趋势，但是各经济区域上升幅度存在差异，西南地区上升幅度最大，其次为大西北地区、长江中游、黄河中游，而东北地区的上升幅度最小。以2012年我国经济进入转型新开端为分界点，高质量发展水平较高的经济区域，其2005—2011年相对2012—2018年高质量增长幅度反而较小，甚至低于全国的平均水平；而高质量发展水平较低的经济区域，其2005—2011年相对2012—2018年高质量增长幅度反而较大，甚至高于全国的平均水平，说明经济区域之间差异有所变化。进入经济新常态后，经济较为发达的沿海地区开始进行产业结构转型，放缓经济增速，而且由于沿海地区的生产成本加大，部分产业链转移至西北地区，西北地区在政策倾斜的背景下开始大力发展，追赶发达地区。

4. 区域差异有所缩小，但出现“翘尾”现象

采用基尼系数及其分解方法计算得出，八大综合经济区高质量发展总体差异年均值为0.1934，整体呈现出先较快下降而后又逐步上升的趋势。2005年总体差异最大为0.2280，于2014年达到谷底为0.1737，而后逐步增大。具体来看，2005—2014年，总体基尼系数表现出严格递减的趋势，以2005年为基期，降幅达到31.20%。这说明2005—2014年，八大综合经济区域高质量发展的区域协同性不断提高，总体差异持续下降。但从2015年开始，总体基尼系数以较低的增长率呈现出小幅度持续上升的趋势，以2014年为基期，2018年涨幅为4.63%。这说明自2015年开始，八大综合经济区域高质量发展的区域协同性开始有所下降，总体差异逐渐拉大。中国GDP增速从2012年起开始回落，2012年、2013年、2014年增速分别为7.7%、7.7%、7.4%，是经济增长阶段的根本性转换。经此，中国告别过去30多年平均10%左右的高速增长，于2015正式进入经济新常态，在此之前是中国各省域经济蓬勃发展的十年，也是“基建”狂魔的十年，各省域竞相发展互相追赶，在经济发展和社会建设的带领下，各经济区域的高质量发展差异逐渐缩小。但是当进入经济新常态之后，经济增速和基础建设放缓，开始着重于经济结构升级带动产业升级，推进信息化、农业现代化、城镇化等，同时把“权力”放到笼子里、简化手续优化营商环境的政府治理活动也稳步推荐，但是由于地理环境、经济厚度以及人才等差异，不同省份的生态环境保护、科技转型逐渐又产生差距，因此八大经济区域的高质量发展水平的差异有所

“回弹”。

对于八大经济区域内部高质量发展差异，在2005—2018年间，北部沿海综合经济区域子群内基尼系数年均值最大，达0.1695，远高于其他综合经济区域；南部沿海、西南地区、东部沿海和长江中游综合经济区域子群内基尼系数年均值处于中等水平，分别为0.1268、0.1083、0.0889、0.0812；子群内基尼系数年均值最小的是大西北地区、东北地区、黄河中游，分别为0.0790、0.0797、0.0798。北部沿海综合经济区域子群内差异最大，南部沿海、西南地区、东部沿海和长江中游综合经济区域子群内差异处于中等水平，而大西北地区、东北地区、黄河中游三个综合经济区域子群内差异水平相近且为最小。北部沿海综合经济区子群内差异在2005—2016年的十二年间呈现出稳步下降的态势，并于2017年断崖式下降达到最低点；南部沿海综合经济区域子群内差异在2005—2007年间出现小幅度上升，2007—2015年显著下降，同时2017年子群内差异出现陡升，以2016年为基期，增幅达到73.03%；西南地区子群内差异在2005—2018年间呈波动式下降趋势；东部沿海综合经济区域子群内差异在2005—2012年间稳步下降，在2014—2018年间波动式增长，并于2018年回到2010年水平；黄河中游综合经济区域在2005—2014年间子群内差异变动趋势类似南部沿海综合经济区域；大西北地区子群内差异在2013—2017年间不断扩大，并于2017年达到峰值后出现下降趋势；东北地区子群内差异在2010—2015年间逐年扩大，在2015年达到峰值后，2016年差异大幅下降后缓慢回升；长江中游综合经济区域在2005—2016年间子群内差异大体呈现先增长后下降的趋势，2017年稍有上升后立即回落。

对于八大经济区域间的高质量发展差异，子群间基尼系数年均值最大的为东部沿海—大西北地区，为0.4361；北部沿海—大西北地区和南部沿海—大西北地区基尼系数年均值也较大，分别为0.3982和0.3819；

东北地区—大西北地区和长江中游—大西北地区基尼系数年均值排在第三层，分别为0.3428、0.3237；东部沿海、北部沿海、南部沿海、东北地区、长江中游五大综合经济区域之间基尼系数年均值相对最小，其中，最小的为北部沿海—南部沿海、南部沿海—东北地区、东北地区—长江中游，分别为0.0955、0.0944、0.0913。这说明大西北地区与东部沿海、北部沿海、南部沿海、东北地区、长江中游五大综合经济区域之间高质量发展差异最大，大西北地区的高质量发展水平远远低于其他综合经济区域，大西北地区与其他地区的协调发展性较差，而八大经济区域的高质量发展差异主要来自超变密度与子群间差异，即子群间总差异，两者年平均贡献率达到93.39%，子群内差异贡献率始终维持在6%—7%的较低水平且波动性不大，所以缩小区域间差异是促进我国高质量协同发展的核心问题。同时，根据核密度曲线图也印证了我国高质量发展整体水平逐年提高，但核密度曲线的波峰和开口宽度经历了由大变小而后增大的变化，这说明我国高质量发展指数整体差异先是缩小，后又逐步扩大，区域协调性前景不容乐观。

5. 高质量发展存在“收敛”现象，需要寻找发展新突破口

从全国角度来讲，中国高质量发展水平具有σ收敛和绝对β收敛以及条件β收敛。2005—2008年σ收敛系数持续下降，2009—2010年略微上升，2011—2018年则是有增有减，波动较小。2018年较2005年降幅达到78.83%，2018年较2017年降幅为2.53%，这表明全国范围内高质量发展水平出现了σ收敛，即高质量发展水平的变化率各省达到一致。绝对收敛系数β小于0，且通过5%的显著性水平检验，这表明高质量发展水平在整体上存在绝对β收敛且收敛速度达到0.0202，表明各省份在产业结构、科技水平、开放程度等情况相似时，高质量发展水平的变化率会随着时间的推移收敛至同一水平，而高质量水平低的省份的增速高于高质量发展水平高的省份。而当控制了产业结构、科技水平、开放程度

等控制变量后，在全国层面仍然具有条件β收敛，收敛系数β小于0，且通过5%的显著性水平检验，收敛速度为0.0576，比绝对收敛速度高0.0374，是绝对收敛速度的2倍，这说明在考虑影响高质量发展的直接因素和间接传导因素后，全国层面的高质量发展水平的收敛速度发生了改变。

从区域角度来讲，除黄河中游地区存在发散的σ收敛情况外，其余七大经济综合区域的高质量发展水平是σ收敛的，说明各区域内部的高质量发展差异有所减小，发展不平衡现象有所改善。就绝对β收敛而言，除南部沿海、北部沿海外，其余六大经济区域β收敛系数均为负，但只有大西北地区、东部沿海地区、黄河中游地区、长江中游地区通过显著性检验，收敛速度分别为0.0071、0.0035、0.0043、0.0013。就条件β收敛而言，仅有大西北地区、东北地区、南部沿海、长江中游的β收敛系数显著为负，其他地区均显著为正或不显著。大西北地区、东北地区、南部沿海、长江中游的收敛速度为0.0058、0.0137、0.0040、0.0031。σ收敛与β收敛之间没有因果关系，即某地区不存在σ收敛时，不一定不存在β收敛，且各地区的收敛机制也表现出地区异质性。σ收敛和β收敛均讨论的是绝对收敛，绝对收敛意味着不同省份的高质量发展水平会呈现单峰分布，且随着时间推移，分布呈现更集中的趋势，但事实上，近年来经济增长质量等现象均呈多峰分布，而不同地区σ收敛、绝对β收敛以及条件β收敛表现不同，也说明绝对收敛的不适用性。进一步进行俱乐部收敛检验，全局收敛检验结果表明，北部沿海、黄河中游、东部沿海、西南地区高质量发展水平的差值均不呈收敛趋势，与条件β收敛结果一致，进而检验各地区内部部分省份是否可构成收敛子集，结果表明，黄河中游内部省份间不存在高质量发展的收敛性特征，存在分异化特征，而北部沿海地区内部的北京和天津构成的集合（剔除河北、山东后）存在俱乐部收敛，东部沿海地区内部的上海、浙江构成的集合（剔除江苏后）

存在俱乐部收敛，西南地区内部的广西、贵州、四川、云南构成的集合（剔除重庆后）存在俱乐部收敛，与最初始的 σ 收敛结果一致。全时间段内大西北地区、东北地区的收敛速度远高于其他经济区域，这说明欠发达地区的高质量发展水平增速高于发达地区，其中心区域对外部区域的拉动效应也较为明显，对应空间效应系数均为正值，省份彼此之间高质量发展受到溢出效应影响。

整体而言，高质量发展水平存在“收敛”现象，高质量发展水平低的区域对高质量发展水平高的区域存在“追赶”现象，而高质量发展水平高的区域对高质量发展水平低的区域具有“拉动”效应，各省份高质量发展差异逐渐减小，但是差异仍然存在，并有轻微“翘尾”趋势，所以亟待寻找新的发展突破口，使得各大区域之间进一步协调发展。

6. 区域与子系统耦合发展不充分，注重生态与社会建设

在所研究的时间窗格内，2005—2008 年是经济高速增长时期，2009—2012 年是经济调整时期，2013—2018 年是经济高质量发展时期。2005—2008 年，仅有北京、上海、广东、天津、浙江、江苏和山东七省在保持高速增长的同时实现高质量发展；2009—2012 年，保持“双高”省份由 7 个增加到 19 个，而在 2013—2018 年，仅有福建省、湖北省、重庆省、安徽省、四川省、云南省六省份保持“双高”。此现象与经济增速放缓，发展重心的转向等相关，但在放低经济增速的大背景下，各省份的高质量发展水平进入高水平阶段，注重发展的“质”，忽视发展的“量”，而真实的高质量发展应该是“质”“量”并重，各方面协调均衡发展。

就高质量发展各子系统之间的耦合发展而言，中国大部分省份的指标协调度随着时间的推移逐渐上升，东部沿海、北部沿海和南部沿海地区发展较为领先，其中东部沿海地区居于首位；长江中游、黄河中游、西南地区的一些省份近几年开始凸显；大西北地区和东北地区的省份协

调度波动较大，上升缓慢甚至出现了协调度下降的问题，并且仅有东部沿海地区省份各系统达到良好协调，北部沿海地区达到初级协调，而南部沿海地区和长江中游地区仅达到勉强协调，其他四区域还处于失调局面，子系统之间的协调度有待提升。除去高质量发展自身子系统的协调发展，每个经济区域内部，各省份之间是否协调发展也是全面高质量发展的核心发展点之一。东部沿海、北部沿海和南部沿海的协调度发展速度在八大区域中居于前三位，从 2005 年到 2018 年，东部沿海增长了 22%，北部沿海增长了 8.46%，南部沿海增长了 23.33%。这是由于沿海省份经济本身发达，基础设施完善，产业链彼此关联，能够互相协作形成区块优势，区域协调发展良好；而东北地区的协调度随着时间的推移出现小范围波动，2018 年的协调度基本与 2005 年相同，协调发展没有明显改善，可能是由于东北重工业基地走向衰退后，东北三省份的发展也受到重创，从而使东北地区的协调发展也受到影响。西南地区和大西北地区具有面积大、基础设施建设不完善等共同特点，省份之间难以交流、联系，因此区域协调发展弱。如何促进子系统的协调发展，从而实现全面高质量发展也是需要重点研究的问题之一。

在八大经济区域中，经济建设对高质量发展的贡献率为 17%—18%，创新水平对高质量发展的贡献率为 11%—12%，生态环境对高质量发展的贡献率为 36%—38%，社会建设对高质量发展的贡献率为 23%—25%，政府治理对高质量发展的贡献率为 10%—11%，由此可见，在现阶段中主要通过环境治理与满足“人们美好生活需要”的社会建设入手实现高质量发展，而忽视创新能力和政府治理能力的提高。在新的工业革命到来之际，无论是经济结构的转型，还是环境保护的新方法都离不开科技创新，建设智慧政府则是国家发展的永动机。因此应该加快科技创新和智慧政府建设，以此带动经济新腾飞，实现新发展格局，而不是单纯依靠环境保护和基础设施建设，向创新型经济转型。

二、政策建议

1. 建立完善的高质量发展评价体系，以评促改

2018 年，中央全面深化改革委员会第四次会议审议通过的《关于推动高质量发展的意见》指出，推动高质量发展是当前和今后一个时期确定发展思路、制定经济政策、实施宏观调控的根本要求，要加快创建和完善制度环境，协调建立高质量发展的指标体系、政策体系、标准体系、统计体系、绩效评价和政绩考核办法。推动高质量发展落地见效，关键是要牢牢抓住考核评价体系建设这个“牛鼻子”，建立体现新时代、新思想、新理念要求的目标体系、考核办法、奖惩机制，以高质量的“标尺”引领和驱动高质量发展。

2. 利用地区优势，加强地区合作，实施区域协同提升战略

通过前文分析我们可知，我国各地区的高质量发展水平具有高水平地区稳定，低水平地区每年有所不同，空间影响显著且逐年递增，各地区优势不同的特点。地方政府应突破固有利益格局和行政区划的限制，消除地方保护，打破行政壁垒，提高资源要素在区域间的流通性，降低地区间贸易成本，鼓励地方政府出台加强地区交流合作的政策措施，通过双边或多边协议，进一步提升贸易和投资的自由化、便利化程度，充分发挥各区域比较优势，形成独具特色的区域协调发展格局，从而提升区域分工合作效率，将资源要素利用最大化，缩小区域发展差距，达到促进区域协同发展的目的。

对于高质量发展处于高水平的地区，如东部沿海、南部沿海地区，各省份之间应该利用好彼此之间的优势，强强联手，打造高质量发展示范区；例如，上海拥有庞大的金融业实力和沿海的地理优势，江苏省具备全国领先的科技创新能力，浙江省具备合理的产业结构和发展潜力，

省份与省份之间利用各自优势，上海提供资金和市场，江苏进行科技创新，浙江利用良好产业链实现科技成果转化，形成强有力的联动，打造“资金—创新—成果”闭合链，携手协同发展，保持整个地区的高质量发展领先地位。而对于大西北地区、西南地区、黄河中游等高质量发展较为落后的地区，可以考虑通过政策鼓励等形式，结合地区的特点，因省施策。比如，在“一带一路”战略下，我国各地区尤其是西部沿途地区的经济发展正在逐年增强，吸收外部科技优势能力和对外开放水平也有所提升，可以考虑让先发展省份带动后发展身份，协调合作逐步增强经济基础。近年来，西部环境保护取得较大成就，沿海省份企业支援西部，如东部浙江省在新疆开展植树造林活动，大西北、西南地区在实现经济飞跃时要吸取经验教训，同时进行生态环境保护和成果共享化，实现人与自然协调发展，并坚持以人为本。

3. 整合区域资源，结对重点帮扶

根据前文分析我们发现，不同区域内高质量发展水平差异显著、区域内各省份间影响力不断增大。面对这一趋势，区域内各省份可以以区域为单位统筹整合各省份资源、取长补短，提高各省份间的经济互动性，激发经济内生动力，利用关键城市的发展优势，构建核心城市圈，发挥其经济辐射作用，带动周边区域的要素交流与经济发展，缩小地区发展差距。

此外，我们还应注意到，区域间的差异有“翘尾”的趋势，优势地区能够长期保持优势并不断创新，但是处于资源、地理位置、人口劣势的地区则积重难返。在这种情况下，我们可以采取将优势与劣势地区结成帮扶小组的办法，鼓励有长期优势的地区利用人才、资源等优势，为落后地区规划发展路线并提供一定的技术与道路支持。比如，高质量发展水平高的地区结对向高质量发展水平低的地区输送人才，也可以进行教育扶助，提高劳动人口素质等。

4. 进行政策创新，鼓励科技创新

从前文分析中可以看到，现阶段高质量发展主要依靠生态环境建设和社会建设，但高质量发展必定是全面的发展，为了进一步提升高质量发展水平需在稳定已有环境保护和社会建设的基础上寻找新的突破口，进行政策创新和科技创新必不可少。

推进政策创新，促进高质量发展。首先，必须完整、准确、全面贯彻新发展理念。促进实现高质量发展的政策创新必须坚持问题导向，着力解决不平衡，不充分发展的问题。必须坚持整体思维，在各地区、各部门、各领域全面而有针对性地落实新发展理念；其次，兼顾国内和国外，处理好国内循环和国际循环的关系；再次，处理好供给侧和需求侧的关系，实现高质量发展的政策创新，很多时候是在结构性问题上发力，比如，在做大增量基础上调结构；最后，处理好发展质量和发展速度的关系。高质量发展是发展质量与发展速度并重的稳健增长，实现高质量发展，政策创新必须把握好政策的时度效，就是选择好政策实施的时间，拿捏好政策施加的力度，发挥好政策预期的效果，而政策的时间、力度、效果三者结合在一起就决定了发展的质量和速度。

加快科技创新发展，大力扶持新能源、信息网络、生物医药等基础性的、前沿性的、关系国民生计的高科技战略性新兴产业的技术研发，加强产学研合作，通过企业与高校、科研院所等科研机构合作，提高科技成果转化率；实施人才战略，高校与科研院所建立人才机制，企业向提高人才待遇方向倾斜，形成多元全方位人才培养体系，充分发挥人才聚集的知识溢出效应，提高市场竞争力和经济发展质量。

5. 高质量发展是长期过程，需要持续稳定的投入

根据本书结论我们不难看出，各省份的高质量发展都是稳步发展模式，很难实现跨越式的突飞猛进的发展。这就意味着各区域内的政府在实现高质量发展时不能急功近利，要做好打持久战的准备。

高质量发展不是一蹴而就的，不能靠短时间内的大量投入就得到飞跃式发展。高质量发展涉及经济和社会体系的方方面面，比如，进行产业结构的调整，形成上下游产业链；进行科技创新降低能耗，建设绿色企业，还有区域板块之间的协调发展等。这需要进行人才培养、政策调控，建设基础设施打通区域交流壁垒等长期投入。因此，在实现高质量发展过程中，首先，要做好基础性服务，如基础性建设、人才引进、政策保护等；其次，抓好顶层设计，促进产业转型升级。提升欠发达地区的产业升级和产业转移承接能力，鼓励和支持新兴产业的发展，加大对新兴产业的扶持力度，促进产业链和关联产业共同发展与协同创新，利用发达地区的技术和资源，实现多方交叉互动与技术联动创新，丰富区域产业协同发展机制的内涵与深度。再次，大力发展金融新业态，促进金融体系的发展与完善。目前国家对中小微企业的金融支持较为欠缺，在一定程度上限制了科技创新和经济发展，因此要放宽对中小微企业的贷款限制，积极发展多样化融资渠道，促进多层次资本市场的发展。最后，加强生态文明建设。积极完善生态环境保护的相关政策与法律法规，努力推进环境保护宣传与监督工作，提高企业环保创新、居民生态环保意识，对具有生态环保特性的产业加大支持力度，加快形成环保创新型生态产业链。同时，建立生态资源补偿机制和市场化机制，形成区域内互利共赢的长效合作机制，推动中国经济圈绿色、创新、协同发展。

附　件

专题研究一　中国城市高质量发展——以湖北省为例

城市经济是城市发展的基础和核心，也是城市功能得以发挥的前提。随着改革开放的不断深入，中国城市经济实现了跨越式发展，涌现出一批超大规模城市，如广州、深圳等。即使经历了 2002 年“非典”重大公共卫生事件和 2008 年国际金融危机等冲击，中国城市经济始终保持稳步发展，展现了强大的“韧性”。然而，近年来全球经济增速放缓，外贸环境动荡，保护主义和单边主义盛行等不确定因素的增加，标志着我国进入经济下行压力加大和发展动能调整的新时期。同时，突如其来的新冠肺炎疫情给经济发展带来巨大的冲击，如何保持经济韧性成为各国和各城市所关注的重要问题。第十三届全国人民代表大会第四次会议通过的《中华人民共和国国民经济和社会发展第十四个五年规划和 2035 年远景目标纲要》正式确定了建设“韧性城市”的目标，是我国新时期城市建设的重大战略方针。在内部经济动能转换和外部不确定因素增加的环境下，保持城市经济韧性对抵御风险进而实现城市高质量发展战略具有重要意义。湖北省位于我国中部地区，素有“九省通衢”之称，是长江经济带重大发展战略的重要支点，也是“新冠肺炎疫情”的风暴中心，湖北省各市保持良好的经济韧性具有非常重要的意义。下面通过对湖北省13个地级市的经济韧性进行总体评价，探究产业结构和创新水平对经济韧性的影响机制和邻近城市的支撑作用，以期为城市经济韧性提高提供一定的参考。

一、文献综述

（一）经济韧性的内涵

韧性（resilience）一词的词源来自拉丁语“resilire”，本意是指物体受到外力而形变后恢复至原有形态的能力。加拿大生态学家 Holling 首先将韧性概念引入生态系统领域，生态领域的韧性意指生态系统遭受冲击后恢复到生态平衡的能力。随后，韧性概念被引入工程、社会心理学等领域，形成了工程韧性（Pimm，1984）和演化韧性（Ramlogan，Metcalfe，2006）等。演化韧性体现了系统动态变化的过程，因此韧性也适用于经济学的分析（Simmie，Martin，2010）。Fujia 和 Thisse（2002）是最早将韧性引入经济学领域的学者，他们参考生态韧性理论中的多重均衡思路，解释现实经济中各种集聚现象的内在机制。由此，经济韧性的研究逐步展开，在经济地理领域的重要性不断提升。关于经济韧性内涵的界定，虽然目前尚未形成共识，但是存在如下几个主流的观点。新经济地理学（New Economic Geography，NEG）认为经济韧性是指在面对外部冲击时，空间经济活动模式所体现出的均衡稳定性，且外部经济冲击使得城市经济向新的空间均衡模式发展。即有韧性的经济系统受到冲击后不仅能够抵抗外部冲击，还能在外部冲击下顺应变化重新调整结构和配置资源进行转型升级达到新的经济平衡，强调了经济韧性应该包含抵御外部冲击力和形成新稳态的恢复力（Martin 等，2015；Capello 等，2016；Sensier 等，2016）。Martin 等（2015）对经济韧性内涵的定义得到了广泛的认可，他认为经济韧性包括抵抗力（经济系统受到外部冲击时的敏感性）、恢复力（经济系统遭受外部冲击后恢复的速度和程度）、再组织力（经济系统遭受外部冲击后重新整合内部资源和调整结构的能力）和更新力（经济系统改变原有结构，开启新的发展模式和路径的能力）。而 Boschma（2015）认为经济韧性概念应该包含应对短期冲击和长期扰动的两种不同能力，即有短期经济韧性和长期经济韧性。就某一冲击前后一段时间的抵御韧性和恢复韧性是短期韧性，而长期经济韧性则是经济系统本身的一个属性，体现经济系统在较长一段时间内整体抵抗冲击的能力（彭荣熙等，2021）。本研究所涉及的城市经济韧性是指一个城市经济系统的系统性表现，城市经济系统受到外部冲击后能够利用周边自然环境和社会资源应对外来冲击带来的挑战和需求变化的能力（Paton，Johnston，2001）。同时，城市经济韧性也应包含长期经济韧性和短期经济韧性。

（二）经济韧性的测度

关于经济韧性的测度，目前主要有指标法和模型法两种形式，而指标法又包含多指标法和单一指标法。多指标法通过构建指标体系全面综合评价经济韧性，是从经济系统是一个复杂动态的系统角度出发的评价方法。国内外学者均有尝试构建经济韧性评价指标体系且对指标权重的计算方法也进行了探索，如 Foster（2007）提出区域经济韧性指标评价体系（RCI），主要包括收入公平程度、经济多元化程度、区域生活成本可负担程度、营商环境等维度。Briguglio 等（2009）从宏观经济稳定性、微观经济市场效率、经济治理和社会发展四个维度建立经济韧性评价指标体系，测度了 86 个国家的经济韧性。张平（2019）从市场效率和政府效率两个方面设立经济韧性指标，并对中国和世界各国的经济韧性进行了比较。陈奕玮和丁关良（2020）选取产业的集聚程度、经济增长水平、贫富差距、城市产业结构优化度、城市经济敏感度五个维度对中国264个城市的经济韧性进行了测度。曾冰（2021）在疫情背景下从抵抗力、恢复力、进化力三个维度出发，试建了包含发展鲁棒性、风险脆弱性、内在稳定性、高流动性、结构平稳性和创新性以及可转型性的区域经济韧性评价指标体系。多指标衡量经济韧性方法存在一定缺陷，虽然从全面角度衡量了经济系统的韧性，但是选择不同指标和指标权重确定方法不一致时，可能得出完全相反的结论，存在评价的不唯一性，所以采用单一指标研究经济韧性是目前的常用做法。

单一指标法采用对经济变化敏感高的核心变量遭受冲击时的变化来反映经济韧性，比较常见的核心变量包括就业、GDP增长率、贸易量、固定资产投资等。Martin（2012）采用GDP的变化来测度经济韧性，计算公式为$R_r = (\frac{\Delta G_r}{G_r})/\frac{\Delta G_N}{G_N})$，其中$\frac{\Delta G_r}{G_r}$和$\frac{\Delta G_N}{G_N}$分别表示地区$r$和全国生产总值的变化率，$R_r$越接近1，代表地区$r$经济韧性越强。诸多学者对经济韧性的扩展研究基于Martin经济韧性的测定方法，如张振等（2021）利用该方法测定经济韧性并研究了金融产业集聚对区域经济韧性的空间溢出效应；苏任刚等（2020）利用面板数据模型证明了制造业发展和创业活力对城市经济韧性有显著增强作用。但是，该方法无法区分抵抗力与恢复力，Martin（2016）随后结合反事实分析对该方法进行了改进，利用全国就业增长率计算出区域的预期就业水平，然后与区域的实际就业水平进行对比，利用两者差值衡量经济韧性。该方法不仅能区分抵抗力和恢复力，还能进行进一步分解，研究揭示区域经济韧性差异的来源。冯苑等（2020）和覃成林等（2020）利用该方法分别对中国城市群经济韧性和粤港澳大湾区经济韧性进行了测度。

另有学者借助计量模型对受到冲击后的核心变量的预期值进行估计，从而获得缺口值以此衡量经济韧性。Fingleton等（2021）、Doran（2016）

和 Fingleton（2018）则创新性地利用复杂空间计量模型对经济韧性进行测度，通过测算反事实的无外部冲击的经济发展与真实条件下的经济发展的差异，从恢复力的角度测度了经济韧性。国内学者徐圆和张林玲（2019）借鉴 Doran 和 Fingleton 的研究，首先通过国家 GDP 增长率生成城市的反事实产出序列，其次使用空间动态面板数据模型，用城市反事实经济产出预测城市反事实就业水平，最后使用反事实就业水平变量测度中国 230 个城市的抵抗力和恢复力。利用反事实分析测度经济韧性核心为有效识别冲击扰动、设定经济发展的基准状态和计算真实条件与反事实条件的缺口值来测度经济韧性水平。因此，如何找到反事实状态的核心变量发展情况是经济韧性测度的关键。此外，该方法属于事后评价，即根据既成的发展情况来测度区域经济韧性，更加适用于经济系统短期经济韧性的测度。

单纯利用模型法测度经济韧性的论文较少，Rose 和 Liao（2005）采用 CGE 模型测度供水中断后的区域经济韧性；刘晓星（2021）等基于 TVP－FAVAR 模型利用 151 个宏观经济指标估计时变脉冲响应，采用对系统风险的吸收强度和持续期来衡量系统性金融风险冲击下的中国宏观经济韧性。由于模型法较为复杂，且需对冲击也加以度量，所以在衡量经济韧性中没有被广泛使用。我们借鉴 Martin（2016）的方法，并结合多指标的优势融合测定湖北省各市的经济韧性。

二、研究区域与数据来源

（一）研究区域

湖北省总面积 18.59 万平方千米，占中国总面积的 1.94%，常住人口 5775 万人（截至 2020 年 12 月），占全国总人口数的 4.09%，地区生产总值（GDP）43443.46 亿元，占全国生产总值的 4.28%。湖北省地处中国中部地区，东邻安徽，西连重庆，西北与陕西接壤，南接江西、湖南，北与河南毗邻，是华中腹地，也是中部崛起战略的领头羊。湖北省共辖12个地级市、1个自治州，包括武汉市、黄石市、十堰市、宜昌市、襄阳市、鄂州市、荆门市、孝感市、荆州市、黄冈市、咸宁市、随州市、恩施土家族苗族自治州。近年来湖北省各市发展平稳，但是由于地理、资源的限制，各市经济发展水平存在差异，且遭受外界冲击时展现的韧性也有所区别，对湖北省各市的经济韧性展开测度，分析提升经济韧性的因素，对实现城市高质量发展具有重大意义，其研究结果也可为其他省份的城市经济韧性研究提供参考。

（二）数据来源

本研究中所涉及数据包括湖北省和湖北省各市2008—2019年的城市发展和国家经济统计各项指标，数据通过对《中国统计年鉴》《湖北省统计年鉴》等相关数据整理得到。

三、城市经济韧性评价方法

（一）城市经济韧性评价指标体系

经济韧性评价指标体系是一个多维度的概念体系，为降低指标选择的主观性与随意性，构建指标体系时应遵循以下原则：一是科学性原则，指标选取需适用于科学价值观与可持续发展理论；二是整体性原则，要求选取的指标尽可能地整体体现城市面对事件冲击时的基本变化因素，全方位覆盖经济韧性的价值内涵；三是代表性原则，由于指标选取的多样性，我们不能穷尽所有的相关指标，因此只能在选取过程中对指标进行代表性的筛选；四是可行性原则，指标选取要从实际出发，考虑到数据的可得性，使构建的指标体系具有实用性和有效性，符合湖北省经济韧性的特点。

基于上述原则，分别从发展水平、创新水平、产业结构、经济开放以及经济敏感五个方面选取代表性的指标，最终构建由5个一级指标、10个二级指标组成的湖北省经济韧性评价指标体系，如表1所示。

表1 湖北省经济韧性评价指标体系

目标层	一级指标	二级指标	指向
经济韧性	发展水平	人均GDP	正
		可支配收入	正
		固定资产投资	正
	创新水平	科教支出占财政支出比例	正
		发明专利授权数目	正
	产业结构	第三产业占GDP比重	正
	经济开放	VCPE投资数目	正
		新建企业进入	正
	经济敏感	失业率	负
		CPI	适度

（二）指标权重确定

主观赋权法主要包括德尔菲法、层次分析法、二项系数法、环比评分法等；客观赋权法有主成分分析法、熵权法、多目标规划法、变异系数法等。指标权重计算方法的选择会影响最终的评价结果，此处选择客观公正的赋权方法——熵权法。

熵权法的主要步骤如下：

第一步，指标归一化处理。由于各指标的度量单位并不统一，因此在计算综合指标前，需对指标进行归一化处理，即将绝对数指标转化为相对数指标，从而解决度量单位不统一的问题。此外，对于正向、负向指标，由于正向指标越高越好，而负向指标越低越好，因此对于正向、负向指标需根据不同公式进行归一化处理。

正向指标：

$$x'_{ij} = \frac{x_{ij} - \min\{x_{1j}, \cdots, x_{nj}\}}{\max\{x_{1j}, \cdots, x_{nj}\} - \min\{x_{1j}, \cdots, x_{nj}\}}$$

负向指标：

$$x'_{ij} = \frac{\max\{x_{1j}, \cdots, x_{nj}\} - x_{ij}}{\max\{x_{1j}, \cdots, x_{nj}\} - \min\{x_{1j}, \cdots, x_{nj}\}}$$

第二步，计算第 i 个样本值占第 j 项指标比重。

$$p_{ij} = \frac{x'_{ij}}{\sum_{i=1}^{n} x'_{ij}}, i = 1, \cdots, n; j = 1, \cdots, m$$

第三步，计算第 j 项指标熵值。

$$e_j = -k \sum_{i=1}^{n} p_{ij} \ln(p_{ij}), j = 1, \cdots, m$$

第四步，计算指标的冗余信息熵。

$$d_j = 1 - e_j, j = 1, \cdots, m$$

第五步，计算各项指标的权重。

$$w_j = \frac{d_j}{\sum_{j=1}^{m} d_j}, j = 1, \cdots, m$$

采用熵权法得出的每年指标权重如表 2 所示。

表 2　　熵权法指标权重

年份	CPI	VCPE 投资数目	人均 GDP	发明专利授权数目	可支配收入	固定资产投资	失业率	新建企业进入	科教支出占财政支出比重	第三产业占 GDP 比重
2008	0. 010	0. 122	0. 155	0. 096	0. 053	0. 224	0. 080	0. 166	0. 046	0. 047
2009	0. 016	0. 098	0. 137	0. 097	0. 055	0. 254	0. 114	0. 138	0. 046	0. 044
2010	0. 017	0. 137	0. 128	0. 075	0. 042	0. 231	0. 083	0. 152	0. 063	0. 071
2011	0. 001	0. 082	0. 118	0. 076	0. 106	0. 234	0. 132	0. 138	0. 049	0. 063

续表

年份	CPI	VCPE投资数目	人均GDP	发明专利授权数目	可支配收入	固定资产投资	失业率	新建企业进入	科教支出占财政支出比重	第三产业占GDP比重
2012	0.005	0.097	0.133	0.099	0.109	0.234	0.057	0.155	0.037	0.074
2013	0.007	0.123	0.125	0.096	0.157	0.212	0.090	0.099	0.035	0.055
2014	0.006	0.132	0.133	0.126	0.092	0.208	0.114	0.091	0.042	0.056
2015	0.005	0.104	0.147	0.122	0.124	0.215	0.049	0.090	0.057	0.088
2016	0.003	0.155	0.153	0.120	0.108	0.229	0.048	0.078	0.045	0.061
2017	0.010	0.111	0.151	0.095	0.101	0.231	0.103	0.097	0.048	0.054
2018	0.006	0.083	0.143	0.099	0.122	0.219	0.134	0.093	0.043	0.057
2019	0.008	0.141	0.163	0.094	0.127	0.221	0.040	0.079	0.052	0.075

（三）城市经济韧性度量

我们借鉴Martin2016年对经济韧性测度的方法并结合多指标测定湖北省各市的经济韧性。

城市实际经济发展为：

$$(\Delta O_r) = \sum_{j=1}^{n} (w_j \times x'_{ij})$$

城市预期经济发展为：

$$(\Delta O_r^{t+k})^{\text{预期}} = \sum_{j=1}^{n} w_j \times O_{jr}^{t} \cdot g_{jN}^{t+k}$$

其中，$(\Delta O_r^{t+k})^{\text{预期}}$ 表示城市在 $[t, t+k]$ 时期内预期经济发展，O_{jr}^{t} 表示第 j 个指标在 t 期的标准值，g_{jN}^{t+k} 表示第 j 个指标在 $[t, t+k]$ 时期湖北省的变化速率。

抵抗力计算公式为：

$$R_r^{\text{抵抗}} = \frac{(\Delta O_r^{\text{抵抗}}) - (\Delta O_r^{\text{抵抗}})^{\text{预期}}}{(\Delta O_r^{\text{抵抗}})^{\text{预期}}}$$

恢复力计算公式为：

$$R_r^{恢复} = \frac{(\Delta O_r^{恢复}) - (\Delta O_r^{恢复})^{预期}}{(\Delta O_r^{恢复})^{预期}}$$

抵抗力或恢复力大于0，表示城市在面对冲击时的经济抵抗力或冲击后的恢复力高于省级层面平均水平，抵抗力或恢复力小于0，则表示城市在面对冲击时的经济抵抗力或冲击后的恢复力低于省级层面平均水平。

四、实证结果与分析

（一）经济韧性测评

由图1可知，在湖北省13个城市中，作为副省级城市的武汉，经济韧性测度值远高于其他地级市，平均经济韧性得分为23.1，说明在面临重大风险的冲击时，武汉市对其抵御能力远强于其他城市。第二梯队包括宜昌和襄阳两个城市，平均测度值分别为12.6（第二）和11.3（第三），且存在一定的趋同。结合2005年湖北省提出将以武汉为中心，以宜昌和襄樊（襄阳）为副中心的“一体两翼”发展战略可以看出，该政策效果显著，宜昌和襄阳两市的经济韧性测度值也显著高于其余城市。绝大部分城市位于第三梯队，它们每年的经济韧性均有不同水平的波动，但总体而言差异较小。第四梯队仅包含恩施州一个城市，较低的经济韧性则是由于地理偏僻和交通不便等因素造成的。

为了进一步探究不同阶段城市经济韧性系统的发展状况，我们以居民消费率为依据将该时段划分为经济抵抗期与经济恢复期。图2列示了2008—2019年湖北省的居民消费率。从图中可以看出，2008年至2011年湖北省的居民消费率呈下降趋势，从50.2%下降到44.3%。尽管2012年至2014年居民消费率有小幅下降，但其企稳倾向明显，仅下降0.6个百分点，从44.3%下降至43.7%。2014年开始上涨，从43.7%上升至2019年的50.6%。结合2008年金融危机等宏观经济冲击事件，我们将2008

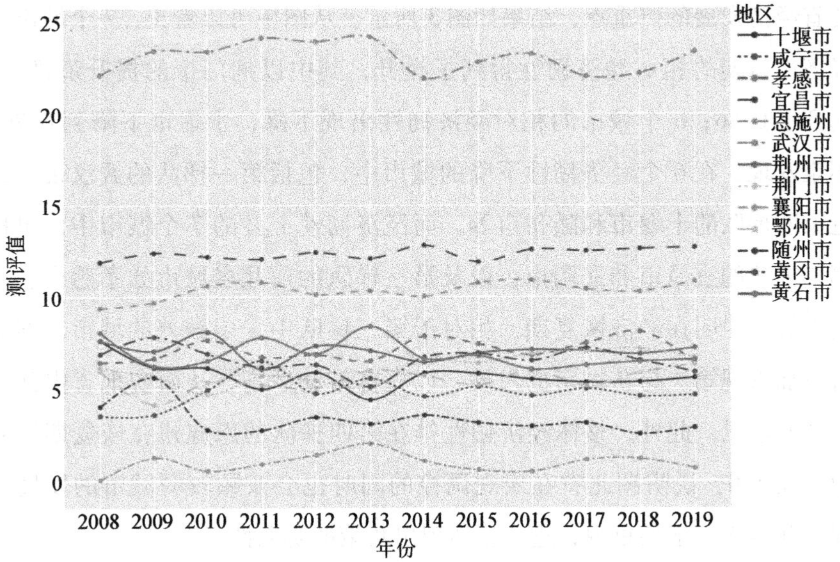

图 1　湖北省各城市经济韧性测度值

年至 2011 年划分为经济抵抗期，将 2012 年至 2019 年划分为经济恢复期。

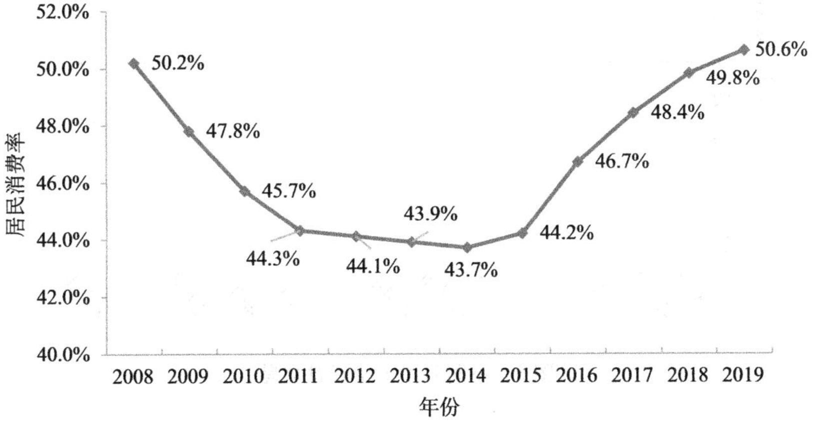

图 2　湖北省居民消费率

通过计算恢复期与抵抗期的经济韧性之差，可以直观地看出，随着风险冲击的发酵，城市经济韧性的相对变化趋势，从而了解不同阶段湖北省经济发展的侧重点，结果如图 3 所示。从图中可以看出，7 个城市在经济恢复期的相对经济韧性得到了提升，其中以荆门市的提升最显著，达到了 0.86；6 个城市的相对经济韧性出现下降，十堰市下降到 0.76。不难发现，在 6 个经济韧性下降的城市中，包括第一梯队的武汉市、接近第四梯队的十堰市和随州市等，而经济韧性上升的 7 个城市中，包括第二梯队的宜昌市和襄阳市，以及第三梯队的前几名城市如孝感市、荆门市等。说明在经济恢复期，相对于第三梯队中发展较差的城市，湖北省更加重视第二梯队城市的发展，以先富带动后富，从而实现省内共同富裕的愿景。此外，整体经济韧性排在第四梯队的恩施州在恢复期该差值也大于 0，说明湖北省在宏观调控的同时也会兼顾较弱城市的发展状况，并给于一定的重视，进一步体现出政策的协调性。

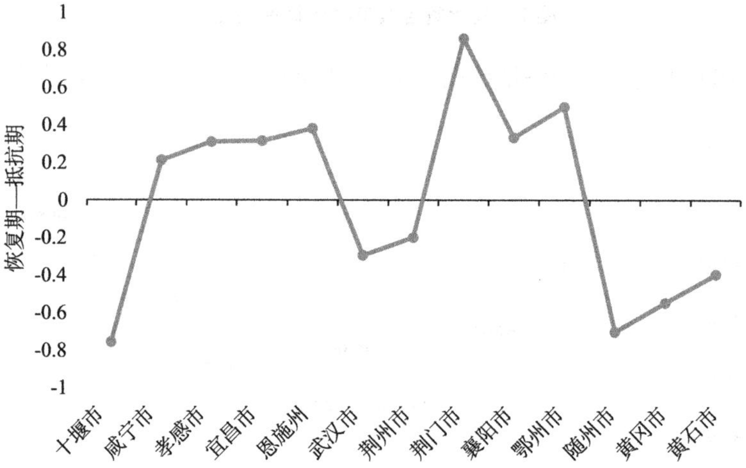

图 3　不同阶段经济韧性之差

13 个城市两个时期经济韧性相应抵抗力与恢复力的测度结果如图 4 所示。在抵抗期阶段，恩施州的抵抗力最强，这与该地区经济发展水平有限，受到的绝对冲击小有关。其次依次是荆州市、宜昌市、武汉市、十堰市、随州市、孝感市、荆门市、鄂州市和襄阳市，抵抗韧性较强。

而咸宁市、黄冈市和黄石市三个城市的抵抗力小于0。在恢复期阶段，武汉市、宜昌市和襄阳市的恢复力分别排在2名、4名、3名，说明综合实力较强的城市在风险冲击之后能快速恢复，恢复韧性强。相应地，恩施州的恢复力值最小，说明其受风险冲击的影响较长远，难以像其他城市那样快速恢复。

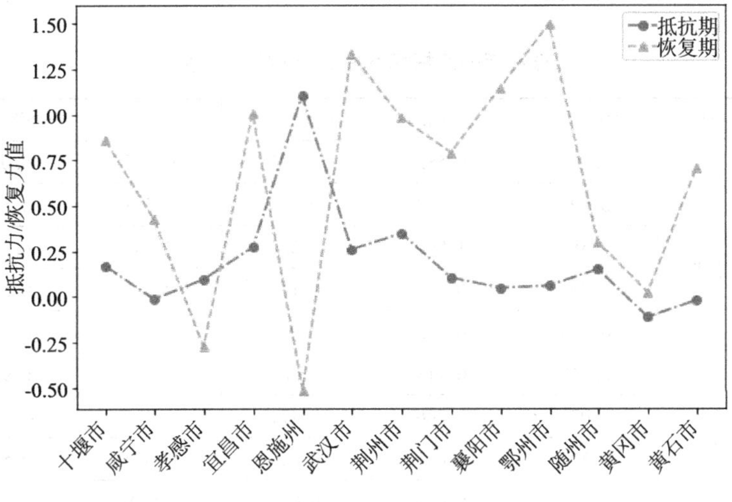

图4　两时期的抵抗力与恢复力

可以看出，对于恩施州、随州市这类经济发展不太强的城市，受风险冲击较小，呈现出抵抗力高而恢复力低的现象，可划分为经济韧性虚高；对于武汉市、宜昌市和襄阳市这类经济发展状况良好的城市，则呈现出抵抗力和恢复力双高的现象，从而可划分为经济韧性强劲；至于其他城市，抵抗力和恢复力之间并不存在明显关系，可以划分为经济韧性普通。

（二）一级指标结构分解

为了进一步探究不同阶段城市经济韧性系统的发展状况以及子系统如何影响经济韧性，我们分别计算了抵抗期和恢复期各个城市经济韧性的一级指标（即发展水平、创新水平、产业结构、经济开放和经济敏感）

分解量。表3列示了抵抗期这五项分解指标的 Spearman 相关系数及相应的P值。其中，发展水平和创新水平之间的系数最高，达到了0.583且高度显著，说明一个发展水平较好的城市，其创新水平也不会太差；相关系数小于0.1的各项指标（经济开放、经济敏感等）均不显著，说明这类指标间不存在线性相关关系，从而印证了一级指标能从不同维度反映城市经济韧性的结论。

表3　　抵抗期一级指标 Spearman 相关系数

一级指标	发展水平	创新水平	产业结构	经济开放	经济敏感
发展水平	1.000	0.583	0.093	0.093	0.082
	[0.000]	[0.000]	[0.513]	[0.513]	[0.565]
创新水平	0.583	1.000	0.222	0.066	0.079
	[0.000]	[0.000]	[0.113]	[0.641]	[0.577]
产业结构	0.093	0.222	1.000	0.472	0.016
	[0.513]	[0.113]	[0.000]	[0.000]	[0.912]
经济开放	0.093	0.066	0.472	1.000	-0.084
	[0.513]	[0.641]	[0.000]	[0.000]	[0.555]
经济敏感	0.082	0.079	0.016	-0.084	1.000
	[0.565]	[0.577]	[0.912]	[0.555]	[0.000]

图5列示了湖北省13个城市在抵抗期的各项指标值。从图中可以看出，尽管不同指标对经济韧性的贡献因城市的不同呈现出一定的差异性，但总体而言，发展水平的贡献率最大，其中以武汉市、宜昌市和襄阳市最为显著且远高于其他城市，说明经济韧性的基础还是一个城市自身的发展水平。其次是经济敏感，武汉市、宜昌市和襄阳市在该指标上的排名也居于前三。此外，恩施州在抵抗期的经济韧性完全由发展水平决定，这说明在对风险的抵抗期，城市的发展水平最能有效反映该时期的经济韧性。经济开放、经济敏感和创新水平对经济韧性的贡献率依次降低。外部投资的增加以及支出向科教方向的转移均有助于提高城市的抵抗韧

性，经济敏感是负数是由于失业率和 CPI 都不是正向指标所造成的。而产业结构的贡献率最小，则说明在抵抗期，服务业占比较高的产业结构并不能显著提高城市面对风险时的抵抗力。

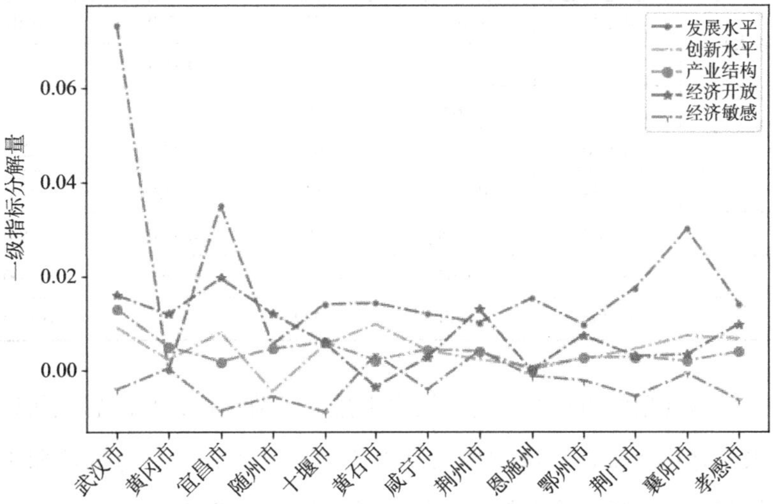

图 5　抵抗期经济韧性分量

表 4 列示了各个城市处于恢复期时五项分解指标的 Spearman 相关系数及相应的 P 值。从表中可以看出，相比于抵抗期，这一时期的发展水平与创新水平、产业结构、经济开放均显著正相关，且相关系数均高于 0.5。其中，与产业结构的相关系数达到了 0.650，说明在风险冲击后期，产业结构、经济开放对经济韧性的影响程度也部分体现在发展水平之中。经济敏感与其他各项指标之间仍然不存在显著的线性关系。平均而言，创新水平、经济开放和产业结构的相关系数基本上均小于 0.5，说明在恢复期，这些分量对经济韧性也具有实际意义。

进一步地，为了探究恢复期这五项指标对城市经济韧性的贡献，图 6 描述了这些指标的具体贡献值。从图中可以看出，这一时期主要的经济韧性仍然由发展水平支撑，武汉、宜昌、襄阳这三座作为湖北省“一体

表 4　　恢复期一级指标 Spearman 相关系数

一级指标	发展水平	创新水平	产业结构	经济开放	经济敏感
发展水平	1.000	0.525	0.650	0.644	0.014
	[0.000]	[0.000]	[0.000]	[0.000]	[0.900]
创新水平	0.525	1.000	0.426	0.249	-0.075
	[0.000]	[0.000]	[0.000]	[0.028]	[0.514]
产业结构	0.650	0.426	1.000	0.514	-0.137
	[0.000]	[0.000]	[0.000]	[0.000]	[0.232]
经济开放	0.644	0.249	0.514	1.000	0.086
	[0.000]	[0.028]	[0.000]	[0.000]	[0.456]
经济敏感	0.014	-0.075	-0.137	0.086	1.000
	[0.900]	[0.514]	[0.232]	[0.456]	[0.000]

两翼”发展规划的重点城市的发展水平排在了前三位，且除恩施州以外，发展水平对其他城市经济韧性恢复力值的贡献也较大。与抵抗期不同，在恢复期，经济开放的贡献率大幅增长，其中以武汉市最为显著，贡献率由抵抗期的0.018上升到恢复期的0.042，襄阳市和宜昌市也均有不同程度的提高；恩施州在恢复期的经济韧性也基本取决于经济开放与创新水平。总体而言，按重要性排序依次是发展水平、经济开放、经济敏感、产业结构和创新水平。

（三）城市关联网络视角

为了探究城市间支撑力对城市经济韧性的影响，我们进一步依据改进后的万有引力模型与社会网络分析法计算出湖北省各个城市之间的相对经济韧性，并据此画出抵抗期与恢复期的城市网络图，如图7、图8所示。从图中可以看出，无论是恢复期还是抵抗期，湖北省各城市经济韧性的关联关系呈现网络结构形态，不存在完全孤立的城市。武汉市、宜昌市、襄阳市位于网络的中心位置，仍然有广泛的支撑效应；处于第三

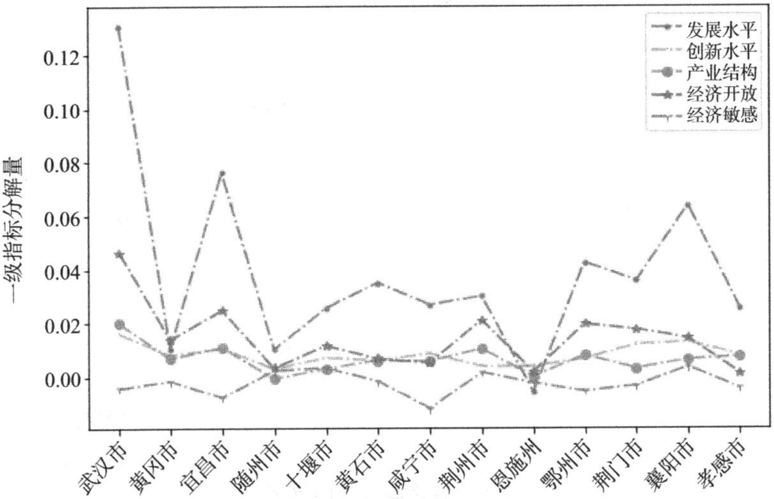

图6 恢复期经济韧性分量

梯队前列的城市如荆门、黄冈受到的支撑也明显高于其他城市；而十堰市、恩施州和咸宁市这类处于第三梯队末端和第四梯队的城市对其他城市基本没有支撑作用（有向箭头数分别为0、1、0），这从另一个角度反映出关联城市的支撑效应也有助于经济韧性的提高。

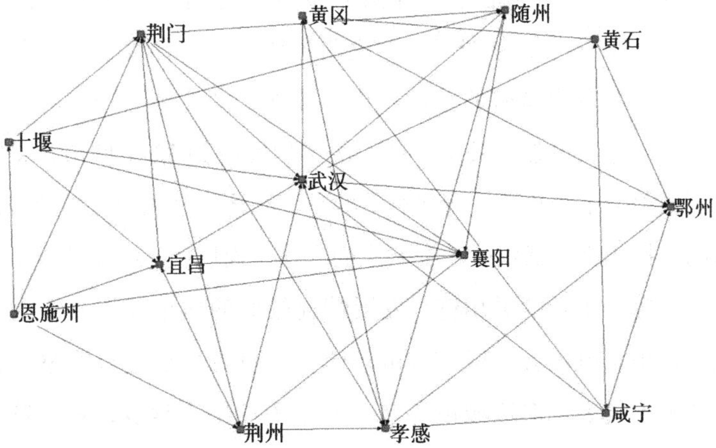

图7 抵抗期城市群网络图

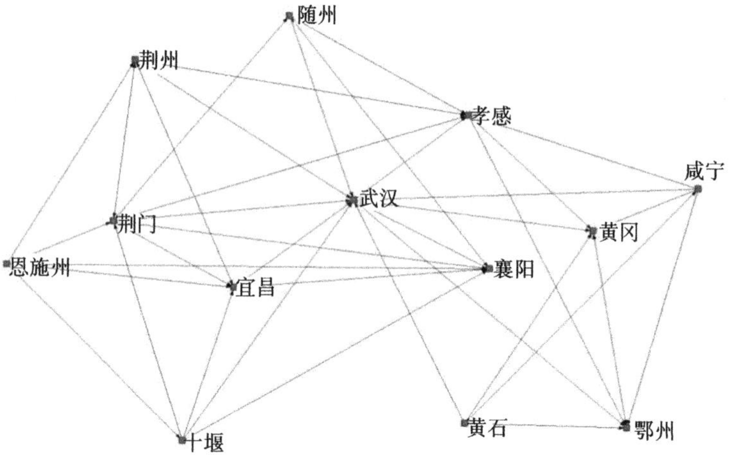

图 8　恢复期城市网络图

表 5 列示了湖北省各个城市在经济韧性网络中的地位及其相对中心度，以此分析不同城市间的支撑与辐射对经济韧性的影响。从表中可以看出，无论是抵抗期还是恢复期，经济韧性测度值排在前五的城市（分别为武汉、宜昌、襄阳、孝感、荆门）的辐射关系与支撑关系之和、相对中心度也均排在前五，其中相对中心度均大于整体均值，且武汉以 66.67% 位居第一。而靠近第四梯队的城市（随州、恩施等）排序较靠后，相对中心度最小仅为 33.3%，说明各城市经济韧性在一定程度上会影响到与其关系较为紧密的其他城市。此外，经济韧性较高的城市对其他城市的辐射作用也强。武汉、荆门两市均辐射到 12 个城市，恩施、咸宁仅分别辐射 1 个和 0 个。与之对应的是，经济韧性相对较差的城市受其他城市的支撑越强，武汉受 6 个城市的支撑，而恩施、咸宁均受 9 个城市的支撑。这也与实际情况相符，发展情况较好的城市往往会提携它周围的小城市，小城市也会根据大城市的建议对自身发展进行调整优化。相对中心度由于代表了对应城市在这一网络中的中心程度，其值较大，则说明该城市处在网络相对中心的位置，重要性更显著。

表 5　城市经济韧性网络指标

城市	抵抗期			恢复期		
	支撑关系	辐射关系	相对中心度（%）	支撑关系	辐射关系	相对中心度（%）
武汉	6	12	66.67	6	12	66.67
荆门	9	12	58.33	10	12	62.50
襄阳	10	8	45.83	9	8	41.67
宜昌	6	10	45.83	6	10	45.83
孝感	6	8	45.83	6	9	50.00
荆州	7	7	41.67	7	6	37.50
十堰	8	4	41.67	7	3	33.33
黄冈	2	10	41.67	2	10	41.67
鄂州	2	9	37.50	2	9	37.50
咸宁	9	1	37.50	9	1	37.50
恩施州	9	0	37.50	8	0	33.33
随州	7	5	33.33	7	4	29.17
黄石	7	2	33.33	7	2	33.33

五、结论

随着全球经济环境的变化，城市面临的外部不确定性因素增加，由于城市自身条件的局限，所展示的城市经济韧性有所不同，即城市经济系统应对外界冲击的能力不同。对城市经济韧性进行评估，有利于深入了解城市经济系统的发展现状，从而为城市决策者调整发展策略提供理论支撑。同时，持续追踪城市经济韧性的发展和探索城市经济韧性提升的机制对实现城市高质量发展具有极强的现实意义。我们从经济韧性的内涵出发，选择高灵敏反映经济韧性的核心变量，构建了包含发展水平、创新水平、产业结构、经济开放以及经济敏感的指标体系，对湖北省各地级市2008—2019年的经济韧性进行测度，并根据居民消费率划分抵抗期和恢复期，比较湖北省各市在不同时期经济韧性的差异，从城市关联视角出发提出经济韧性提高的路径，得出以下结论。

第一，将经济韧性作为经济系统本质属性时，以多指标测算湖北省各市2008—2019年的经济韧性，发现武汉市作为第一梯队，其经济韧性测度值远高于其他城市，平均经济韧性得分为23.1，第二梯队包括宜昌和襄阳两个城市，平均测度值分别为12.6（第二）和11.3（第三），除恩施州外其他城市均处于第三梯队。该结果与城市自身行政级别、地理位置等因素高度相关，也与湖北省实施“一体两翼”发展战略相关。

第二，从遭受冲击分期视角看，恩施州的抵抗力最强，这与该地区经济发展水平有限，受到的绝对冲击小有关；相反，恩施州的恢复力值最小，说明其受风险冲击的影响较长远，难以像其他城市那样快速恢复。其他城市的抵抗力与恢复力的大小仍与其经济发展水平、地理位置等相关，且相对来说，武汉市的经济韧性在恢复期有所下降，而荆门市经济韧性显著提升，这可能与湖北省更加重视第二梯队城市的发展，以先富带动后富，从而实现省内共同富裕的愿景相关。

第三，从经济韧性分解视角来看，无论是在抵抗期还是在恢复期，各市自身发展水平对经济韧性贡献最大，其次是经济开放和创业水平。

第四，从城市关联网络视角出发，武汉市、宜昌市、襄阳市位于网络的中心位置，具有广泛的支撑效应；处于第三梯队前列的城市如荆门、黄冈对其他城市支撑也明显高于其他城市，而经济韧性较差的恩施州仅受到来自其他城市的支撑而没有辐射影响其他城市，这反映出经济韧性高的城市将会通过城市关联辐射效应影响其他城市的经济韧性。

专题研究二　制造业和服务业的协调发展与经济高质量

一、引言

(一) 问题的提出

近年来，我国经济发展面临着巨大的风险和挑战，需要完成的任务十分艰巨，许多社会矛盾开始凸显。为了提高人们的生活质量，缓解社会压力，推进经济高质量发展势在必行。在国际局势和经济发展形势不断复杂化的背景下，中国积极遏制疫情蔓延，顶住下行压力，实现经济总量稳步提升，这得益于我国始终贯彻落实经济高质量发展理念。习近平总书记在参加青海代表团审议时明确表示“高质量发展不只是一个经济要求，而是对经济社会发展方方面面的总要求；不是只对经济发达地区的要求，而是所有地区发展都必须贯彻的要求；不是一时一事的要求，而是必须长期坚持的要求”，经济高质量发展已经成为一个重要社会议题，对社会的方方面面都有着巨大的影响。

与此同时，制造业作为我国经济的主体，一直以来在我国占据重要地位。2021 年中央经济工作会议强调要强化对制造业的支持力度，同时提升制造业核心竞争力。这对我国企业加快产业升级、提高核心竞争力有巨大的促进作用。而服务业为经济的发展提供了源源不断的动力，是拉动经济增长的主力。受到经济利益的驱使，劳动力会按照“第一产业到第二产业、第三产业”的方向转移，这使得服务业的规模进一步扩大，从而导致服务业收益在 GDP 中的占比上升。随着行业发展趋势的变化和商业模式的创新，各行业不断融合已经成为一种不可逆的发展方向。制造业和服务业的不断融合催生了电子商务、快递物流、企业咨询、服务外包等一系列新兴产业，它们的出现在很大程度上改变了人们的生活方式，提供了大量的就业机会，推动了价值创造和信息流通效率的提升，对经济高质量发展作出了巨大贡献。我国早在2019年就印发了《关于推动先进制造业和现代服务业深度融合发展的实施意见》，并强调要充分发掘行业融合发展的新模式，深入探寻重点行业融合路径。2020年十五部委联合发布的《关于进一步促进服务型制造发展的指导意见》对这些目标进行了再次明确，足见政府对制造业和服务业耦合协同发展的重视。

在区域协同发展程度不断加深的今天，新的技术和理念可以通过地区之间的人员往来、产品销售、服务外包等一系列活动不断传播。在这种情况下，一个区域的产业升级可以给另一个区域的相关产业带来改革思路，给行业注入新的活力。尤其是在经济发展水平较高、战略地位较为重要的地区，其制造业和服务业的耦合协同不仅会推动周边区域相关产业的协同发展，甚至对交往密切的区域乃至全国都有着深远的影响。

（二）文献综述

制造业与服务业耦合协同是近年来数字技术革命、产业变革和消费升级条件下，企业之间通过创新合作、深化业务关联、产业链条延伸、技术渗透等途径，两业耦合共生的新业态、新模式和新路径。耦合最初是物理学的一个概念，后来被用于描述两个或两个以上系统通过多种相互作用而彼此影响的现象。协同是指两个或两个以上的个体在发展过程中整合资源，共同一致完成目标的过程。一个国家或地区的制造业和服务业可以看作这个国家或地区整个产业体系的两个子系统，实现二者的互动、融合发展即是实现制造业子系统与生产性服务业子系统的耦合协同。随着制造业与服务业耦合协同的概念界定日益清晰，有关耦合协同测度的讨论也日渐丰富，耦合协同度即是刻画系统之间这种彼此相互作用的影响程度的指标。张沛东（2010）、唐晓华等（2018）、杨新洪（2021）借鉴物理学中的耦合度函数，选取四方面的指标对制造业与服务业进行评级并构建耦合协调度模型，之后利用截面数据对区域制造业与生产性服务业之间的耦合协调发展状况进行了实证研究。杜传忠等（2013）、曲振涛等（2020）、王雪莹等（2021）基于系统耦合度模型，通过建立制造业与生产性服务业综合发展水平评价指标体系，具体测度了我国不同城市群制造业与生产性服务业的耦合协调度并进行对比分析。研究结果显示，制造业与生产性服务业的耦合协调度存在区域性差异，并且产业的融合由低端向高端方向转移。

经济高质量发展是现代化经济体系的本质特征，也是供给侧结构性改革的根本目标。衡量高质量发展的标准包含经济发展的有效性、协调性、创新性、持续性、分享性等方面。学者们从不同维度开展了测度经济高质量发展程度的研究。刘惟蓝（2018）围绕产出效益、结构优化、科技创新、开放合作、绿色生态五个方面建立了江苏开发区高质量发展的指标体系。鲁继通（2018）研制出包含微观维度、中观维度、宏观维度三类指标的高质量发展评估系统，其中二级指标为动力变革、质量变革、效率变革、产业升级、结构优化、区域协调、经济发展、社会进步、生态文明九个方面。刘会武等（2021）从知识创造和技术创新、产业发展和结构优化、国际化和参与全球竞争、可持续发展四个角度出发构建评价体系。王婉等（2022）则基于创新、协调、绿色、开放、共享五个维度对经济高质量发展情况进行测度。苏丽敏等（2022）、任保平等（2022）在创新、协调、绿色、开放、共享五个维度的基础上分别加入经济增长和安全指标，对经济高质量发展程度进行量化研究，构建经济高质量发展指数，作为探究耦合协同度对高质量发展影响的前提条件。

在现代经济条件下，一个国家或地区制造业与生产性服务业实现耦合、协调发展，是该国家或地区促进经济高质量发展的重要途径。产业协同集聚主要有两方面的影响：一方面，多样的相关产业集聚促进了企业间、行业间的知识溢出及技术流动，从而可以推动经济发展；另一方面，集聚造成的资源竞争、环境问题以及城市拥堵等，都对地区经济发展产生了负向的抑制作用。马昱等（2020）研究表明，高技术产业集聚对经济发展数量（GDP）和经济发展质量（全要素生产率）的影响均具有门槛效应，这种影响在门槛值前后由抑制作用转变为促进作用。吴振华（2020）研究发现，产业协同集聚对经济发展质量具有显著的负向效应，中部地区作用最显著。刘新智等（2022）的研究表明，当第三产业集聚超过门槛值时，产业聚集规模的扩大有助于生产和人力成本的减小，但是技术创新对经济高质量发展的促进作用明显减弱。

相关文献的实证分析研究过程如下，基于系统耦合度模型，通过构建相应的指标体系，具体测度制造业与生产性服务业的耦合协调度与经济高质量发展水平，进而实证分析和比较制造业与生产性服务业耦合协调度对区域经济高质量发展的影响及机理。毛艳华、胡斌等（2016）通过构建制造业与生产性服务业的耦合协调模型，分析2005年到2014年广东省及其各区域制造业和生产性服务业耦合协调度的动态变化特征，研究表明，两者耦合协调度虽然持续提高但整体水平有待提升，并且各区域制造业和服务业的耦合协调度差距较大。吕平、袁易明（2020）利用2008年到2018年30个省级行政区面板数据证实两产业协同集聚对经济高质量发展具有显著的正向效应，并且在促进经济高质量发展的过程中起到了部分中介作用，这种中介作用从东部到西部呈现衰减趋势。李健等（2020）基于2005年到2017年的中国省域数据论证了制造业和生产性服务业协同集聚对经济增长存在显著促进作用，并且对相邻地区存在溢出效应。

从现有文献看，主要存在以下不足，我们也将尝试通过进一步研究解决这些问题：第一，目前国内对制造业与服务业耦合协同度影响经济高质量发展的研究多是理论研究，我们希望通过一系列实证分析来研究耦合协同度对高质量发展的具体影响。第二，制造业与服务业耦合协同度对经济高质量发展的影响可能具有门槛效应，我们将通过对 31 个省份的数据进行分析，探究门槛效应的具体表现。第三，各省份间制造业与服务业耦合协同的程度存在着一定的差异，我们通过将我国 31 个省、自治区及直辖市分为东部和中西部地区，来研究制造业与服务业耦合协同度影响经济高质量发展的空间溢出效应。因此，我们基于省级面板数据，实证研究制造业与服务业耦合协同度对经济高质量发展的影响，并根据研究结果给出对应的政策建议，以进一步推动我国实现经济高质量发展。

二、评价指标与模型构建

（一）评价指标体系构建

1. 经济高质量发展评价指标体系的构建

经济高质量发展涉及的范围较广，问题的复杂度较高，并且存在一定的地区差异。因此在选取指标时需要对各种因素进行综合考虑，从而保证指标可以对各地区经济高质量发展水平进行准确衡量。此外，所选指标不仅要能反映发展水平的变化趋势，而且应具备对比同一时期不同地区发展水平的条件。同时，应充分考虑实际情况，确保指标数据可以被获取，并且可以用于后续分析。

参照国内外已有文献构建的评价指标及在充分了解我国经济高质量发展现状的基础上，依据上述原则，从经济建设的角度出发，构建经济结构、经济规模、经济效益、经济开放、经济稳定和金融市场建设六个一级指标，共涉及 18 个二级指标，并采用纵横向拉开档次法计算指标权重。

假设我们构建的评价指标体系有 n 个准则层，则被评价对象构成的集合可以被表示为 $S = \{S_1, S_2, \cdots, S_n\}$ 。记 $w = \{w_1, w_2, \cdots, w_m\}^T$ 为由指标权重构成的向量，按照时间顺序收集并构造原始数据集合为 $\{x_{ij}(t_k)\}$ ，其中，$x_{ij}(t_k)$ 表示在 t_k 年 i 省的第 j 个指标的数值。$x_{ij}(t_k)$ 经过处理之后为 $x_{ij}^*(t_k)$ ，因此 t_k 年的综合评价函数为 $y_i(t_k) = \sum_{j=1}^{m} w_j x_{ij}^*(t_k)$ 。基于指标权重的确定原则，对象之间差异最大化问题可以转化为使 $y_i(t_k)$ 的总离差平方和 $\sigma^2 = \sum_{k=1}^{N}\sum_{i=1}^{n}[y_i(t_k) - \bar{y}]^2$ 最大。由于经过标准化处理后的数据有 $\bar{y} = 0$ ，因此 $\sigma^2 = \sum_{k=1}^{N}\sum_{i=1}^{n}[y_i(t_k) - \bar{y}]^2 = \sum_{k=1}^{N}\sum_{i=1}^{n}[y_i(t_k)]^2 = \sum_{k=1}^{N}(w^T H_k w) = w^T \sum_{k=1}^{N} H_k w = w^T H w$ 。其中，$H = \sum_{k=1}^{N} H_k$ 为 m × m 阶对称矩阵。$H_k = A_k^T A_k$，对于指标权重向量有 $w^T w = 1$ 。要使得 σ^2 最大，w 应为矩阵 H 的最大特征值对应的特征向量，同时要保证指标权重系数为正。因此求解指标权重系数的问题可以表示成一个非线性规划的问题：

$$\max w^T H w$$

$$\text{s. t.} \begin{cases} \|w\| = 1 \\ w > 0 \end{cases}$$

采用纵横向拉开档次法得到的指标权重如表 1 所示。

表 1　　经济高质量发展指标体系权重

目标层	一级指标	一级指标权重	二级指标	指向	二级指标权重
经济高质量发展	经济开放	0. 14619	外贸依存度	正	0. 05105
			外资依存度	正	0. 04863
			旅游开放度	正	0. 04651
	经济效益	0. 04973	全要素生产率	正	0. 04973
	经济稳定	0. 22558	失业率	正	0. 06599
			生产者价格指数	正	0. 04816
			经济波动率	正	0. 04627
			通货膨胀率	正	0. 06516

续表

目标层	一级指标	一级指标权重	二级指标	指向	二级指标权重
经济高质量发展	经济结构	0.24021	服务业占 GDP 比重	正	0.04692
			资本要素市场化程度	正	0.09718
			非国有经济产出比重	负	0.05153
			非国有经济投资比重	负	0.04458
	经济规模	0.10652	GDP 增长率	负	0.05235
			人均 GDP	负	0.05417
	金融市场建设	0.23177	金融市场融资程度	正	0.07228
			金融机构数量比重	正	0.06879
			金融生产占比	正	0.03965
			金融资产投资结构	正	0.05105

2. 制造业服务业的耦合协调度模型

耦合度可以用来衡量两个或两个以上系统之间由于相互作用而产生的影响，这一概念最早应用于物理学领域。耦合度的缺陷是不能反映系统间的协调发展情况，因此可以将它与协调度结合起来。耦合协调度可以反映要素之间的耦合协同状况，基于此可以更好地评价制造业和服务业之间的影响与协同关系。

首先，构建制造业和服务业的耦合度模型，其计算公式为：

$$C = 2\sqrt{\frac{U_1 \times U_2}{(U_1 + U_2)^2}}$$

其中，U_1 和 U_2 分别代表制造业发展水平和服务业发展水平。C 的取值范围在 0 到 1，其值越大，说明两系统的耦合程度越高。

其次，建立耦合协调度模型：

$$D = \sqrt{C \times T}$$

$$T = \alpha U_1 + \beta U_2$$

其中，D 表示两要素的耦合协调度，T 表示二者的综合协调指数，α 和 β 用来表示制造业和服务业在系统中的贡献程度，且 $\alpha + \beta = 1$ 。当认为两者同样重要时，可以令 $\alpha=\beta=0.5$ 。

（二）数据来源

本专题使用的数据来源于国家统计局、中经网统计数据库等平台，并汇总了《中国城市统计年鉴》《中国健康统计年鉴》《中国环境统计年鉴》《中国能源统计年鉴》等相关资料，以保证数据的真实性和准确性。我们选取2005—2018年全国30个省份（港澳台地区及西藏自治区因数据获取原因，本研究未涉及）的年度统计数据。对于部分省份年度的缺失数据，我们利用插值法进行填补处理。

三、综合评价分析

基于前文构建的耦合协调度模型，利用2005年至2018年中国30个省、自治区、直辖市的面板数据测算出制造业与服务业的耦合协调度。为便于测算，在此选用四个时间节点，即2006年、2010年、2014年以及2018年。

表2　2006—2018年中国30个省份制造业与服务业的耦合协调度

省份	2006年	2010年	2014年	2018年	均值
北京	0.446	0.527	0.622	0.708	0.563
天津	0.415	0.477	0.553	0.603	0.504
河北	0.458	0.553	0.659	0.760	0.596
山西	0.424	0.491	0.563	0.635	0.518
内蒙古	0.416	0.482	0.554	0.624	0.510
辽宁	0.450	0.529	0.627	0.694	0.566
吉林	0.404	0.463	0.531	0.566	0.485
黑龙江	0.425	0.479	0.542	0.558	0.497
上海	0.470	0.567	0.671	0.779	0.607

续表

省份	2006 年	2010 年	2014 年	2018 年	均值
江苏	0.516	0.580	0.787	0.854	0.672
浙江	0.491	0.617	0.765	0.932	0.680
安徽	0.435	0.524	0.645	0.777	0.577
福建	0.444	0.540	0.666	0.816	0.596
江西	0.420	0.491	0.589	0.693	0.534
山东	0.502	0.638	0.807	0.961	0.708
河南	0.466	0.576	0.718	0.875	0.639
湖北	0.442	0.543	0.683	0.827	0.604
湖南	0.440	0.539	0.668	0.788	0.594
广东	0.535	0.597	0.714	0.914	0.660
广西	0.414	0.480	0.561	0.645	0.514
海南	0.366	0.382	0.404	0.447	0.390
重庆	0.416	0.485	0.587	0.684	0.531
四川	0.446	0.548	0.684	0.823	0.606
贵州	0.395	0.441	0.521	0.608	0.480
云南	0.414	0.477	0.570	0.662	0.518
陕西	0.422	0.499	0.607	0.705	0.544
甘肃	0.394	0.433	0.490	0.518	0.453
青海	0.359	0.385	0.405	0.392	0.389
宁夏	0.367	0.383	0.403	0.421	0.390
新疆	0.403	0.447	0.521	0.582	0.477

从表 2 中可以看出，几乎所有地区制造业和服务业的耦合协调度均呈现上升趋势，并且大部分地区增幅明显，这说明我国制造业和服务业之间的联系日益紧密。其中，山东、浙江、广东、河南、四川、湖北、安徽的增幅较大，究其原因，这些地区整体人口密集、交通便利且产业结构较为完善，为制造业和服务业耦合协同创造了良好条件。而宁夏、海南、甘肃、青海的耦合协调度虽然逐年增加，但是增幅较小，还有很大的上升空间。

通过计算各省份制造业和服务业耦合协调度的均值可知，制造业与服务业的耦合协调度存在空间分布特征。耦合协调度较高的省份主要集中在东部地区，这里经济基础雄厚、产业聚集密度高，许多高校在此落户并培养出大量高技术人才，因而有巨大的发展动能。在西部，低耦合协调度省份聚集，各个地区难以相互带动，经济发展环境亟待改善，对人才和企业的吸引力与中东部地区相比较弱，因而整体耦合协调度较低。

由于耦合协调度从东到西呈现由高到低的趋势，我们据此将所有地区划分为五个层级：第一层级为山东、浙江、江苏、广东；第二层级为河南、上海、四川、湖北、福建、河北、湖南、安徽、辽宁、北京；第三层级为陕西、江西、重庆、山西、云南、广西、内蒙古、天津；第四层级为黑龙江、吉林、贵州、新疆、甘肃；第五层级为海南、宁夏、青海。其中，第一层级的省份均位于沿海地区，具有明显的区位优势。第二层级的许多省份与第一层级省份相邻，它们的发展离不开第一层级省份的辐射作用。上海作为我国的经济中心，服务业发展极其迅速，同时也是地区生产总值的重要组成部分。当地制造业的发展程度虽然也较高，但是和服务业相比仍有一定差距，两者还有进一步融合的潜力。第三、第四、第五层级主要由西部和东北省份构成，这些地区存在总体发展水平低或产业发展不均衡等问题，从而对当地耦合协调度产生负面影响。

下面利用 stata 软件计算出我国 2005 年至 2018 年 30 个省份制造业和服务业耦合协调度的莫兰指数，并基于此研究耦合协调度的空间集聚效应。其结果如表 3 所示。

表 3　2005—2018 年 30 个省份制造业和服务业耦合协调度的莫兰指数

年份	耦合协调度莫兰指数	P 值
2005	0. 279	0. 005
2006	0. 275	0. 005
2007	0. 308	0. 002

续表

年份	耦合协调度莫兰指数	P值
2008	0.306	0.002
2009	0.320	0.002
2010	0.314	0.002
2011	0.330	0.001
2012	0.332	0.001
2013	0.337	0.001
2014	0.342	0.001
2015	0.355	0.001
2016	0.355	0.001
2017	0.350	0.001
2018	0.354	0.001

从表3中可以看出，2005年至2018年的莫兰指数均通过显著性检验，且都大于0，这说明目前我国各地区制造业和服务业耦合协调度的空间相关性为正，即耦合协调度较高的地区其周围地区制造业和服务业耦合协调度也较高，反之亦然，证明耦合协调度存在明显的空间聚集现象。从时间序列趋势来看，耦合协调度的莫兰指数整体呈现上升趋势，且变化趋势较为平稳，说明随着时间的推移，该协调度在地区之间的集聚效应越发明显，这一结果与2012年印发的《服务业发展“十二五”规划》有关。规划中提到，要鼓励生产性服务业与制造业协同发展，鼓励服务业与其他行业深度融合。随着这类政策的推进，各地区制造业和服务业的融合程度逐渐加深，为经济的发展提供了不竭动力。

为了进一步分析同一时间不同省份耦合协调度的空间相关性，我们计算了局部莫兰指数，并将这些点在二维平面（z，Wz）上表示出来。其中，横坐标代表该地区制造业和服务业的耦合协调度，纵坐标代表周边地区对该地区的影响。落入第一象限的省份制造业和服务业的耦合协调度较高，其周边地区的耦合协调度也很高，呈现高—高聚集趋势。而第二象限中的省份拥有较低的耦合协调度，但其相邻地区的耦合协调度较高。第三象限地区是制造业和服务业自身耦合协调度较低，相邻地区的经济变量发展水平也比较低。而第四象限中的地区自身耦合协调度较高，但是周边地区耦合协调度水平较低。

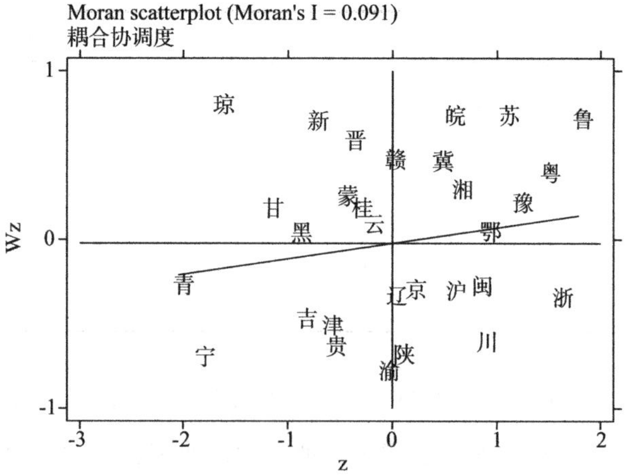

图 1　2018 年中国各省份制造业和服务业耦合协调度莫兰指数的散点图

图 1 中是 2018 年中国各省份制造业和服务业耦合协调度莫兰指数的散点图。结果表明：分布在第一、第三象限的省份数量和第二、第四象限的省份数量相差不大，并且耦合协调度与空间位置存在相关关系，即耦合协调度较高的省份主要聚集在中部以及沿海地区，而西部和南方内陆省份的耦合协调度相对较低。其中，长江经济带跨越范围较广，沿线地形多变，存在资源、基础设施分布不平均的现象，因此不同省份制造业和服务业耦合协调度的差异较大。随着国家对西部发展扶持力度的加大，西部地区将获得新的发展动力，从而推动区域差距的缩小。

具体来看，耦合协调度呈现高—高聚集的省份主要有山东、江苏、安徽、广东、河北、湖南、河南和湖北。其中部分地区位于我国中部，国务院于 2021 年讨论通过《关于大力实施促进中部地区崛起战略的若干意见》，加大了对中部地区的财政和技术支持力度，进一步推进制造业和服务业的深度融合。而山东、江苏、广东均为沿海省份，人口稠密，对外交流频繁且有好的发展基础，这为制造业和服务业耦合协同创造了好的条件。存在低—低聚集效应的省份有青海、辽宁、宁夏、吉林、天津、贵州和重庆。其中一些省份位于我国西部和东北部，这些地方服务业发展相对欠缺，制造业发展程度不及一些东部发达省份，受地形、气候等因素的影响，交通相对不便，并且周边区域的发展水平还有待提升，这些地区制造业和服务业的深度融合还有待加强，整体耦合协调度较低。

一些区域的耦合协调度存在空间负相关性。海南、新疆、山西、江西、内蒙古、甘肃、广西、黑龙江和云南的耦合协调度呈现低—高分布，这些省份大多分布于我国西北部和南部。其周边省份的耦合协调度较高，完善的产业结构和更加丰富的资源创造了不少就业岗位，与此同时，周边省份的发展环境也更具优势，因此这些省份的劳动力、资金、资源等会被其周边地区吸收，这也导致它们本身的耦合协调度较低。耦合协调度呈现高—低分布趋势的省份有北京、上海、福建、浙江、陕西和四川，这些省份在其所处区域的发展水平较高，对周边地区劳动力以及外来企业的吸引力较大，因此这些地方的耦合协调度显著高于邻近省份。

各地区的经济高质量发展水平如表 4 所示。从整体来看，北京、上海的经济高质量发展水平明显高于其他地区，其次是天津、广东、浙江、福建、重庆等经济发展水平较高的地区，其他省份的发展水平差异不大。

表 4　　2006—2018 年 30 个省份经济高质量发展水平得分

省份	2006 年	2010 年	2014 年	2018 年	均值
上海	1.988	2.039	2.091	2.225	2.083
云南	1.504	1.571	1.669	1.735	1.614
内蒙古	1.571	1.645	1.717	1.762	1.665
北京	2.144	2.207	2.283	2.399	2.243

续表

省份	2006 年	2010 年	2014 年	2018 年	均值
吉林	1.591	1.666	1.738	1.773	1.686
四川	1.488	1.568	1.670	1.783	1.616
天津	1.800	1.880	1.980	1.983	1.909
宁夏	1.452	1.578	1.702	1.736	1.612
安徽	1.524	1.605	1.716	1.811	1.655
山东	1.638	1.719	1.813	1.871	1.755
山西	1.569	1.634	1.722	1.752	1.654
广东	1.764	1.856	1.949	2.049	1.893
广西	1.504	1.561	1.696	1.769	1.622
新疆	1.519	1.584	1.708	1.781	1.640
江苏	1.739	1.850	1.966	2.061	1.897
江西	1.531	1.619	1.710	1.809	1.660
河北	1.570	1.611	1.701	1.732	1.646
河南	1.538	1.619	1.709	1.797	1.657
浙江	1.745	1.826	1.928	2.034	1.873
海南	1.582	1.646	1.757	1.816	1.695
湖北	1.558	1.635	1.764	1.867	1.696
湖南	1.561	1.621	1.706	1.805	1.661
甘肃	1.465	1.505	1.641	1.683	1.569
福建	1.665	1.752	1.861	1.957	1.799
贵州	1.409	1.510	1.615	1.746	1.561
辽宁	1.647	1.722	1.794	1.836	1.745
重庆	1.522	1.663	1.819	1.883	1.725
陕西	1.559	1.669	1.803	1.845	1.710
青海	1.460	1.548	1.676	1.697	1.601
黑龙江	1.591	1.654	1.715	1.746	1.673

与耦合协调度相同，经济高质量发展水平也呈现不断上升的变化趋势，并且大部分地区的经济高质量指数维持在1.6—1.8，这说明我国整

体的经济高质量发展状况是值得肯定的，并且大部分地区差距较小。

通过分析可知，东部沿海地区的经济高质量发展水平明显高于中西部地区，这说明东部地区的经济韧性较强，金融市场较为完善，并且总体经济收益也较高。中部和西部的经济高质量发展水平整体差异较小，其内部存在发展不均衡的现象。其中，北京和上海的发展水平显著优于全国其他省份，紧接着是天津、江苏、浙江、福建、广东等沿海地区。利用与前文相同的方法将所有省份分为五个层级，第一层级为北京、上海；第二层级为天津、广东、浙江、江苏；第三层级为福建、山东、辽宁、重庆、陕西、湖北、海南、吉林、黑龙江、内蒙古、湖南、江西；第四层级为河南、安徽、山西、河北、新疆、广西、四川、云南、宁夏、青海；第五层级为甘肃和贵州。北京和上海依托强大的内生发展动力和政策支持，成为经济发展质量最高的两个地区。第二层级省份均为沿海地区，这里外贸交易频繁，产业结构完善，许多大企业选择落户当地，在提供大量就业岗位的同时不断推动当地经济建设。在第三层级中，以湖北、福建、湖南为代表的一些地区的经济总量在全国处于中等或中上水平，但是依然存在发展短板。而一些地区的经济总量虽然较低，但是由于其经济状况稳定，且经济增速保持在较高范围内，因此经济高质量指数位于全国平均水准。处于第四层级的省份经济高质量水平略低于处于第三层级的省份，它们主要位于中西部地区，受到产业结构、科技发展状况和地理环境等因素的影响，这些地区的经济高质量发展状况还有很大的进步空间。第五层级地区的经济高质量水平相对较低，说明经济发展短板明显，并且对整体发展状况影响较大。其中，第五层级的两个省份较为分散，它们的共同点为都是内陆省份，省份内部存在城市之间发展不均衡、部分产业相对落后的现象，对整体经济高质量水平带来负面影响。

四、影响效应分析

（一）耦合协调度对经济高质量的直接影响

为检验制造业与服务业的耦合协调度对经济高质量的影响，经 Hausman 检验，选取固定效应模型进行分析，且时间和地区均固定。模型 1 只将耦合协调度这一变量引入模型，模型 2 在模型 1 的基础上继续引入创新产品增利率、外资依存度和单位产出能耗这三个变量。逐步加入这些变量的目的是观察耦合协调度的回归系数是否会发生相应改变。

如表 5 所示，从整体上看，所有变量在模型中均显著，说明这些变量的变化会对经济高质量指数造成一定影响。在仅考虑耦合协调度的模型中，其估计系数为 0.639，而加入其他变量后估计系数变为 0.416，且调整后的 R^2 由 0.757 增长至 0.861，这说明耦合协调度对经济高质量指数的促进作用显著且稳定。在模型 2 中，系数的经济含义是当耦合协调度增加 1 时，经济高质量指数会增加 0.416，这说明一个地区制造业和服务业的深度融合在创造就业机会、维持经济稳定、改善发展结构等方面会发挥正面作用，从而促进经济高质量发展。

表 5　　　　固定效应模型结果

变量	整体效应	
	(1)	(2)
Cons	1.311*** (92.26)	1.418*** (44.85)
耦合协调度	0.639*** (24.91)	0.416*** (12.82)
创新产品增利率		0.849*** (4.73)

续表

变量	整体效应	
	(1)	(2)
外资依存度		0.467*** (5.64)
单位产出能耗		-0.673*** (-8.42)
控制变量	否	是
年份效应	是	是
省份效应	是	是
N	420	420
adj. R^2	0.757	0.861
F	198.56	171.61

注：***、**、*分别表示在1%、5%、10%的水平上差异显著，括号中的值为t值。

（二）耦合协调度对经济高质量的溢出效应研究

为分析制造业和服务业的耦合协调度对经济高质量发展水平的影响，结合前文的模型，令经济高质量指数为被解释变量，指定耦合协调度为核心解释变量。制造业和服务业的融合需要将产业发展和科技创新相结合；同时引进外资，为产业发展注入新活力；并且，要严格控制效率和成本，保证生产资源的高效利用。基于此，我们将创新产品增利率、外资依存度和单位产出能耗设置为控制变量，构建如下空间计量模型对2005—2018年全国除西藏外的30个省份的面板数据进行研究，模型选择结果如表6所示。

$$\begin{cases} y_{it} = \tau y_{i,t-1} + \rho W_i' y_t + x_{it}'\beta + d_i' X_t \delta + u_i + \gamma_i + \varepsilon_{it} \\ \varepsilon_{it} = \lambda m_i' \varepsilon_t + v_{it} \end{cases}$$

表 6　　模型选择结果

退化结果	统计量	P 值
SEM	137.13	0.000
SAR	53.16	0.000

对空间误差模型进行检验，此时 P 值小于 0.05，说明空间杜宾模型不能简化为空间误差模型。同理，空间杜宾模型也不能简化为空间自回归模型。与此同时，耦合协调度存在明显的空间聚集效应。综上所述，应选用更为普遍的空间杜宾模型。0—1 空间权重矩阵形式简单，并且可以直观地反映出两地区的相邻关系。因此，我们基于 0—1 空间权重矩阵，利用被解释变量和所有解释变量构建空间杜宾模型。最终结果如表 7 所示。

表 7　　空间杜宾模型结果

变量	指标	系数	P 值
Main	创新产品增利率	0.0081908	0.000
	外资依存度	4.562753	0.000
	耦合协调度	0.3854842	0.000
	单位产出能耗	-0.0482267	0.002
Wx	创新产品增利率	-0.0067377	0.036
	外资依存度	-3.9871	0.000
	耦合协调度	-0.0073309	0.891
	单位产出能耗	-0.0600287	0.000
Spatial	ρ	0.2350742	0.000
R^2		0.7330	
Log - pesudolikelihood		919.0298	

由表 7 可知，空间杜宾模型的 R^2 为 0.7330，说明模型拟合效果良好。同时，空间系数 ρ 显著，这说明被解释变量自身存在空间溢出效应。而空间效应可以被分为直接效应和间接效应两种。其中，直接效应表示某地

解释变量对该地被解释变量的影响，而间接效应则为相邻地区的自变量对本地或其自身因变量的影响。这一划分可以在很大程度上消除空间计量模型点估计的有偏性带来的负面影响。结果如表8所示。

表8　　直接效应与间接效应

变量	直接效应	P值	间接效应	P值	总效应	P值
创新产品增利率	0.0079647	0.000	-0.0055908	0.148	0.0023739	0.587
外资依存度	4.383087	0.000	-3.497658	0.000	0.8854285	0.300
耦合协调度	0.3924109	0.000	0.0971913	0.047	0.4896022	0.000
单位产出能耗	-0.0523953	0.000	-0.0859389	0.000	-0.1383343	0.000

通过观察直接效应相关数据，所有变量的P值均小于0.05，可以认定创新产品增利率、外资依存度、耦合协调度和单位产出能耗均对经济高质量发展水平产生了显著的直接效应。当某地的创新产品增利率、外资依存度和耦合协调度分别提高时，该地的经济高质量水平也会提升。但是当单位产出能耗提高时，由于存在抑制作用，经济高质量水平会降低。制造业和服务业的耦合协同可以显著提高产业规模和各领域合作水平，从而推动经济高质量发展。除此之外，一个地区创新水平的提升会提高企业和产品的市场竞争力，同时吸引消费者，达到刺激消费的目的。外资投入可以提高资金总量，引入大量外资企业，从而创造就业机会，增加产品和服务种类。而单位产出能耗较高则意味着资源的利用率相对较低，容易造成原材料的浪费，从而提高生产成本，降低产业发展水平。

外资依存度、耦合协调度和单位产出能耗均对周边地区的经济高质量水平存在显著的正向推动作用。“耦合协调度”这一指标的显著是区域间相互影响的结果。一个省份制造业和服务业耦合协调度的增加会使产品总体价值提升，生产结构趋于完善，信息化水平提升，进而对其周边地区产生辐射作用，从总体上促进相邻省份经济的高质量发展。当某地外资依存度上升时，其相邻地区的经济高质量指数反而会下降。这可能是因为当一个地区注入更多外来资金后，其发展状况对周边地区的依赖程度会下降，两地的经济合作会减少，从而抑制周边地区的经济高质量发展。某地的单位产出能耗提高，意味着生产相同数量的产品时会消耗更多资源，这部分资源空缺需要通过从其他省份购入资源来弥补，这会影响相邻区域的材料价格和资源储备，从而使经济高质量水平降低。

耦合协调度和单位产出能耗的总效应均通过显著性检验，这说明当某地上述变量发生变化时，全国总体的经济高质量水平也会随之变化。当某地制造业和服务业耦合协调度发生变化时，对总体经济高质量水平影响最大，对当地的影响次之，而对其周边地区的影响最小。通过比较不难发现，单位产出能耗对相邻地区经济发展质量的影响比本地更加明显。由于一些地区需要从其他地方进口原材料，因此当生产单位产品消耗的原料增加时，相应的运输和储存成本也会增加，从而给经济发展带来负面影响。

（三）地区异质性分析

前文中的空间计量模型是基于 30 个省级行政单位构建的，然而由于发展基础、环境以及相关政策存在差异，不同区域制造业和服务业耦合协调度对经济高质量水平的影响程度可能存在差异。基于此，我们将 30 个省份按照地理位置划分为东部、中部和西部三组，并以此构建异质性空间杜宾模型。其中，东部地区包括北京、天津、河北、辽宁、上海、江苏、浙江、山东、广东、海南和福建 11 个省份，中部地区包括吉林、山西、黑龙江、安徽、江西、河南、湖北和湖南 8 个省份，西部地区包括四川、贵州、重庆、云南、甘肃、陕西、宁夏、新疆、青海、内蒙古和广西 11 个省份。利用 stata 软件构建 SDM 模型，模型结果如表 9 所示。

如表 9 所示，三个地区耦合协调度对经济高质量水平的直接效应均显著，模型具有一定的稳健性。从效应大小来看，中部地区的直接效应

表 9　　地区异质性分析结果

地区	直接效应	P 值	间接效应	P 值	总效应	P 值
东部地区	0. 2803832	0. 000	-0. 0522636	0. 410	0. 2281196	0. 007
中部地区	0. 5136264	0. 000	0. 2379679	0. 000	0. 7515942	0. 000
西部地区	0. 2038834	0. 000	0. 1422019	0. 308	0. 3460853	0. 040

最明显，而后依次是东部和西部地区。东部地区制造业和服务业的发展水平均较高，它们的协同合作可以带动相关产业不断进步，有效促进当地的经济高质量水平。中部地区的发展水平虽然不及东部省份，但是其制造业和服务业有较好的发展基础，这可以为二者深度融合提供优势，有利于提高本地区经济发展效率。而西部地区除了耦合协调度以外，在其他方面也存在一定欠缺，因此耦合协调度的变化对本地区经济高质量水平的影响有限。

在间接效应方面，只有中部地区是显著的，东部和西部地区均不显著。东部省份的产业结构完善，发展水平高，并且许多省份有能力独立完成生产、销售、运输等环节的各个流程，具有很强的内生驱动力，这可能是导致间接效应不显著的原因。而中部地区制造业和服务业耦合协调度和东部地区相比有待提升，但是具备不同的发展优势，经济高质量发展状况对周边地区的依赖性较强。西部地区发展水平相对欠缺，生产资源和劳动力与其他地区相比存在明显不足，低耦合协调度和经济高质量水平省份在此聚集，因此一个省份难以和周边省份产生明显的相互作用。

三个地区的总效应均通过了显著性检验，其中影响最明显的是中部地区，其次是西部地区。东部地区制造业和服务业的耦合协同已经跨过初级阶段，正在向更高水平迈进，在这个过程中可能会催生许多高技术产业，这些产业目前的规模还有待提升，对整体经济的贡献较小，但是拥有很好的发展前景，具有深远意义。国家为中部地区的发展提供了许多政策支持，并且中部地区在交通、生态环境、人力资源等方面具备一定优势，因此有很大的发展潜力，其耦合协调度的提升在经济高质量发展过程中的贡献也较大。从整体来看，西部地区制造业和服务业的耦合协同与其他地区相比存在明显短板，将这些短板补齐势必会对整体经济高质量发展产生有利影响。

五、结论与建议

前文对我国制造业和服务业的协同发展状况以及经济高质量发展现状进行了深入探讨，基于此，从经济开放、经济效益、经济稳定、经济结构、经济规模和金融市场建设六个方面出发构建中国省域经济高质量发展水平评价指标体系，与此同时，利用耦合协调度模型测算我国除西藏外的30个省、市、自治区制造业和服务业的协同状况。随后，借助莫兰指数以及可视化工具对2005年至2018年各省份耦合协调度和经济高质量水平的分布情况及变化趋势进行分析，并对相关原因进行了深入探讨。之后，利用空间计量模型分析了耦合协调度对经济高质量发展的直接影响和空间溢出效应。主要得出如下结论：

（一）我国制造业和服务业协同发展现状

从整体上看，我国制造业和服务业协同发展状况存在明显的区域差异，发展不平衡的问题依然十分明显。从时间维度看，各地耦合协调度均随着时间的发展不断上升，制造业和服务业深度融合已经成为一种发展趋势。东部地区和中部地区的耦合协调度与西部地区相比上升幅度更大，因此整体差距也在不断扩大。从空间分布看，耦合协调度存在明显的空间相关性，其中，水平较高的省份主要集中在东部沿海地区和中部地区，而西部地区制造业和服务业的耦合协调状况还有待提升。

（二）我国经济高质量发展现状

我国经济高质量发展状况依然存在发展不平衡的问题，大部分省级行政单位的差距较小。从时间维度看，各省份经济高质量水平均不断上升，其中，增幅较大的省份主要集中于长江经济带，而华北、东北地区的省份则增幅较小。从空间分布看，东部地区经济高质量水平较高，中部和西部地区整体差异较小，但是其内部存在发展不平衡、不充分的问题。北京和上海始终保持着经济的高质量发展，可以起到一定的引领作用，而甘肃和贵州的经济发展状况则亟待改善。

（三）耦合协调度对经济高质量发展的影响

从直接效应来看，一个地区制造业和服务业耦合协调度的提升可以直接促进当地的经济高质量发展水平，并且这一作用在中部地区的效果最为明显，而在西部地区的影响程度最弱，存在一定区域差异。创新产品增利率和外资依存度的提升会对经济高质量水平产生正面影响，而单位产出能耗的提高则会带来负面影响。

从溢出效应来看，一个地区制造业和服务业耦合协调度的提升会促进其相邻地区经济的高水平发展。同样地，这一结果在中部地区得到了验证。相反地，某地外资依存度和单位产出能耗的提升均会抑制邻近地区的经济高质量水平。

从整体上看，某地制造业和服务业的耦合协同可以带动全国经济发展状况向高水平迈进，并且中部地区的影响效果最为明显。西部地区作为发展的重点，当地制造业和服务业的深度融合可以为经济高水平发展作出巨大贡献。东部地区可依托原有的发展优势，不断发挥助力作用。

针对上述研究结论，我们提出如下建议：

（一）落实合作共赢理念，全力推动共同发展

我国制造业和服务业的协同发展状况与经济发展质量均存在地区差异，并且耦合协调度对当地经济高质量发展水平存在明显的促进作用。对于耦合协调度较低的省份而言，应当及时发现制造业和服务业深度融合过程中存在的问题，并积极寻找解决的方案。东部地区作为我国经济发展的领头羊，应当充分发挥其带头作用，借助完善的产业结构和技术、资金优势，积极发掘中西部地区在资源、交通、环境方面的潜力，使这些地区参与到产业发展中来，不断缩小区域差异。同时，西部地区可以向东部地区派遣考察团，深入了解当地的发展模式，学习先进技术，及时避免可能会遇到的问题，降低发展的时间成本。

（二）提高内生发展动力，各方全力推动发展

地区的发展不能完全依靠政府和其他地区的支持，各地应找准当地优势，明确自身在产业结构中的定位，因地制宜创新发展策略并制定具有当地特色的发展路径，实现独立、可持续发展。制造业和服务业的深度融合与经济高质量发展离不开多方共同努力，要想提高经济发展质量不能只依靠耦合协调度的提升。我们不仅要注重产业结构的调整，还应关注人才培养、社会保障机制、资源投入等问题。因此，政府在出台相关政策时，应当充分考虑多方需求，使财政投入发挥最大的作用。政府应当增加当地的教育投入，培养出更多高素质劳动者，促进当地科技创新，为制造业和服务业高质量融合奠定基础。同时，应当完善就业保障制度和社会福利体系，吸引更多人才。除此之外，还应加强监管，保证政策落实到位，创造出良好的发展环境。

（三）重视相关技术进步，增加投资帮扶力度

首先，政府应当在各地建设创新试验区，为科技进步创造良好氛围。

其次，针对耦合协调度较低的地区，应当加强相关设施的建设，以吸引更多科研团队和科技企业在当地落户，从而缩小区域间的技术差距。同时，政府应加大对相关企业的投资力度，适当放宽融资、贷款标准。对于一些有重大现实意义的项目，政府应当加大财政支持力度，提高资金利用效率。东部地区应不断发挥现有优势，在全国科技进步的过程中发挥重要作用。而西部地区因其独特的环境存在一些明显的资源优势，因此可以依托已有优势深入挖掘创新点，形成特有技术资源。中部和东北老工业区应当重视技术转型，寻找新的突破口，努力实现产业升级和更新换代。

参考文献

[1] 杨伟民. 贯彻中央经济工作会议精神 推动经济高质量发展[J]. 宏观经济管理，2018 (02)：13 – 17.

[2] 胡蓉. 高质量发展背景下的品牌建设 [J]. 科技与出版，2019 (01)：08.

[3] 王蕴，姜雪，盛雯雯. 经济高质量发展的国际比较 [J]. 宏观经济管理，2019 (05)：5 – 11.

[4] 周振华. 经济高质量发展的新型结构 [J]. 上海经济研究，2018 (09)：31.

[5] 马茹，罗晖，王宏伟，等. 中国区域经济高质量发展评价指标体系及测度研究 [J]. 中国软科学，2019 (07)：60.

[6] 国家发展改革委经济研究所课题组. 推动经济高质量发展研究[J]. 宏观经济研究，2019 (02)：5.

[7] 王一鸣. 深化改革推动经济高质量发展 [J]. 理论视野，2018 (11)：9.

[8] 冯莉，曹霞. 破题生态文明建设，促进经济高质量发展 [J]. 江西师范大学学报（哲学社会科版），2018，51 (04)：74.

[9] 李香菊，杨欢. 助推我国经济高质量发展的税收优化研究 [J]. 税务研究，2019 (05)：18.

[10] 安淑新. 促进经济高质量发展的路径研究：一个文献综述

[J]. 当代经济管理，2018 (09): 11 - 17.

[11] 王永昌，尹江燕. 论经济高质量发展的基本内涵及趋向 [J]. 浙江学刊，2019 (01): 91 - 95.

[12] 胡志强，苗长虹. 中国省域五大系统的协调发展评价 [J]. 统计与决策，2019, 35 (01): 96 - 100.

[13] 陈再齐，李震，杨志云. 国际视角下经济高质量发展的实现路径及制度选择 [J]. 学术研究，2019 (02): 79.

[14] 逄锦聚，林岗，杨瑞龙，等. 促进经济高质量发展笔谈 [J]. 经济学动态，2019 (07): 3 - 19.

[15] 侯黄萍. 粤港澳大湾区高质量发展评价指标的构建与影响因素研究 [D]. 广东外语外贸大学，2020.

[16] 王军，李萍. 新常态下中国经济增长动力新解：基于“创新、协调、绿色、开放、共享”的测算与对比 [J]. 经济与管理研究，2017, 38 (07): 3 - 13.

[17] 李俊玲，戴朝忠，吕斌，等. 新时代背景下金融高质量发展的内涵与评价：基于省际面板数据的实证研究 [J]. 金融监管研究，2019, 8 (01): 15 - 30.

[18] 詹新宇，崔培培. 中国省际经济增长质量的测度与评价：基于“五大发展理念”的实证分析 [J]. 财政研究，2016, 37 (08): 39 - 53.

[19] 史丹，李鹏. 我国经济高质量发展测度与国际比较 [J]. 东南学术，2019, 32 (05): 169 - 180.

[20] 魏蓉蓉. 金融资源配置对经济高质量发展的作用机理及空间溢出效应研究 [J]. 西南民族大学学报（人文社科版），2019, 40 (07): 116.

[21] 丁涛，顾金亮. 科技创新驱动江苏地区经济高质量发展的路径研究 [J]. 南通大学学报（社会科学版），2018, 34 (04): 41.

[22] 华坚，胡金昕. 中国区域科技创新与经济高质量发展耦合关系

评价［J］. 科技进步与对策，2019，36（08）：19.

［23］徐银良，王慧艳. 基于“五大发展理念”的区域高质量发展指标体系构建与实证［J］. 统计与决策，2020，36（14）：98－102.

［24］冯梅，李文华. 新中国70年一次能源消费结构变迁与经济高质量发展［J］. 经济问题，2019（07）：9.

［25］陈晓雪，时大红. 我国30个省市社会经济高质量发展的综合评价及差异性研究［J］. 济南大学学报（社会科学版），2019，29（04）：100.

［26］仲深，杜磊. 金融集聚对区域经济增长的影响研究——基于空间面板数据的计量经济分析［J］. 工业技术经济，2018，37（04）：62－69.

［27］初春，吴福象. 金融集聚、空间溢出与区域经济增长——基于中国31个省域空间面板数据的研究［J］. 经济问题探索，2018（10）：79－86.

［28］秦放鸣，张宇. OFDI逆向技术溢出、金融集聚与区域创新——基于空间计量和门槛回归的双重检验［J］. 工业技术经济，2020，39（01）：50－59.

［29］安源，钟韵. 研发和知识溢出对城市创新绩效作用的实证研究——基于广东21个地级市的空间面板数据分析［J］. 科技进步与对策，2013，30（01）：54－58.

［30］徐德英，韩伯棠. 地理、信息化与交通便利邻近与省际知识溢出［J］. 科学学研究，2015，33（10）：1555－1563.

［31］李东坤，邓敏. 中国省际OFDI、空间溢出与产业结构升级——基于空间面板杜宾模型的实证分析［J］. 国际贸易问题，2016（01）：121－133.

［32］陶金国，刘海艳. 战略性新兴产业集聚、空间溢出效应与区域经济增长质量［J］. 统计与信息论坛，2020，35（05）：26－34.

[33] 孙向伟，陈斐．中国区域经济增长的空间视角——来自空间扩展的新古典索洛增长模型的证据 [J]．河南大学学报（社会科学版），2017，57（02）：31－38.

[34] 刘帅．中国经济增长质量的地区差异与随机收敛 [J]．数量经济技术经济研究，2019，36（09）：24－41.

[35] 王晓玲，高红贵，方杏村．长三角一体化经济收敛性及其影响因素的空间计量分析——基于空间杜宾面板模型的实证研究 [J]．经济问题探索，2020（05）：84－95.

[36] 程广斌，王朝阳．全要素生产率与区域经济高质量发展的空间非线性检验 [J]．统计与决策，2020，36（15）：23－28.

[37] 张明龙．市场化进程中绿色投资对经济高质量发展的空间效应研究——基于空间杜宾模型的实证分析 [J]．贵州财经大学学报，2020（04）：89－100.

[38] 韩峰，胡玉珠，陈祖华．国家审计推进经济高质量发展的作用研究——基于地级城市面板数据的空间计量分析 [J]．审计与经济研究，2020，35（01）：29－40.

[39] 高赢．中国八大综合经济区绿色发展绩效及其影响因素研究 [J]．数量经济技术经济研究，2019，36（09）：3－23.

[40] 赵儒煜，常忠利．经济高质量发展的空间差异及影响因素识别 [J]．财经问题研究，2020（10）：22－29.

[41] 李华，董艳玲．中国经济高质量发展水平及差异探源——基于包容性绿色全要素生产率视角的考察 [J]．财经研究，2021，47（08）：4－18.

[42] 刘华军，杜广杰．中国经济发展的地区差距与随机收敛检验——基于2000—2013年DMSP/OLS夜间灯光数据 [J]．数量经济技术经济研究，2017（10）.

[43] Solow, R. A Contribution to the Theory of Economic Growth [J]. Quarterly Journal of Economics, 1956, 70 (3): 65 -94.

[44] Anselin, L. "Spatial Econometrics; Methods and Models." Kluwer Academic Dordrecht, 1988b.

[45] Zellner, A. "An Efficient Method of Estimating Seemingly Unrelated Regressions and Tests of Aggregation Bias." Journal of the American Statistical Association, 1962, 57: 348 -368.

[46] Arora, S. and M. Brown. "Alternative Approaches to Spatial Autocorrelation; An Improvement over Current Practice." International Regional Science Review, 1977, 2: 67 -78.

[47] Fik, T. "Compering Central Places and the Spatia Vy Autocoaelated Seemingly Unrelated Regression System." The Annals of Regional Science, 1988, 22 (forthcoming).

[48] Kelejian H H, Prucha I R. Estimation of Simultaneous Systems of Spatially Interrelated Cross Sectional Equations [J]. Journal of Econometrics, 2004 (188).

[49] Baltagi B H, Li D. Prediction in the Panel Data Model With Spatial Correlation [J]. Advances in Spatial Science, 2004, 1 (2).

[50] Elhorst J. Unconditional M. Likelihood Estimation of Linear and Log - Linear Dynamic Models for Spatial Panels [J]. Geographical Analysis, 2005, 37 (1).

[51] Kapoor M, Kelejian H H, Prucha I R. Panel Data Models With Spatially Correlated Error Components [J]. Journal of Econometrics, 2007, 140 (1).

[52] Elhorst J P, Lacombe D J, Piras G. On Model Specification and Parameter Space Definitions in Higher Order Spatial Econometric Models [J].

Regional Science and Urban Economics, 2012 (42).

[53] Baltagi, B H; Song, S H; Koh, W. Testing Panel Data Models with Spatial Error Correlatio [J]. Journal of Econometrics, 2003 (1): 123 - 150.

[54] Kapoor, M, H. H. Kelejian, and I. R. Prucha. 2007. "Panel Data Models with Spatial Correlated Error Components." Journal of Econometrics 140 (1): 97 - 130.

[55] Baltagi B H, Song S H, Jung B C, et al. Testing for Serial Correlation, Spatial Autocorrelation and Random Effects Using Panel Data [J]. Journal of Econometrics, 2007, 140 (1).

[56] Lee L, J Yu. A Spatial Dynamic Panel Data Model With Both Time and Individual Fixed Effects [J]. Econometric Theory, 2010b (26).

[57] Beenstock M, Felsenstein D. Autoregressions Vecteur Spatial Vector Autoregressions [J]. Spatial Economic Analysis, 2007, 2 (2).

[58] Lee L, Yu J. Efficient GMM Estimation of Spatial Dynamic Panel Data Models With Fixed Effects [J]. Journal of Econometrics, 2014, 180 (2).

[59] Anselin L, Le Gallo J, Jayet H. Spatial Panel Econometrics [M]. Heidelberg: Springer, 2008.

[60] 刘明，黄恒君．空间回归模型估计中的最小二乘法 [J]. 统计与信息论坛，2014，29 (10)：9 - 14.

[61] Ord K. Estimation Methods for Models of Spatial Interaction [J]. Journal of the American Statistical Association, 1975, 70 (349): 120 - 126.

[62] Anselin, L. "Selection of Regressors". International Economic Review, 1980, 21: 331 - 354.

[63] Driscoll J C, Kraay A C. Consistent Covariance Matrix Estimation

With Spatially Dependent Panel Data [J]. Review of Economics and Statistics, 1998, 80 (4).

[64] Kelejian H H, Prucha I R. A Generalized Spatial Two – Stage Least Squares Procedure for Estimating a Spatial Autoregressive Model with Autoregressive Disturbances [J]. The Journal of Real Estate Finance and Economics, 1998, 17 (1): 99 – 121.

[65] Kelejian H H, Prucha I R. A Generalized Moments Estimator for the Autoregressive Parameter in a Spatial Model [J]. International Economic Review, 1999, 40 (2): 509.

[66] Lee L. Asymptotic Distributions of Quasi – Maximum Likelihood Estimators for Spatial Autoregressive Models [J]. Econometrica, 2004, 72 (6): 1899 – 1925.

[67] Mutl J, Pfaffermayr M. The Spatial Random Effects and the Spatial Fixed Effects Model. The Hausman Test in a Cliff and Ord Panel Model [J]. Economics, 2008, 14 (1).

[68] Su L, Yang Z. QML Estimation of Dynamic Panel Data Models With Spatial Errors [D]. Singapore Management University, 2007.

[69] Kapoor M, Kelejian H H, Prucha I R. Panel data models with spatially correlated error components [J] Journal of Econometrics, 2007, 140 (1): 97 – 130.

[70] Lee L, Yu J. Efficient GMM Estimation of Spatial Dynamic Panel Data Models with Fixed Effects [J]. Journal of Econometrics, 2014, 180 (2): 174 – 197.

[71] Zhang Y, Sun Y. Estimation of Partially Specified Dynamic Spatial Panel Data Models with Fixed – Effects [J]. Regional Science and Urban Economics, 2015, 51 (3): 37 – 46.

[72] Lee L, Liu X. Efficient GMM Estimation of High Order Spatial Autoregressive Models with Autoregressive Disturbances [J]. Econometric Theory, 2010, 26 (1): 187 - 230.

[73] Moran P. A Test for the Serial Dependence of Residuals [J]. Biometrika, 1950, 37: 178 - 181.

[74] Cliff, A. and J. Ord. 1973. Spatial Autocorrefation. London; Pion.

[75] Anselin L, Kelejian H. "Testing for Spatial Autocoaelation in the Presence of Endogenous Regressors." International Regional Science Review, 1997, 20: 153 - 182.

[76] Kelejian, H. H. and I. R. Frucha. "On the Asymptotic Distribution of the Moran I Test Statistic With Applications." Journal of Econometric, 2001, 104: 219 - 257.

[77] Jin F, Lee L. Cox - type tests for competing spatial autoregressive models with spatial auto regressive disturbances [J]. Regional Science and Urban Economics, 2013, 43 (4): 590 - 616.

[78] Burridge. 1980. "On the C1ifF Ord Test for Spatial Correlation." Journal of the Royal Statistical Sodety B, 42: 107 - 108.

[79] Bera A, Yoon M. 1992. "Simple Diagnostic Tests for Spatial Dependence." Working paper, Department of Economics, University of Illinois, Champaign.

[80] Anselin, L. and R. J. G. M. Florax. 1995b. "Small Sample Properties of Tests for Spatial Dependence in Regression Models; Some Further Resula." In New in Spatial Econometric, edited by L. Anselin and R. J. G. M. Florax, 21 - 74. Berlin: Springer - Verlag.

[81] Debarsy N, Ertur C. Testing for Spatial Autocorrelation in a Fixed Effects Panel Data Mode [J]. Regional Science & Urban Economics, 2010,

40 (6): 453 -470.

[82] Holling C. S. Resilience and Stability of Ecological Systems [J]. Annual Review of Ecology and Systematics, 1973, 4.

[83] Pimm S. The Complexity and Stability of Ecosystems [J]. Nature, 1984, 307: 321 -326.

[84] Ramlogan R, Metcalfe J S. Restles Capitalism: A Complexity Perspective on Modern Capitalist Economies [J]. Complexity and Co - evolution: Continuity and Change in Socio - economic Systems, 2006: 115 -146.

[85] Simmie J, Martin R. The Economic Resilience of Regions: Towards an Evolutionary Approach [J]. Cambridge Journal of Regions, Economy and Society, 2010, 3 (1): 27 -43.

[86] Fujita, M., & Thisse, F., Economics of Agglomeration: Cities, Industrial Location and Regional Growth. Cambridge: Cambridge University Press, 2002.

[87] Martin R, Sunley P. On the notion of regional economic resilience: Conceptualization and explanation [J]. Journal of Economic Geography, 2015, 15 (1): 1 -42.

[88] Capello, R., Caragliu, A., & Fratesi, U., Spatial Heterogeneity in the Costs of the Economic Crisis in Europe: Are Cities Sources of Regional Resilience? . Journal of Economic Geography, 2016, 15 (5): 951 -972.

[89] Sensier, M., Gillian, B., & Adrian, H., Measuring Regional Economic Resilience Across Europe: Operationalizing a Complex Concept. Spatial Economic Analysis, 2016, 11 (1): 1 -24.

[90] Boschma, R., Towards an Evolutionary Perspective on Regional Resilience. Regional Studies, 2015, 49 (5): 733 -751.

[91] 彭荣熙, 刘涛, 曹广忠. 中国东部沿海地区城市经济韧性的空

间差异及其产业结构解释［J］. 地理研究，2021，40（06）：1732－1748.

［92］PATON D，JOHNSTON D. Disasters and Communities：Vulnerability，Resilience and Preparedness［J］. Disaster Preventionand Management：an International Journal，2001，10（4）：270－277.

［93］Foster K A. A Case Study Approach to Understanding Regional Resilience［C］. IURD Working paper，NO. 08，2007.

［94］Briguglio L，Cordina G，Farugia N，et al. Economic Vulnerability and Resilience：Concepts and Measurements［J］. Oxford Development Studies，2009，37（3）：229－247.

［95］张平，张自然，袁富华. 高质量增长与增强经济韧性的国际比较和体制安排［J］. 社会科学战线，2019（08）：77－85.

［96］陈奕玮，丁关良. 中国地级市城市经济韧性的测度［J］. 统计与决策，2020，36（21）：102－106.

［97］曾冰. 新冠肺炎疫情冲击下中国省域经济韧性发展评价［J］. 工业技术经济，2021，40（07）：127－133.

［98］Martin R. Regional Economic Resilience，Hysteresis and Recesionary Shocks［J］. Journal of Economic Geography，2012，12（1）：1－32.

［99］张振，赵儒煜. 金融产业集聚对区域经济韧性的空间溢出效应研究［J］. 当代经济管理，2021，43（03）：89－97.

［100］苏任刚，赵湘莲. 制造业发展、创业活力与城市经济韧性［J］. 财经科学，2020（09）：79－92.

［101］Martin R，Sunley P，Gardiner B，et al. How Regions React to Recesions：Resilience and the Role of Economic Structure［J］. Regional Studies，2016，50（4）：561－585.

［102］冯苑，聂长飞，张东. 中国城市群经济韧性的测度与分析——基于经济韧性的 shift－share 分解［J］. 上海经济研究，2020

(05): 60-72.

[103] 覃成林，刘丽玲. 粤港澳大湾区经济韧性分析——基于经济联系网络的视角 [J]. 学术论坛，2020，43 (06): 10-18.

[104] Fingleton，B.，Garretsen，H.，& Martin，R.，Recessionary Shocks and Regional Employment. Journal of Regional Science，2012，52 (1): 109-133.

[105] Doran，J.，& Fingleton，B.，Employment Resilience in Europe and the 2008 Economic Crisis: Insights from Micro-level Data. Regional Studies，2016，50 (1): 644-656.

[106] Doran，J.，& Fingleton，B.，US Metropolitan Area Resilience: Insights from Dynamic Spatial Panel Estimation. Environment and Planning A: Economy and Space，2018，50 (1): 111-132.

[107] 徐圆，张林玲. 中国城市的经济韧性及由来：产业结构多样化视角 [J]. 财贸经济，2019，40 (07): 110-126.

[108] Adam Rose，Shu-Yi Liao. Modeling Regional Economic Resilience to Disasters: A Computable General Equilibrium Analysis of Water Service Disruptions [J]. Journal of Regional Science，2005，45 (1).

[109] 刘晓星，张旭，李守伟. 中国宏观经济韧性测度——基于系统性风险的视角 [J]. 中国社会科学，2021 (01): 12-32，204.

[110] 张沛东. 区域制造业与生产性服务业耦合协调度分析——基于中国29个省级区域的实证研究 [J]. 开发研究，2010 (02): 46-49.

[111] 唐晓华，张欣珏，李阳. 中国制造业与生产性服务业动态协调发展实证研究 [J]. 经济研究，2018，53 (03).

[112] 杨新洪. 先进制造业与现代服务业融合发展评价研究——以广东省为例 [J]. 调研世界，2021 (04).

[113] 杜传忠，王鑫，刘忠京. 制造业与生产性服务业耦合协同能

提高经济圈竞争力吗？——基于京津冀与长三角两大经济圈的比较［J］. 产业经济研究，2013（06）：19－28.

［114］曲振涛，陈美齐，周正. 产业融合、区域差异与地区服务型装备制造业发展——对东北地区与京津冀、长三角的一项比较研究［J］. 产经评论，2020，11（06）.

［115］王雪莹，叶堂林，李璐. 高技术制造业与生产性服务业耦合协调及影响因素——来自三大城市群的实证研究［J］. 首都经济贸易大学学报，2021，23（06）.

［116］刘惟蓝. 建立开发区高质量发展的指标体系［J］. 群众，2018（10）：41－42.

［117］鲁继通. 我国高质量发展指标体系初探［J］. 中国经贸导刊（中），2018（20）：4－7.

［118］刘会武，赵祚翔，马金秋. 国家高新区高质量发展综合性评价测度与趋势收敛检验［J］. 科学学与科学技术管理，2021，42（06）.

［119］王婉，范志鹏，秦艺根. 经济高质量发展指标体系构建及实证测度［J］. 统计与决策，2022，38（03）.

［120］苏丽敏，马翔文. 经济高质量发展评价指标体系的构建［J］. 统计与决策，2022，38（02）.

［121］任保平，付雅梅，杨羽宸. 黄河流域九省区经济高质量发展的评价及路径选择［J］. 统计与信息论坛，2022，37（01）.

［122］马昱，邱菀华，王昕宇. 高技术产业集聚、技术创新对经济高质量发展效应研究——基于面板平滑转换回归模型［J］. 工业技术经济，2020，39（02）：13－20.

［123］吴振华. 服务业、战略性新兴产业协同集聚与经济高质量增长——基于2005—2018年省际面板数据的实证分析［J］. 河南师范大学学报（哲学社会科学版），2020，47（04）：44－50.

［124］刘新智，张鹏飞，史晓宇．产业集聚、技术创新与经济高质量发展——基于我国五大城市群的实证研究［J］．改革，2022（04）．

［125］毛艳华，胡斌．广东制造业与生产性服务业耦合互动发展的实证研究——基于2005—2014年面板数据的分析［J］．华南师范大学学报（社会科学版），2017（02）．

［126］吕平，袁易明．产业协同集聚、技术创新与经济高质量发展——基于生产性服务业与高技术制造业的实证分析［J］．财经理论与实践（双月刊），2020，41（06）．

［127］李健，冯会迎．高技术制造业与高技术服务业协同集聚的经济增长效应［J］．科技进步与对策，2020，37（17）．